**Gebrauchsanweisung
für Schweden**

Inhalt

Sehnsucht	7
Schiff, Gewässer, Adel	19
Spielzeug, Werkzeug, Haus	41
Stadt, Name, Land	62
Insel, Nutzvieh, Regisseur	90
Pflanze, Tier, Mythos	111
Wald, Witze, Wetter	120
Künstler, Unternehmer, Schnaps	142
Skiwachs, Muskel, Sportart	170
Volk, Gender, Emotion	186
Mineral, Insekt, Gebirge	207

Sehnsucht

Noch immer sehe ich sie stehen. Am Kai. Auf der Mole. Am Leuchtturm in Sassnitz. Am Strand.

Menschen in bunten Hemden, mit flatternden Hosenbeinen, schief gewehten Hüten, Menschen in DDR-Niethosen, die Hosenbeine bis zum Knie umgeschlagen oder aufgerollt. Ich sehe sie stehen, ich sehe sie mit einer Hand die Augen abschirmen und den Fähren nachschauen. Fähren, die über die Ostsee fuhren, nach Trelleborg und weiter. Ich sehe sie aufs Meer hinausschauen, der Schwedenfähre nach, die aus dem Sassnitzer Hafen auslief. Die Fähre fuhr in greifbarer Nähe vorbei, Reling, Rettungsboote, Rauch und Bullaugen waren für das bloße Auge sichtbar, dennoch waren die Blicke auf Unsichtbares gerichtet. Die Menschen auf der Mole winkten schwimmenden Palästen nach, die das schnöde Hier mit einem Traum verbanden, mit der anderen, unbekannten Seite der Welt, mit dem Westen. Die Fähren waren real und irreal zugleich und entzündeten Wahnvorstellungen. Die Menschen winkten ihnen nach und malten sich aus, wie es wäre, in einem Werkzeugkasten in den Maschinenraum geschmuggelt zu werden, als Matrose verkleidet an Bord zu gehen oder sich, an den Unterboden eines LKWs gekettet, als Frachtgut verladen zu lassen. Manche übten sich im Weitspucken. Einmal, das wussten sie, würde die Spucke die Bordwand treffen und dort hängen bleiben, und dann würde das Ungeheuerliche geschehen: Die Spucke würde in weniger als fünf Stunden das ersehnte Ufer erreichen; ihre Spucke. Ein Teil ihrer selbst.

Ich sehe, wie die Sehnsucht sie aufpeitscht, denn sie mussten jede dieser Fähren ziehen lassen.

Und die Fähren zogen schmerzhaft langsam dahin. Sie wurden zu weißen Punkten, sie standen noch lange am Horizont, bevor sie verschwanden. Mit ihnen verschwanden teurer Sekt und glitzernde Pools auf dem Oberdeck, coole Musik, glänzende Zeitschriften und Düfte, die schwindlig machten und in der salzig-öligen Ostseeluft beinahe schon zu wittern waren. Es verschwanden lässige Kellner, lässige Eltern, rosenlippige Mädchen und schmalbrüstige Jungs, und vor allem eines: Echte Jeans. *Stonewashed.*

Erst als auch die letzte Fähre hinter dem Horizont verschwunden, als sie hinter der unsichtbaren Grenze, die irgendwo zwischen den Kreidefelsen, der Mole und dem fernen gelobten Land verlief, abgetaucht war, war man nicht mehr so sicher, dass es das alles dort auch tatsächlich gab. Man hatte es zwar vor dem inneren Auge gesehen, in vagen Bildern, flüchtig und wie aus der Erinnerung. Aber die Erinnerung wurde durch nichts gestützt. Schließlich war niemand je dort gewesen. Und wenn es einem doch gelungen sein sollte, mit einem Segler, einem selbst gebauten Kahn, einem Schlauchboot oder auf der Luftmatratze lebend die Grenze zu überqueren, dann war er nie zurückgekehrt, um davon zu berichten.

Der Himmel reichte nicht weiter als der Blick. Was dann kam, glich so sehr dem Nichts, dass man sich sagte, die Sehnsucht lohne vielleicht nicht. Vielleicht waren auch die Fähren nur reine Gaukelei, Hitzebilder der Ostseeluft. Dieser Gedanke war tröstlich. Allerdings hielt er nicht lange, weil er so durchschaubar war. Sogar der Trost schmeckte schal.

Ich sehe sie stehen.

Ich selbst stand auch da. Aber ich war zu jung, als dass alle diese Erinnerungen meine eigenen sein könnten. Erinnerungen an ein Schweden im Kopf, das in einem gleißenden Licht erschien.

Ein Licht, in dem es leuchtend rote Häuser, gepflegte Straßen, wohlhabende, ausgeglichene Menschen gab, riesige, gesunde Wälder, ABBA und Lachs; ein Luxus, der meine Vorstellungskraft gänzlich überstieg.

Ich war zu jung. Aber jedes Mal, wenn heute die Fähre in Sassnitz ablegt und ich auf dem Weg nach Schweden bin, sehen ich sie dastehen und winken.

Wenn über diesem Buch eine silberne Melancholie hängt, wenn sich ein tiefstehendes, blendendes Licht wie ein Weichzeichner über die Landschaft der Sätze legt, wenn der Holzgeruch des Sommers zu intensiv aus den Zeilen strömt und der Himmel größer wird, als er es in Wirklichkeit je sein könnte, dann vergeben Sie mir.

Noch immer entzündet jede Fähre die Sehnsucht in mir erneut, und seit die Grenzen offen sind, bin ich häufig an Bord gegangen. Ich habe die eisklaren Dalsland-Seen mit dem Kanu befahren, das Klirren der Segelstangen in den Stockholmer Schären gehört, ich habe im Schatten der Stadtmauer von Visby auf Gotland gesessen und schlaflos im unermüdlichen Junilicht in Lapplands Nächten gelegen.

Die Sehnsucht hat sich nach der Wende verändert und wurde zunächst zu einer Kindersehnsucht, zu einer Sehnsucht nach Abenteuer, nach Indianerspielen, nach Knüppelkuchen und am Lagerfeuer gebratenem Fisch, nach Schlafen unter freiem Himmel und allem, was ich mir unter dem rauen Leben draußen so vorstellte, das auf den mittlerweile geordneten Campingplätzen an der Müritz nicht mehr zu haben war.

Und später hatte ich genug Westen im Kopf, im Blut und im Portemonnaie, um mich wieder nach einer besseren Welt zu sehnen.

Was ich hier fand, war eine Ahnung davon. Was ich hier fand, war eine Gesellschaft, die einer real existierenden Utopie am nächsten kam.

Ich weiß: Die Sehnsucht bildet immer Übertreibungen aus. Aber erst die Übertreibung lässt die Gegenstände der Sehnsucht am Ende Wirklichkeit werden.

»Nähme ich Flügel der Morgenröte und machte mir eine Wohnung zuäußerst am Meer«, ließ Astrid Lindgren in »Ferien auf Saltkrokan« ihre Hauptfigur im Rausch der Begeisterung rufen; ein Bibelvers übrigens, der in der DDR in ein Protestlied einging.

Und Olof Palme sagte: »Wir sind mutig genug, Veränderungen zu wollen, weil Veränderungen Utopien wirklich machen können.«

Was ich hier fand, waren Menschen, die mich manchmal an meine Kindheit erinnerten. Ihre Rücksicht und ihre Eckigkeit waren mir vertraut. Die Selbstverständlichkeit, mit der Frauen Berufe ausübten und Kinder in Kindergärten gingen, hatte ich im vergleichsweise rückschrittlichen Gesamtdeutschland beinahe vergessen, bevor ich sie hier wiederfand. Hier fiel mir auch wieder ein, dass ich *Small Talk* früher nicht hatte ertragen können: In Schweden wird nicht herumgelabert. Manche mögen die Schweden deshalb für schwer zugänglich halten, für wortkarg und unfreundlich. Es gibt Witze, in denen Schweden vorkommen, die nur dann mit ihren Nachbarn reden, wenn sie sich aus ihrem eigenen Haus ausgeschlossen haben und den Nachbarn um den hinterlegten Ersatzschlüssel bitten müssen. Peter Berliner schreibt in seinem »Xenophobe's Guide to the Swedes« ironisch: »Das Image, das die Schweden weltweit haben, ein bisschen eckig zu sein, täuscht; sie sind definitiv quadratisch. Der Autor Herman Lindquist fasst das folgendermaßen zusammen: Die

Schweden betrachten die Welt durch einen Rahmen, der zusammengenagelt wurde von Martin Luther, Gustav Vasa, der Abstinenz-Bewegung und hundert Jahren Sozialismus. Luther steuerte die schwedische Vorliebe für Einfachheit bei, Vasa das Nationalgefühl, die Abstinenz-Bewegung die Frömmelei und der Sozialismus die arbeitsame Bescheidenheit.«

Eigentlich machen die Schweden nur nicht gern viel Aufhebens um sich. Niemand scheint permanent sein Ich präsentieren oder ganztägig mit aufgepumptem Ego herumlaufen zu müssen. Was nicht heißt, dass sie schüchtern wären oder voller Selbstzweifel. Im Gegenteil. Die meisten scheinen so zufrieden zu sein, dass sie es in den letzten zweihundert Jahren nicht nötig hatten, auch nur ein einziges anderes Land zu überfallen und auszurauben; und diese Unterlassung scheint mir, wenn ich mir die geopolitische Weltkarte so ansehe, nicht gerade die einfachste Übung einer Nation zu sein...Das wiederum macht den schwedischen Nationalstolz so ungewöhnlich und erklärt vielleicht, warum sich die Schweden – natürlich nur insgeheim und ohne es an die große Glocke zu hängen – sogar für überlegen halten: Sie sind immerhin weltweit die Ersten, die es sich leisten können, gerade auf das Nicht-Kriegerische ihrer Geschichte stolz zu sein.

Ihre still vorausgesetzte Überlegenheit mag auch darin begründet liegen, dass sie es in hundert von diesen zweihundert Jahren geschafft haben, die Balance zu halten zwischen Kapitalismus und Sozialismus, zwischen Fortschritt und Menschlichkeit, dass es ihnen irgendwie immer noch gelingt, zwischen extremem privaten Reichtum und Armut auszugleichen und ein ausgeprägtes Gemeinschaftsbewusstsein mit einem ebenso ausgeprägten Freiheitswillen in Einklang zu bringen. Olof Palme, der, um gesellschaftliche Hierarchien zu durchbrechen, das Duzen gesellschaftsfähig machte, sagte dazu: »Gemeinsam Verantwortung zu tragen und das Gefühl, eine Gemeinschaft zu sein, stellen wir über Egoismus und einen rauen Individualismus.«

Zyniker gibt es immer. Zyniker sagen, jeder Schwede würde zwar frei geboren, aber dann zu Tode besteuert. Zyniker sagen, Schweigen sei in Schweden nicht nur Gold, sondern würde jede Diskussion auch unter dem Gewicht dieses Edelmetalls begraben. Die Beobachtung ist richtig. Man könnte das Ganze aber auch folgendermaßen betrachten: Geredet wird nur, wenn es etwas Sinnvolles zu sagen gibt. Alles andere ist *kallprat*, bullshit, kaltes Gerede, oder auch *dödprat*, totes Gerede. Zyniker werfen natürlich sofort ein, das diene alles nur der Kaschierung des Ketchup-Effekts: Erst komme tatsächlich lange nichts, aber dann die volle Ladung.

Zyniker sagen, schlimmer, als in Schweden reich zu sein, sei nur noch eines: berühmt zu sein. Berühmtheit ist nur gestattet, wenn der Glanz auf jeden Einzelnen im Land ein bisschen abfärbt; Sieger im Biathlon zu sein ist okay, solange sich dadurch ganz Schweden über das Skifahren international ins Gespräch bringen kann. Ingmar Bergman und Lukas Moodysson (*Fucking Åmål*) sind okay, weil ihre Filme die schwedische Psyche mit ihrer *svårmod*, der dunklen Melancholie, außerhalb Schwedens berühmt gemacht haben. Wer sich allerdings als Star behaupten will, lebt gefährlich. Rapper werden ihr Glück lieber in Hollywood suchen als in Malmö, der Fußballer Zlatan Ibrahimovic hat Probleme, sein Ego auf der Bank zu lassen, und auch Ingrid Bergman hat sich ihre Eskapaden leider nicht gut genug überlegt; um ihre Landsleute nicht zu verprellen, hätte sie wenigstens auf jedem amerikanischen roten Teppich vehement auf ihre schwedischen Wurzeln hinweisen müssen... Die amtierende »Königin der Leichtathletik«, die Siebenkämpferin Carolina Klüft, dagegen entspricht mit ihrer unkomplizierten, bescheidenen, gut gelaunten Art schon eher dem schwedischen Geschmack und wurde als Belohnung zur »Persönlichkeit des Jahres 2004« gekürt.

Zyniker führen auch gern die Leichen im schwedischen Nationalkeller an. Die Neutralität Schwedens während des

Zweiten Weltkriegs beispielsweise, als man die deutschen Truppen auf dem Weg zur Besetzung Norwegens durchs eigene Land marschieren ließ, trübt das schwedische Nationalbewusstsein noch immer. Auch die Neutralität der schwedischen Regierung Stalin gegenüber, die dazu führte, ihm die Flüchtlinge aus dem Baltikum, die in Schweden Schutz gesucht hatten, wieder in die Arme zu treiben, stört die nationale Gelassenheit.

Und die Wikinger waren ebenfalls nicht unbedingt nur Waisenknaben. Ironischerweise ist jedoch gerade auf sie einiges von dem zurückzuführen, was die schwedische Gesellschaft heute so ausgeglichen macht. »Lagom« beispielsweise ist eine der magischen Formeln, die die Wikinger erfunden und ins kollektive schwedische Unterbewusstsein eingeschrieben haben. Das konnten sie natürlich nicht ahnen, als sie nach einem ihrer Eroberungszüge am Feuer saßen. Das Kämpfen und Rauben hatte sie ungeheuer durstig gemacht. Sie wussten aber, dass jeder etwas aus dem Trinkhorn abbekommen musste, damit sich am Ende nicht die eigenen Leute gegenseitig erschlugen. Also trank jeder gerade so viel vom Met, dass das Horn erst geleert war, nachdem alle getrunken hatten: eben *laget om,* reihum, gegangen war. Lagom bedeutet »maßvoll, angemessen, im richtigen Verhältnis« und sorgt als eines der gesellschaftlichen Grundprinzipien bis heute für das rücksichtsvolle Verhalten der Schweden, für das sie bewundert und mit Misstrauen betrachtet werden. Mancher Fremdling im Land wird sich vielleicht darüber grämen, dass er nicht mit einem zähnebleckenden Lächeln begrüßt wird. Während man in Gegenden, in denen die Menschen stärker aus sich herausgehen, sehr schnell das Gefühl hat, dazuzugehören, und erst später bemerkt, dass es mit dem Dazugehören so ernst gar nicht gemeint war, wird man in Schweden, auch wenn man längst dazugehört, selten dieses Gefühl vermittelt bekommen.

Mancher Fremdling wird sich auch wundern, wie ruhig es

selbst im hektischen Getriebe der Hauptstadt zugeht. Wer hier nicht sofort als Tourist entlarvt werden will, sollte Krach vermeiden und sich den eigenen ruppigen Umgangston und die Ellenbogenmentalität deutscher Großstädte schnell abgewöhnen.

Wenn ich vorhin gesagt habe, dass mich die Menschen manchmal an meine Kindheit erinnern, muss die goldene Lasur, die über schönen Kindheitserinnerungen im Allgemeinen liegt, natürlich abgezogen werden. Aber auch dann bleiben noch Ähnlichkeiten übrig, die allerdings nichts mit der Psychologie kollektiver Aufs-Töpfchen-Geher zu tun hat oder mit der Freude am Pilzesammeln im Pionierverband. Die Schweden legen so wenig Wert darauf, im Kollektiv Pilze zu suchen, wie sie in grölenden Horden durch Innenstädte ziehen würden. Wenn sie jung sind und sich im Ausland befinden, wo sie billig alkoholische Getränke erwerben können, betrinken sich die Partytypen unter ihnen zwar nicht *lagom* wie Wikinger, sondern hemmungslos. Aber sie pöbeln selten; meistens fallen sie einfach um. Obwohl die Gesellschaft relativ konform wirkt, wird doch ein erstaunlich radikaler Individualismus gelebt. Dem großen Gemeinschaftsbewusstsein steht ein ebenso großes Bedürfnis nach Unabhängigkeit entgegen. Um beides unter einen Hut zu bekommen, gilt es als höchstes Gebot der offenen schwedischen Gesellschaft, den Freiraum des anderen zu achten. Ein eindrückliches Beispiel dafür liefert die Universität Uppsala. Während andere Länder ihre Leute mit Verbotsschildern und Strafandrohung gängeln, um zu verhindern, dass Zigarettenqualm in die passiven Lungen der Nichtraucher dringt, oder Raucher gleich zum Sündenbock aller gesellschaftlichen Probleme stigmatisieren, sind schwedische Raucher offenbar von allein so zurückhaltend, dass man sie vor dem Aussterben retten muss. An der Universität Uppsala wurden zu diesem Zweck Schilder aufgestellt, auf denen es ausdrücklich heißt: Rauchen erlaubt! Exaltiertes Gehabe im Café, lautstarkes Kundtun des eigenen Unmuts angesichts der Bahnverspätung oder ein auf den Fußweg scheißendes Haustier sollte man sich als Fremdling also schleunigst abgewöhnen.

Aber schon mischen sich wieder die Zyniker ein und behaupten, das Bedürfnis nach Unabhängigkeit könne mitunter so groß sein, dass die Bereitschaft zur Geselligkeit bei manchen an überraschende Grenzen stoße: Eine Person mögen Schweden noch als Begleitung gelten lassen, zwei dagegen gelten schon als Menschenauflauf.

In Deutschland würde man einen solchen scheinbar unüberwindbaren Widerspruch zwischen Kollektiv und Individuum mit Verordnungen und Gesetzen zum Allgemeinwohl lösen, die das persönliche Besitzstreben hier und da stutzen. In Schweden scheint es sich von allein herumgesprochen zu haben, dass man den Ast, auf dem man sitzt, besser nicht absägt.

Begeistert eröffnete ich in diesem utopischen Land ein Konto und kaufte mir 2003 ein Haus.

Begeistert entdeckte ich, dass ein Gericht, das in meiner Kindheit unter dem abfälligen Namen Hoppelpoppel dadurch entstand, dass man Essensreste in eine Pfanne warf und mit Ei vermischte, hier *Pytt i panna* heißt und als ernst zu nehmende Speise sogar in Restaurants erhältlich ist.

Begeistert nahm ich an, Land und Leute wären mir so ähnlich wie die deutsche Sprache dem Schwedischen. Noch hatte ich keine Ahnung, dass sich besonders im stümperhaften Sprachen-Vergleich die blutige Anfängerin zeigt.

Mittlerweile weiß ich, dass dort, wo sich die Sprachen scheinbar besonders ähneln, die tiefsten Fallgruben sind.

Mittlerweile weiß ich, dass ich das Kino ganz sicher nicht finden werde, solange ich das Gebäude mit der Aufschrift »Bio« für ein Gewächshaus halte, in dem Ökotomaten gezogen werden. Mittlerweile weiß ich auch, dass man schwedisches *öl* nicht ins Auto, sondern ins Bierglas füllt, dass man schwedisches *glas* essen kann, jedenfalls wenn die Vanille-

oder Schokokugel mit einem zweiten »s« garniert wird, ich weiß, dass *blodpudding* keine Nachspeise ist, sondern Blutwurstgrütze, die mit Preiselbeeren serviert wird, und dass Wegweiser zur *gamla stan* nicht auf einen vergammelten Stadtteil schließen lassen, sondern den Weg über gepflegtes Kopfsteinpflaster in die gut erhaltene Altstadt weisen. Zu einer Verabredung zum *middag* werde ich zukünftig nicht mehr mittags um zwölf erscheinen. Ich werde mich abendlich kleiden und nicht vor Einbruch der Dunkelheit das Haus verlassen. Und wenn man mir sagt, dass ich *mycket bra* aussehe, werde ich nicht erröten. Ich werde dahinter keine Anspielung auf meinen »bra« vermuten, weil das Wort nicht Büstenhalter, sondern *gut* bedeutet. Ich weiß aber auch, dass es meine schwedische Verabredung kaum in Verlegenheit stürzen würde, sollte aus Versehen doch meine Unterbekleidung aus irgendeinem Spalt der oberen Textilschicht hervorlugen. Immerhin wurde in Schweden der Reißverschluss erfunden. Die Entdecker dieser Vorrichtung zur beschleunigten Entblößung werden sich durch den Anblick eines *bysthållare* wohl kaum aus der Fassung bringen lassen. Und ich werde nicht aus der Fassung geraten, wenn ich gefragt werde: »Vill du fika?«, weil das kein unverschämter Antrag, sondern eine Einladung zum Kaffee ist, was wiederum bedeutet, in den engeren Freundeskreis vorgedrungen zu sein. Einmal dort, wird man von nun an zu allen Familien-, Weihnachts- und Krebsessenfeiern eingeladen und behandelt, als gehöre man schon immer dazu.

Jedenfalls waren meine ersten Versuche in der Fremdsprache die reinsten Blindflüge. Als man mir sagte, ich sei *vacker*, hielt ich das für reine Mitleidsbekundung. Erst später begriff ich, dass hier nicht das gönnerhafte Klopfen auf die Schulter der Ausländerin gemeint war, die sich im hüpfenden, korkigen Schwedisch wacker geschlagen hatte. *Vacker* heißt hübsch, auch wenn das Wort für meine Ohren immer noch so klingt, als sei es gerade im Steinbruch abgebaut worden.

Ein wenig beruhigte es mich, dass auch ein anderer und

zudem äußerst eloquenter Schwedennarr es nicht auf Anhieb geschafft hat. Kurt Tucholsky scheint ebenso zielstrebig und kopflos ins fremde Sprachgehege hineingerannt zu sein wie ich. Durch Karlchen, die Hauptfigur seines 1931 erschienenen Romans »Schloss Gripsholm«, lässt er auf die Frage, ob er denn nun gut Schwedisch spreche, verlauten: »Ich mache das so. Erst spreche ich Deutsch, und wenn sie das nicht verstehn, Englisch, und wenn sie das nicht verstehn, Platt – und wenn das alles nichts hilft, dann hänge ich an die deutschen Wörter die Endung as an, und dieses Sprechas verstehas sie ganz gut.«

Aber noch ein weiterer Irrglaube musste ausgeräumt werden, bevor ich sehenden Auges das fremde Land erkunden konnte: Der berühmte Schwedeneisbecher hat nicht das Geringste mit Schweden zu tun. Es stellte sich heraus, dass diese Eiskreation eine geschickte Erfindung von Betriebsleitern stumpfer HO-Gaststätten der DDR war. Sie brachten darin ihr Fernweh zum Ausdruck. Gleichzeitig tröstete so ein Schwedeneisbecher über den Südfrüchtemangel hinweg; je mehr Eierlikör auf der Schlagsahne war, umso nachhaltiger wirkte der Trost. Dem Schwedeneisbecher mit seinem ums Vanilleeis arrangierten Apfelmus verschaffte allein der Name jenen Hauch von Luxus, dem man sonst in Ermangelung von Pfirsich Melba und Bananensplit ganz hätte entsagen müssen. Einen Schweden nach dem Schwedeneisbecher zu fragen, kann also nur dann sinnvoll sein, wenn man sich ihm gegenüber als Ostdeutsche zu erkennen geben will.

Mittlerweile habe ich Trelleborg gesehen und Malmö und Helsingborg, ich habe Karlstad am Vänern gesehen, ich habe das rote Falun, das verschneite Mora, das eiserne Kiruna im Norden, ich habe auch Hafenstädte in den Schären der Ostküste gesehen, ich bin mit Rad, Motorrad und Auto, auf Ski, im Boot und zu Fuß durchs Land. Aber die Sehnsucht ist geblieben. Sie ist auch jetzt, wo ich jederzeit nach Schweden übersetzen kann, nicht geringer geworden.

Noch immer stehe ich da und winke.

Ich winke den auslaufenden Fähren nach, und die Sehnsucht lässt mich schreiben.

Schiff, Gewässer, Adel

Der erste Schweden-Fanclub in Deutschland wurde von Leuten gegründet, die damals in Sassnitz standen und winkten. Aber auch aus westdeutscher Sicht scheint vieles an Schweden verheißungsvoll zu sein. So wie Italien Ende der Sechzigerjahre zum begehrtesten Reiseziel der Deutschen wurde, hat sich in den Neunzigerjahren ein Schwedenkult ausgeprägt, dessen Opfertempel Outdoorläden wie *Bannat* oder *Globetrotter* sind. In Zeiten globaler Erwärmung scheint der Norden als Urlaubsziel dem glühenden Süden den Rang abzulaufen; sehr zum Missfallen der alten Schwedenfraktion, die die klaren Seen und einsamen Wälder schon von Tausenden deutschen Turnschuhtouristen verschmutzt und zertrampelt sieht. Außerdem wirkt ein Staat mit einer vergleichsweise großen sozialen Gerechtigkeit und Gewaltlosigkeit in dieser von Terror, sozialer Not und grassierenden Vernichtungswellen aufgeriebenen Welt für viele irreal und ist auch deshalb nicht nur für Touristen faszinierend.

In den Achtzigerjahren wurde Schwedens Modell von den Neuen Liberalen heftig kritisiert. Die Thatchers und Reagans auf dieser Welt befanden, dass die Menschen im *folkhem* überbürokratisiert und eingeengt wären und bevormundet würden. Im Grunde sahen sie jedoch ihr Modell eines aggressiven, freidrehenden Kapitalismus ohne staatliche Lenkung bedroht, weshalb sie jenen Staaten, die sich soeben von Diktaturen befreit hatten, das skandinavische Vorbild ausredeten und ihnen erpresserisch die Regeln eines ungezügelten Marktes diktierten. Vergeblich versuchten unter anderem die Südafrikaner und die Polen, das skandinavische Modell einer gemäßigten Marktwirtschaft auf ihr Land anzuwenden.

Mit dem Rückgang der Sozialstaatlichkeit nach der Wende rückte Schweden auch in Deutschland immer mehr zum Vorbild auf. Das Gesundheitssystem wird neidisch betrachtet. Die Umweltpolitik, die in Schweden schon seit den Siebzigern eine wichtige Rolle im Regierungsprogramm spielt, wird abgekupfert. Auch das Modell der staatlichen Kinderversorgung scheint bei deutschen Politikern eine Faszination auszulösen, die glücklicherweise so groß ist, dass sie vorübergehend vergessen, wie viel schneller und billiger sie das gleich nach der Wende hätten haben können.

Egal allerdings, ob Ost oder West, und ungeachtet der politischen Weltlage; auf den Wartespuren vor den Fähren bildet sich zwischen Caravans, Autos mit Fahrradaufbauten, Surfbrettern, Wohnwagen und voll gepackten Motorrädern sofort eine eingeschworene Gemeinschaft.

Wenn Sie, liebe Leserinnen und Leser, in den Sassnitzer oder Rostocker Hafen kommen, um an Bord der schnellen, teuren *TT-Line* oder der gemächlicheren *Scandlines* zu gehen, die Sie entweder direkt nach Trelleborg oder über Gedser und Helsingör nach Helsingborg bringt, dann haben Sie hoffentlich eine Thermoskanne und eine Tupperdose mit Schnittchen im Gepäck. Denn echte Schwedenfahrer lehnen mit dieser Kanne Kaffee am Auto und plaudern mit wildfremden Menschen über Reiseziele und Unterbringung. Man teilt sich die Apfelstücke in der Alufolie, prüft gegenseitig die Aufbauten auf dem Dach, checkt, ob die Fahrräder, das Boot, das Surfbrett auch ordentlich verzurrt sind und der Winkel des Rückspiegels stimmt, Vordrängler werden großzügig hereingelassen. Als hätte die Aussicht, bald unter weniger Menschen und in einem Land ohne Zäune zu sein, alle milde gestimmt, setzt auf dieser Wartespur eine Hilfsbereitschaft und ein freundschaftlicher Umgang ein, der noch Minuten vorher auf der deutschen Autobahn undenkbar war. Die Reise geht ja auch in eines der am dünnsten besiedelten Länder des Kontinents. Auf einer Fläche von der Größe Spaniens oder Frankreichs leben nur knapp neun Millionen Einwohner, die meisten von ihnen im Süden. Man braucht also nur ein paar Hundert Kilometer weiter nördlich zu fahren, um einen ganzen See, einen halben Wald oder eine Landschaft mit Kirche für sich allein zu haben. Kein Drängeln, keine fremden Schweißtropfen auf dem eigenen Handtuch, überhaupt wenig Schweiß, da die Luft, selbst wenn die Sonne scheint, meistens angenehm kühl ist.

Wie vieles, was man im Leben neu und ganz für sich allein zu entdecken meint, war allerdings auch die Schwedenbegeisterung schon vor einem da. Tucholsky hat bereits in den Zwanzigerjahren festgestellt: »Es gibt kein deutsches Normalgehirn, das bei dem Gedanken ›Schweden‹ andere als angenehme, freundliche, gute Gedanken hätte.«

Eingefleischte Schwedenfahrer erkennt man an ihrer Fleecepullover-Kultur, an Goretex-Sandalen, wetterfesten Jacken und Funktionshosen mit eingearbeiteten Reißverschlüssen auf Höhe der Oberschenkel. Wenn es warm wird, nehmen sie mit einem Griff die Hosenbeine ab.

Man erkennt sie an unkomplizierten Haarschnitten und farbenfrohen Hüten, die so praktisch gearbeitet sind, dass selbst die Krempe noch Platz für eine kleine Tasche bietet oder für ein ausklappbares Mückennetz. Die Mückennetze sind allerdings eher ein Zeichen für Neulinge, die sich von dem Gerücht haben in die Irre führen lassen, die einzigen in Schweden lebenden Tiere seien Mücken und Elche. Das ist nicht ganz korrekt. Es gibt auch Füchse, Steinadler, Trottellummen, Schafe, Biber, Waldschnepfen, die gemeine Stubenfliege und hin und wieder einen Bären. Außerdem sind mir nie mehr Mücken begegnet als auf einer beliebigen Wiese in Brandenburg. Und für die Sommer in Nordschweden, nahe der finnischen Grenze, die tatsächlich voller Mücken sind, weil das Land sumpfig ist und die Luft von kondensierendem Schmelzwasser und häufigen Regengüssen feucht gehalten wird, empfiehlt sich eine kohlehaltige Creme, die es überall zu kaufen gibt. Gegen das gern und massenhaft verwendete Autan sind die Mücken inzwischen immun, und wie es sich mit den Elchen verhält, dazu später.

Unter den Schwedenfahrern gibt es mehrere Fraktionen. Auch das ist für den Neuling nicht auf den ersten Blick zu erkennen. Jede dieser Fraktionen betreibt das, wofür sie sich entschieden hat, mit großer Hartnäckigkeit. Die Radel- und Badefraktion verteilt sich entlang der Süd- und der südlichen Westküste und genießt es, auf dem Rad jeden Tag ein schönes Ausflugsziel wie etwa die stolze Festung Varberg oder die Ruine der Festung Falkenberg anzusteuern oder sich auf der Schlösser-Route treiben zu lassen, vorbei an Herrenhäusern wie Häckeberga, dort zu picknicken und jeden dritten Tag einen Ruhetag am regenfeuchten Strand einzulegen. Es wäre allerdings falsch, anzunehmen, dass jeder mit Radl auf dem Dach zur Radl-Fraktion gehört. Da gibt es entscheidende Unterschiede! Für die Radsportler mit regendichter Komplettverkleidung wäre so eine Herumtrudelei nichts. Für sie ist eine Festung höchstens ein markanter Punkt an der Strecke, wo sie die Zwischenzeit nehmen, um festzustellen, ob sie sich gegenüber dem Vorjahr verbessert haben (unwahrscheinlich), und sich kurz darüber austauschen, ob sie auf den Radwanderweg *Sverigeleden* abbiegen und dann gleich bis zum Polarkreis durchradeln sollen (wahrscheinlich). Die Triathlon-Fraktion wird sich in Mittel- und Ostschweden eine Ferienhütte suchen, vor der sie laufen, schwimmen und Rad fahren kann, und Familien mit Kindern reisen gern nach Småland oder nach Sörmland, weil es dort so viele Töpfereien, Glasbläsereien und Gutshöfe anzusehen und eine Museumsstraßenbahn gibt und zwischen Lönneberga und Vimmerby all die Orte, die man aus Astrid Lindgrens Kinderbüchern kennt.

Es kann mitunter vorkommen, dass die Fraktionen aufeinandertreffen; dann begegnen sie sich zwar mit Respekt, aber doch mit völliger Verständnislosigkeit. Beispielsweise kann eine in Sörmland Pilze suchende Familie leicht einem keuchenden, wegen des riesigen Aufbaus auf dem Rücken von einem Käfer kaum zu unterscheidenden Geschöpf begegnen, dem eine leere Sigg-Flasche gegen die Kniekehle schlägt und dem, wenn der Wind gut steht, eine leicht säuerliche Duftnote vorausgeht; das ist dann ein Wanderer, unterwegs auf dem 1000 Kilometer langen *Sörmlandsleden*, der schon seit Wochen nur in offenen Schutzhütten geschlafen hat und von den Kindern um sein wüstes Haar und die Abende am Lagerfeuer beneidet wird.

Es soll auch Leute geben, die vierzehn Tage lang auf einem Klappstühlchen vor ihrer Angel an einem See ausharren oder fliegenfischend im Fluss stehen, aber die scheinen so still und unauffällig zu sein, dass ich nie einen von ihnen kennengelernt habe. Nach Schonen fahren wiederum die, die auf Reiterhöfen reiten wollen, und auf einem Dampfer auf dem Göta-Kanal schauen die, die lieber zuschauen als mitmachen, den anderen bei all dem zu.

Motorradfahrer und Mittelalterfreaks erkennt man an ihren verwegenen Bärten, ihr Ziel ist Gotland oder Östergötland, und wenn sie im Winter auf ihren Maschinen mit geheizten Lenkergriffen bis nach Lappland fahren, dann nennen sie sich nicht, wie man jetzt vermuten könnte, Huskys, sondern Elefanten. Die Wohnwagenfahrer sind die Wackelkandidaten unter den Schwedenfans. Die können sich nicht entscheiden, weshalb man sie überall findet, außer bei den Elefanten.

Kanuten fahren in den Glaskogen oder nach Värmland. Värmland ist nicht nur das Land der Märchen, sondern auch Schwedens Ausnahmezustand. Ein zerknirschter in Berlin gestrandeter Exilschwede sagte mir: »Värmland ist nicht Schweden! In Värmland sind die Leute freundlich und haben Humor!« Von Trelleborg aus erreicht man diese Gegend in sechs bis sieben Stunden, wenn man sich an die Geschwindigkeitsbegrenzungen hält. Und das ist ratsam, seit vor ein paar Jahren die großen Bundesstraßen, die anstelle von Autobahnen quer durchs Land führen, flächendeckend mit Blitzern ausgerüstet wurden. Alle paar Kilometer stehen die schlanken Silbersäulen am Straßenrand. Man wird allerdings lange vorher auf Schildern freundlich darauf hingewiesen.

Wer nach Schweden fährt, egal ob zum Kanufahren oder Wandern, macht Urlaub von Deutschland, indem er in seiner Wunschvorstellung von Deutschland lebt. Die Sehnsucht eingefleischter Schwedenfahrer entzündet sich nicht am Exotischen, wie es bei Fernreisezielen in Asien oder Afrika der Fall sein mag, nicht am Erlebnis einer Fremdheit, die durch mangelnde Vergleichsmöglichkeiten mit dem Eigenen nur umso deutlicher wird. In Schweden befindet man sich in einem fremden Land und kann sich doch im Bekannten bewegen. Unterschiede fallen inmitten der Ähnlichkeiten deutlich auf. Beispielsweise scheint die Landschaft mit ihren tiefen Wäldern und noch tieferen Seen so ursprünglich, wie es in Deutschlands gehegten Auen nie denkbar wäre, gleichzeitig erinnert sie mit Fauna und Flora an das, was man hätte haben können. Auch das schwedische Lebensmodell wird mit seiner lässigen, unhierarchischen, offenen Art leicht zum ins Ideal verschobenen Eigenen.

Oder wie Aris Fioretos, der schwedische Kulturbotschafter in Berlin, es formuliert: »Wir sind gewissermaßen das, was die Deutschen am liebsten morgens im Spiegel sehen würden: sich selbst minus die Geschichte des 20. Jahrhunderts.«

Sie alle warten vor diesen Fähren, die für Skandinavier so

selbstverständlich sind wie für uns die Deutsche Bundesbahn. Und ebenso umstritten wie die Privatisierung der Deutschen Bahn ist der Verkauf der großen Fährreederei *Scandlines*, die bis vor Kurzem noch der Deutschen Bahn AG und dem Dänischen Ministerium für Transport und Energie gehörte. Seit Juni 2007 ist ein Konsortium unter Führung von Allianz Capital Partners GmbH, München, der neue Eigentümer, der das Unternehmen an die Börse bringen will.

Die Fähren stellen trotz Billigflieger und Riesenbrücken immer noch die eigentliche Verbindung zur Welt dar. Ob es kleine Autofähren sind, die zwischen vorgelagerten Inseln und in den Schären verkehren, oder Seilwindefähren, die wie auf dem Stora Le in Dalsland zwei Ortsteile an gegenüberliegenden Seeufern verbinden, oder ob es die großen Fracht- und Passagierfähren auf Ostsee und Nordsee sind, die Unterhaltungsprogramme und Kapitänsmenü anbieten und mit Sauna und Bibliothek ausgestattet sind; der Anblick von Fähren löst bei Skandinaviern Zufriedenheit aus. Für ein Wochenende bucht man sich gern mal in einer der Luxuskabinen von *Scandlines* ein, um nach der Überfahrt nach Rostock oder Kopenhagen ausgeschlafen einen Stadtbummel zu machen. Auf der Rückfahrt wird die neu erstandene Kleidung dann auf dem Sonnendeck oder beim Schwof an der Bar ausgeführt.

An den kleineren Autofähren wird mit bewundernswerter Geduld gewartet. Wo immer eine Straße mal wieder im Wasser endet, nutzen manche die Zeit zum Lesen, andere betrachten die Landschaft, und ich habe auch dann nie Anzeichen von Verärgerung gesehen, wenn es mehr als eine halbe Stunde dauerte, weil die Fähre gerade abgelegt hatte.

Das hängt vielleicht noch immer mit einem Glücksgefühl zusammen, das aufkam, als 1909 mit der Königslinie die erste regelmäßige Schiffsverbindung zum kontinentalen Europa eröffnet wurde. Man war nicht mehr ganz so weit ab vom Schuss. Die Schwedenfähre von Sassnitz nach Trelleborg war nach der Linie Rostock – Gedser die erste Eisenbahndampffähre in den Norden. Dem deutschen Kaiser und dem schwedischen König war sie für die gegenseitigen Handelsbeziehungen so wichtig, dass sie höchstpersönlich zur Schiffstaufe kamen. Zuvor hatten nur Postschiffe diese Strecke befahren.

In den Fünfzigerjahren wurde auf der Königslinie die erste viergleisige Großfähre mit separatem Autodeck für den Verkehr zwischen der DDR und Schweden eingesetzt, seither zählt Sassnitz zu einem der wichtigsten Umschlagsplätze für alle Frachten, die nach Nord- und Osteuropa gehen. Sowohl europäische Normalspurwaggons als auch russische oder finnische Breitspurwaggons können hier abgefertigt werden.

Jede Flasche Wein, die man heute in den Läden für alkoholische Getränke, dem *Systembolag*, findet, jede Apfelsine, jede Packung Fetakäse, jede Flasche Olivenöl, jede Tafel belgische Schokolade und jede holländische Tulpe im schwedischen ICA-Supermarkt werden über die Ostsee verschifft.

In der Warteschlange im Hafen vor den Fähren erkennt man die eingefleischten Schwedenfahrer auch daran, dass sie den Motor nicht sofort anwerfen, wenn die Laderampe geöffnet wird. Sie schneiden den Radlern nicht den Weg ab und schaffen es sogar, die Motorradfahrer zu respektieren, für die die Überfahrt am riskantesten ist. Bei Sturm fällt auch die schwerste Maschine um, weshalb die Motorräder mit Seilen gesichert werden, die man an Haken im Schiffsboden einklinkt.

Man erkennt die Schwedenfahrer daran, dass sie ihren Rucksack für die Überfahrt griffbereit haben. Während andere im Schiffsbauch noch auf allen vieren in ihren Autos stecken, weil sie Fotoapparat oder Windjacke nicht finden, oder treppauf, treppab durchs Schiff irren auf der Suche nach dem Ausgang zum Sonnendeck, stehen sie längst oben an der Reling und zwar auf der richtigen Seite; dort, wo die Mole von Warnemünde oder der Sassnitzer Leuchtturm vorbeiziehen werden.

Wenn Sie ebenfalls oben angekommen sind und Ihnen das

typische Geruchsgemisch aus Diesel, Sonnenöl und Ostsee in die Nase steigt, wenn das Geschrei der Möwen mit zunehmender Entfernung vom Land langsam nachlässt und der Wind Ihnen die Haare, egal, wie Sie sich drehen, immer in die Augen weht, wenn Sie in den Füßen das Stampfen der Maschine spüren und das Stampfen Ihnen in den Körper steigt und sich dort mit dem Rhythmus des Windes und dem Klatschen der See vermischt, und bevor Sie diesem unkontrollierten Jauchzer in der Kehle freien Lauf lassen, der einem samischen *Jojk* schon ziemlich nahe kommt, versuchen Sie, sich für einen Moment vorzustellen, Sie hätten anstelle des eisernen Bodens die Planken eines Holzbootes unter sich. Sie stehen zwischen Männern am Ruder, die mit Holzschilden, Spangenhelmen und Speeren bewaffnet sind, während hinter Ihnen am Ufer, das Sie gerade verlassen haben, wütendes Geheul tobt.

Vergessen Sie einfach ein paar Jahrtausende, und schon befinden Sie sich auf einem Wikingerboot, das gerade von einem Raubzug zurückkehrt, beladen mit Schmuck, ein paar Sklaven und seltenen Früchten. Die Wikinger waren die Ersten, die auf dem Weg der Schwedenfähre über die Ostsee gefahren sind. Öliges Meerwasser klatscht heute gegen den Bug, der Wasserspiegel ist gestiegen, aber sonst sieht man dem Meer die verflossene Zeit kaum an. Ihr Boot ist eines der wendigen, schnellen Langschiffe, die wegen ihres Stevenschmucks »Drachen« genannt wurden. Ihr umlegbarer Segelmast und ihr geringer Tiefgang machten es möglich, weit bis ins Landesinnere der Raubstätten vorzudringen, weshalb sie besonders gefürchtet waren. Mit diesen Booten konnte man in flachen Gewässern segeln, und Brücken stellten keine Hindernisse dar. Zum Leidwesen der Schweden ist eines der am besten erhaltenen Wikingerschiffe aus dem 9. Jahrhundert, das sogenannte Osebergschiff, nicht in Schweden, sondern ausgerechnet in Norwegen, im Osloer Wikingerschiffmuseum, zu besichtigen.

Es ist allerdings ein Irrtum zu glauben, die Urahnen der heutigen Schweden hätten nur gemeuchelt, gemordet und gebrandschatzt. Sie haben vieles von dem vorweggenommen, was Schweden später auszeichnen sollte. Schwedens starke Bauernschaft, die über Jahrhunderte hinweg eine relativ große Eigenständigkeit besaß, geht auf die Wikinger zurück, die ursprünglich Bauern waren. Schweden als Handelsmacht im 17. Jahrhundert, den regen Ostseehandel, die vielfältigen Beziehungen zum Baltikum kann man schon im frühen Licht der Wikinger aufscheinen sehen. Als die reichen Siedlungen an der europäischen Küste geplündert waren, konzentrierten sich die schwedischen Wikinger oder »Nordmänner« darauf, Gebiete in Osteuropa zu erkunden und dort Handel zu treiben. Andere gelangten zwischen 600 und 1070 übers Schwarze Meer bis nach Konstantinopel, von Gotland aus betrieben sie Handel mit Bagdad, den Ostslawen und Russland.

Schweden als Land, aus dem Entdeckungen wie das Dynamit, Erfindungen wie das Streichholz und in jüngster Zeit hoch entwickelte Technologien stammen, ist unübersehbar auch das Land der Wikinger. Die Wikinger haben damals den Schiffbau revolutioniert – viele nautische Begriffe lassen sich auf sie zurückführen. Sie können sogar als die eigentlichen Entdecker Amerikas bezeichnet werden. Um 1070 erreichten sie über Island und Grönland die amerikanische Ostküste, Neufundland, und ließen sich dort für etwa fünfzig Jahre nieder. Die Vorfahren der heutigen Skandinavier scheinen auch bereits gewusst zu haben, dass die Erde eine Kugel ist: Bei einem archäologischen Fund wurde eine kompassähnliche Navigationshilfe entdeckt.

Von der Selbstverständlichkeit, mit der Frauen schon früh ihre Stellung in der Gesellschaft behaupteten, führt ebenfalls eine Spur zu den Wikingern zurück. Wikingerfrauen waren die ersten Frauen der Weltgeschichte, die das Recht hatten, sich scheiden zu lassen. Ihre Männer waren oft so lange auf

Handels- oder Raubzügen unterwegs, dass sie zu Hause völlig selbstständig agierten, und diese Selbstständigkeit hörte mit Rückkehr der Männer nicht auf. Das ist zwar lange her, mag aber nicht nur den Frauen in der zweiten Hälfte des 19. Jahrhunderts ein hilfreiches Vorbild gewesen sein. Auch den Männern wird es so leichter gefallen sein, Bäckerinnen, Bäuerinnen und Händlerinnen von nun an an ihrer Seite zu akzeptieren. Einmal dabei, räumte Schweden als eines der ersten Länder neben den USA und Südaustralien den Frauen gleich noch das Wahlrecht ein, allerdings vorsichtig. Man wollte nichts riskieren. 1862 durften nur unverheiratete Frauen wählen. Als man merkte, dass die Frauen mit Eheschließung nicht schlagartig verblödeten oder, schlimmer, zu selbstsicher wurden, durften ab 1909 alle Frauen wählen. Und während Marcel Prousts Held sich auf seiner »Suche nach der verlorenen Zeit« im Frankreich der letzten Jahrhundertwende noch betören lassen konnte von der Unschicklichkeit einer radelnden jungen Frau, ist bereits um 1880 von Rad fahrenden Stockholmerinnen die Rede.

Wenn Sie sich jetzt langsam wieder zurückgleiten lassen in den von Schiffshörnern und Lautsprecheransagen gefüllten Ostseewind, wird die Crew Sie auf Schwedisch, Englisch und Deutsch begrüßen. *Mina damer och herrar*, heißt es, nachdem die Fähre abgelegt hat, *välkommen ombord*.

Nicht nur ein skandinavisches Sprachengemisch empfängt Sie bereits auf der Fahrt – auf der Gedser-Fähre werden Sie außerdem auf Dänisch begrüßt –, Sie können meistens auch in drei verschiedenen Währungen bezahlen. Schweden hat sich 1997 gemeinsam mit Norwegen und Dänemark gegen den Euro entschieden. Den Kaffee können Sie für dänische oder schwedische Kronen, aber freundlicherweise auch für Euro kaufen, die Kassen rechnen alles automatisch um. Wenn sich dann über den vielen verschiedenen Münzen im Portemonnaie leichte Verwirrung einstellt, kommen noch einmal diese altmodischen Urlaubsgefühle hoch: Was waren das noch für Zeiten, als man überall in ausgelassener Ahnungslosigkeit einkaufen konnte, weil die Umrechnung sowieso zu kompliziert war...

Wer auf der Reise ein architektonisches Aha-Erlebnis haben will, sollte über Dänemark nach Schweden fahren und die 2001 errichtete Brücke nehmen, die von Kopenhagen aus über den Öresund nach Malmö führt. Diese spektakuläre Schrägseilbrücke bietet die einzige Möglichkeit, mit dem Auto zwischen Dänemark und Schweden zu verkehren. Auf dänischer Seite führt die Straße unter die Ostsee hinab, verläuft durch einen Tunnel und taucht dann mitten im Meer wieder auf. Man hat das Gefühl, auf dem Wasser zu fahren. Rechts und links stürmen die Wellen auf Augenhöhe heran, bevor es hochgeht auf die massive Stahlbeton-Konstruktion, die vom Flugzeug aus wie die Riesenfeder einer Möwe aussieht; weiß schwebt sie über dem grünleuchtenden Grund. Das kolossale Bauwerk stört allerdings die Fluglinien einiger Vogelarten. Und da jeder Eingriff in die Natur von den Schweden auf irgendeine Weise wieder ausgeglichen wird, wurden an den zweihundert Meter hohen Pfeilern auf schwedischer Seite Nistkästen für Wanderfalken angebracht.

Man kann auch mit der Nachtfähre von Kiel fahren. Das ist eigentlich eine sehr bequeme Lösung. Man spart die Hälfte der Strecke, kann an Bord ins Kino gehen und kommt morgens ausgeschlafen in Göteborg an. Und man kann, wenn man muss, das auch im Winter tun. Man sollte dann nur eine gewisse Lockerheit mitbringen und einschneidenden Veränderungen der eigenen Persönlichkeit gegenüber nicht abgeneigt sein: Man wird am Morgen nicht mehr die sein, die man am Abend zuvor noch war.

Ich ging Ende Januar an Bord. Vorher hielt ich deutsches Novemberwetter für das äußerste Grau. Vorher hielt ich auch Marianne Faithful für das Äußerste an Weltschmerz und Melancholie.

Im Hafen gab es an diesem Januarnachmittag keine Schlangen. Es gab auch kein anderes Auto. Dort, wo normalerweise auf zwei Ladedecks im Schiffsinneren Gedränge herrscht, gähnte mir gespenstisch der Metallschlund entgegen. Ich wurde bis zum Bug durchgewunken. Der Schiffsbauch, in dem niemand parkte, war hallerfüllt. Die Autotür hallte beim Zuwerfen. Das Rascheln des Rucksacks hallte. Als ich mich räusperte, um das Gefühl zu haben, nicht allein zu sein, hallte meine Stimme hundertfach zurück. Atmete ich ein, schien sogar die Luft in meinen Lungen widerzuhallen. Meine Schritte hallten sowieso. Sie hallten auf dem öligen Boden des Parkdecks, sie hallten auf der Treppe, sie hallten auf dem Flur zur Kabine. Sie waren die Vorboten einer langen, einsamen, vom leeren Geticker und Geplinker verwaister Spielautomaten durchzogenen Nacht. Einer Nacht, in der Flure, Restaurants und Cafés strahlend beleuchtet waren. In der das Licht ungehindert alle Ecken fluten konnte, kein Mensch hielt es auf. Im Duty-free-Shop zog die einzige Verkäuferin traumversunken ihren Lidstrich nach. Auf dem Sonnendeck waren Tische und Stühle mit Planen verzurrt, die Cocktailbar war mit Holzplatten verbarrikadiert. Eiswind tobte. Das klirrende Kreischen der Möwen, das Peitschen der Wellen, das fraß sich ins Ohr.

Aus dem Salon drang metallisches, aber tröstliches Keybordgeklimper. Tröstlich war das Geklimper, weil es davon kündete, dass außer mir auch der Alleinunterhalter noch da war. Er stand neben der Tanzfläche, auf der eine Schicht aus Salzwasser und Staub lagerte, das Plakat hinter ihm kündigte das Konzert an, das er gerade gab, und niemand hörte zu. Auf den Stühlen saßen Schatten. Vor dem Fenster flog die Nacht, der Barkeeper polierte Gläser. Schwach roch es nach Motoröl, Bohnerwachs und einige Wochen altem Parfüm. Am Eingang zum Restaurant, in dem normalerweise Lachs und Hering von eleganten Kellnern auf weißen Tischdecken serviert wird, hing eine Kordel und an der Kordel ein Schild: *Stängt!* Geschlossen. Nur an der Bar hielten sich einige Fernfahrer an einem dünnen, teuren Bier fest. Mich mit den Fernfahrern gegen die Einsamkeit zu verbünden und mit ihnen ein Gespräch anzufangen wäre in etwa so sinnvoll gewesen, wie mit den Spielautomaten zu reden. Die Fahrer schauten in ihr Bier. Erst, als sich auf der Tanzfläche ein Frauenkörper zu regen begann, hoben sie die Köpfe. Denn tatsächlich, später am Abend, tauchte plötzlich eine Frau (noch ein Gast!) in einem hellblauen Strickpullover auf. Sie trug eine Bundfaltenhose und eine Kette aus falschen Perlen, wehte wie eine Traumgestalt herein und setzte sich nah an die Tanzfläche. Mit leiser Stimme bestellte sie beim Barkeeper ein Glas *vitt vin*. Sie lächelte nicht, während sie lange vor ihrem Glas saß, nur hin und wieder sah sie den Alleinunterhalter an, der sich eine Mundharmonika auf einem Gestell um den Hals gehängt hatte. Als ich sie auf meinem müden Posten im Halbdunkel des Raums schon beinahe wieder vergessen hatte, erhob sie sich. Sie ging auf die Tanzfläche. Der Alleinunterhalter spielte einen Song, in dem rote Rosen vorkamen oder Spuren im Sand; laut Vorschrift der schwedischen Musikindustrie auf Schwedisch. Sie schloss die Augen. Sie tanzte. Der metallische Boden warf ihr Spiegelbild unter der Salzschicht mattschimmernd zurück. Anfangs schien sie sich noch der Blicke der Fernfahrer bewusst zu sein. Die Fernfahrer sahen sie an. Sie sahen sie nicht so an, als wollten sie etwas von ihr. Sie sahen sie an, als sei es eine Erscheinung, was sich da im hellblauen Strickpulli allein vor dem Alleinunterhalter bewegte. Vielleicht war sie sich der Blicke auch die ganze Zeit bewusst, vielleicht war das ihr einziger Antrieb, eine Überfahrt auf einer Fähre zu buchen, auf der außer ihr niemand war. Sie gab ihre Arme frei. Sie wippte mit dem Oberkörper, sie ließ die Hüfte locker und lächelte hinter geschlossenen Lidern, als lächelte sie jemandem zu.

Svårmod.

Am nächsten Morgen um neun Uhr beim Anlegen in Göteborg hatte ich das Gefühl, irgendetwas hätte sich in der vergangenen Nacht ereignet. Etwas Entscheidendes wäre geschehen. Und der frühe Bungee-Jumper, der sich ausgerechnet an diesem Morgen vom riesigen Brückenkran der ehemaligen Eriksberg-Werft stürzte, trug nicht gerade dazu bei, dieses Gefühl zu widerlegen. Im Gegenteil. Je stärker ich mich zu erinnern suchte, desto deutlicher wurde, dass eine dunkle Ahnung sich endgültig bestätigt hatte. Seit der vergangenen Nacht gab es keinen Zweifel mehr: In diesem Leben ist man von Anfang an tot.

Svårmod. – Sehen Sie, welche Gefahren so eine Überfahrt birgt?

Wenn die Nachtfähre vom Kieler Kai ablegt, wird in der Lounge gewöhnlich Baileys oder süßer Likör in kleinen Plastikgläsern ausgeschenkt. Als Begrüßungsdrink, wie es heißt. Ich glaube eher, es handelt sich hier um eine sinnvolle Maßnahme, die verhindern soll, dass der Serotoninspiegel der Passagiere während der Überfahrt vollkommen in den Keller sackt. Das nützt allerdings wenig, wenn ausgerechnet in der Viererkabine, in der man selbst einquartiert ist, der einzige andere Gast auf dieser Geisterfähre liegt und schnarcht...

Um es kurz zu machen: Wenn Sie so eine Nacht überstanden haben, werden Sie sich nicht mehr fragen, was *svårmod* bedeutet. Die lastende Melancholie wird sich Ihrer Persönlichkeit unauslöschlich eingeschrieben haben.

Wer im Sommer übersetzt, braucht nichts dergleichen zu befürchten. Die Stimmung ist sonnendurchflutet und leicht. Und für die meisten ist nicht Göteborg die erste Anlaufstation, nicht das größte Werftgelände Schwedens, in dem bis in die Siebzigerjahre Riesentanker gebaut wurden, bevor nach einem Konjunktureinbruch aufgrund der Ölkrise die Werften stillgelegt werden mussten. Übrig sind heute Industrieruinen, die man als Freizeitbereiche wiederzubeleben sucht, ein Beispiel ist die ins Wasser hineingebaute Oper.

Die erste Anlaufstation sommerlicher Urlaubsreisender ist meistens Trelleborg. Oder sollte man besser sagen: Durchlaufstation? Kaum jemand wird in Trelleborg bleiben. Kaum jemand, der von der Fähre herunterfährt, sieht überhaupt hin. Der Hafen ist klein. Die Stadt ist klein und übersichtlich in Beton gegossen. Der Hafen ist ein Quader aus Beton. Der Strand am Stadtrand ist hässlich, ein schmaler Streifen Sand, durchbrochen von hartem Dünengras. Als ich in Trelleborg zum ersten Mal schwedischen Boden betrat, wurde ich von einer heftigen Enttäuschung gepackt. Spätestens auf dem Marktplatz entpuppte sich das Märchenland, nach dem sich auch Claudia Rusch in ihrem Buch »Meine Freie Deutsche Jugend« noch sehnt, als Kleinstadt mit ruhigen Straßen und einem Zentrum, das man in fünf Minuten durchquert hat. Imposant waren nur die sich türmenden Wolken am Horizont.

Ich nahm zuerst an, meine Sehnsucht müsse so groß gewesen sein, dass sie die Stadt einfach weggespült haben könnte. Ausgewaschen. Niedergedrückt vom Bild einer viel zu großen Erwartung.

Nach einer Weile gewöhnte ich mich jedoch daran. Nach einer Weile stellte ich fest, dass die meisten schwedischen Städte nicht gerade pulsierende Metropolen sind. Nach einer Weile wurde auch deutlich, dass es in den Städten entlang der Küsten eine Besonderheit gibt: Orte wie Trelleborg können ihr Erscheinungsbild verändern. Das Bild wird von den Fähren bestimmt, und legt eine Fähre im Hafen an, schließt sich in der Stadt eine Lücke. Als hätte die Stadt mit der Fähre erst ihre wahre Bestimmung erreicht, wacht sie plötzlich auf. Sie wird lebendig. Menschen wirbeln in die wenigen Läden, Lärm schallt durch die Straßen, Autoschlangen entstehen wie in der Großstadt. Die Fähren sind das Leben der Stadt. Den Rhythmus bestimmt der Fahrplan. Wenn man Anekdoten glauben will, dann sollen Frauen, die sich früher beim Markteinkauf verschwatzt hatten, angesichts der einlaufenden Fähre ausgerufen haben: »O Gott, die Fähre kommt schon, und ich habe die Kartoffeln noch nicht aufgesetzt!«

Legt die Fähre wieder ab, verschwinden mit ihr auch die Nachtclubs, Bars und Restaurants, die Menschen und Autos, und die Stadt, die auf einmal still und unberührt im Abend liegt, scheint kleiner geworden.

1959 muss Trelleborg allerdings außergewöhnlich schön gewesen sein. Jedenfalls für diejenigen, die mit der ersten Fähre der Deutschen Reichsbahn nach dem Zweiten Weltkrieg, der »Sassnitz«, von Stralsund aus nach Trelleborg kamen und die Erlaubnis hatten, das Schiff zu verlassen. Sie feierten mit den Trelleborgern die Einweihung einer Fährverbindung zwischen Schweden und der DDR. 1959 durften DDR-Bürger noch über die Ostsee fahren. Außer ihnen wurden auch Autos der Marke Trabant verschifft, die für Norwegen gedacht waren. Die Norweger hatten das Geschäft wahrscheinlich an einem ihrer dunklen Wintertage abgeschlossen, an dem sie die Autos, um die es ging, nicht richtig hatten sehen können.

Zwei Jahre vor dem Mauerbau schien es noch, als sei Trelleborg näher an die DDR herangerückt. Am 13. August 1961 war das kleine Städtchen dann plötzlich weiter weg als Havanna. In die Zugwaggons, die für die Fähre nach Trelleborg bestimmt waren, stiegen in Stralsund jetzt die Pass- und Zollorgane der DDR. Diese »schwarze Gang« war allerdings weniger harmlos, als sie sich den Anschein gab. Sie gehörte zur Pass-Kontrolleinheit des Ministeriums für Staatssicherheit, die ihre Staatsbürger so sehr vor dem Westen schützen wollte, dass sie sie lieber ins Gefängnis steckte, als ihnen auch nur einen Blick ins Auge des Feindes zu gestatten, geschweige denn, sie an Bord der Schwedenfähre gehen zu lassen. Die begehrteste Schmuggelware, die die »schwarze Gang« bei ihrer Zugdurchsuchung zu finden hoffte, waren Menschen. Zu diesem Zweck liefen Suchhunde unter den Zügen durch, Lichttrassen fluteten die Zugdächer. Die Insassen der Waggons, hauptsächlich Westberliner und Westberlin besuchende Schweden, durften den Zug nicht verlassen, solange er nicht auf der Fähre war. Für sie muss es angesichts der Signalanlagen, der Hundezwinger und Wachtürme ein Leichtes gewesen sein, sich an Horrorszenarien aus dem Dritten Reich zu erinnern. Auch wenn eine Fähre aus Trelleborg in den DDR-Hafen einlief, zogen sofort Posten am Schiff und auf den Molen auf. Sie trugen Uniformen der Grenzbrigade Küste. Auch diese Uniformen waren die reine Kostümierung; die Posten gehörten ebenfalls zur Staatssicherheit.

Die winkenden Menschen am Ufer wurden in so großem Abstand zu den Fähren gehalten, dass nicht immer auszumachen gewesen sein wird, welches Schiff gerade in den Hafen einlief. Und da das Fachsimpeln über Schiffstypen sowieso nicht das zentrale Motiv der Winkenden war, kann es nicht besonders aufgefallen sein, als eines der ersten schwedischen Eisenbahndampfschiffe auf dieser Strecke, die »Drottning Victoria«, 1968 aus dem Verkehr gezogen und einer Abwrackfirma übergeben wurde. 1909 hatte sie den schwedischen König Gustaf V. zur Eröffnungsfeier der Linie Sassnitz – Trelleborg nach Sassnitz gebracht. Und da außer den Fähren auch die Könige eine gewisse Rolle im Leben der Schweden spielen, wurde ein Großteil der alten Fähre gerettet. Man kann sie heute in Trelleborg besichtigen. 1993 bauten ABM-Kräfte den Jugendstil-Speisesaal originalgetreu wieder auf. Im Konferenzzentrum der Stadt kann wie vor hundert Jahren unter bleiverglastem Oberlicht, teakfarbener Wandpaneele, Messingleuchten und einer weißen, mit goldenen Ornamenten verzierten Decke aufgetischt werden. Allerdings auf festem Grund. Statt Gustaf V. sitzt der heutige König, Carl XVI. Gustaf, am Kopfende der Tafel. Und nach dem neuen Thronfolgerecht wird eines Tages seine älteste Tochter, Kronprinzessin Viktoria, diesen Platz einnehmen. Das kann sich der Vater momentan allerdings noch nicht vorstellen. Der mit Legasthenie geschlagene Mann bezweifelte öffentlich, dass Frauen das Amt des Monarchen ausüben könnten. Das mag ein Grund sein, weshalb die Schweden auf ihr Königshaus zwar stolz sind, aber ihren derzeitigen König eher belächeln. Stolz ist man darauf, dass sich die Mitglieder der königlichen Familie ganz unspektakulär benehmen und sich volksnah geben. Skandale wie in Großbritannien sind ihnen eher fremd. Es stimmt, dass die königliche Garde einmal täglich durch Stockholm zum Schloss hinaufmarschiert, dennoch würde niemand auf die Idee kommen, deswegen die Straße abzusperren. Die Herren und Damen in hellblauer Prachtuniform und mit blitzenden Pickelhauben graben sich im Marschschritt einfach eine Schneise in den Verkehr.

Gerät der König doch einmal in die Klatschspalten, handelt es sich meistens um die deutscher textarmer Blätter, in denen es um Neuigkeiten seines Ehelebens mit Silvia Sommerlath geht, einer Deutschen, die Carl Gustaf bei den Olympischen Spielen in München 1972 kennenlernte, wo sie als Chefhostess beschäftigt war. Sein überholtes Frauenbild scheint sie entweder lustvoll zu teilen – jedenfalls hat sie es ihm bisher nicht abgewöhnen können – oder das Abgewöhnen ist schlicht unmöglich bei einem Mann, der sich auch politisch bisher nicht gerade durch Scharfsinn auszeichnete. In der sogenannten Brunei-Affäre soll er den diktatorischen Regenten des Sultanats Brunei wegen seiner angeblichen Bürgernähe gerühmt haben. Die schwedische Regierung beschloss daraufhin, dem König bei Auslandsbesuchen immer ein Mitglied der Regierung sichernd an die Seite zu stellen.

Die Rede, die der König nach der Tsunami-Katastrophe Weihnachten 2004 hielt, bei der über 500 schwedische Erwachsene und Kinder ums Leben kamen, soll allerdings gut genug gewesen sein, um die Brunei-Affäre wieder etwas in den Hintergrund zu rücken. Allzu verheerende Fehler kann er ohnehin nicht machen, da seine Pflichten als Staatschef nach dem neuen schwedischen Grundgesetz von 1974 hauptsächlich repräsentativer und zeremonieller Art sind. Er eröffnet jeden Herbst den schwedischen Reichstag, leitet die erste Sitzung einer neuen Regierung und akkreditiert Botschafter anderer Länder zu Schweden. Gesetze unterzeichnet er nicht mehr.

Kronprinzessin Viktoria scheint die Meinung ihres Vaters mit Gelassenheit zu nehmen. Die männliche Verwirrtheit, die sich hin und wieder angesichts weiblicher Würdenträger einstellt, dürfte sie kaum mehr überraschen, seit Boris Jelzin sie bei einem Staatsbesuch 1997 in Stockholm herzhaft an sich zog, schmatzend küsste und sie dann auf der Stelle mit seinem ersten Vizepremier verheiraten wollte. Der Gedanke schien Jelzin ein solches Vergnügen zu bereiten, dass er Schweden mit Finnland verwechselte und seine Freude darüber äußerte, wie lange der Krieg mit Russland nun schon zurückliege...

Der Gerechtigkeit halber sollte vielleicht hinzugefügt werden, dass die Angst des schwedischen Königs, der Thron würde unter dem Gewicht einer Frau zusammenstürzen, eine historische Ursache haben mag. Es könnte sein, dass die Erinnerung an die machtvolle und außergewöhnliche Regentschaft der Königin Christine von Schweden, obwohl diese bereits mehr als 350 Jahre zurückliegt, das königliche Gemüt auch heute noch leise erbeben lässt. Christine von Schweden ist gleichzeitig Leuchtfeuer und Wermutstropfen in der Geschichte des schwedischen Königshauses. Die künftige »Pallas des Nordens« war gerade mal sechs Jahre alt, als sie mitten im Dreißigjährigen Krieg Königin wurde. Ihr Vater, Gustaf II. Adolf, hatte das calvinistisch-protestantische Schweden 1630 in den Krieg gegen die kaisertreue Katholische Liga geführt, deren Truppen unter dem Befehl Wallensteins standen. Nach anfänglichen Erfolgen fiel Gustaf II. Adolf 1632 in der Schlacht bei Lützen.

Vier Jahre später standen die Schweden trotzdem vor den Toren Wittstocks. Dieses historische Großereignis wird heute vor allem von deutschen Pyrotechnikern sehr geschätzt. Das Jubiläum der Schlacht von 1636, das die Stadt Wittstock jährlich mit dem Theaterstück »Die Schweden kommen!«, begeht und in dem der Text zugunsten von Rauch und Kanonengeknalle aufs Rudimentärste reduziert wurde, verschafft einer großen Anzahl von ihnen einträgliche Jobs.

Mit achtzehn übernahm Christine die Regentschaft und erwarb im Westfälischen Frieden geschickt Vorpommern, Rügen und Bremen für Schweden. Ausgebildet im Reiten, Schießen, Fechten, in acht Sprachen, in Mathematik, Geografie und den Künsten dürfte sie eine der gebildetsten Damen des 17. Jahrhunderts gewesen sein. Sie verteilte großzügig Stipendien an Wissenschaftler und Künstler, rüstete die Universität in Uppsala mit Büchern und Gebäuden aus und holte unter anderem René Descartes an ihren Hof in Stockholm. Sie regierte einen der mächtigsten Staaten dieser Zeit, trotzdem dankte sie nach zehn Jahren ab. Sie hatte einfach keine Lust zu heiraten. Das wäre eventuell noch zu tolerieren gewesen, aber ihre Neigung zum Katholizismus kam einem Treuebruch gleich. Ihre unkonventionelle und universelle Bildung hatte sie ein freigeistiges und weltoffenes Denken gelehrt. Der protestantische Calvinismus am schwedischen Hof mit seiner Prädestinationslehre war ihr zu eng; sie fand nicht, dass es göttlich vorherbestimmt sei, ob sie in den Himmel oder in die Hölle komme. Sie zog Rom und ein aufregendes Leben beidem vor. In Rom gründete sie das erste öffentliche Theater der Stadt, und es könnte eben diese Erinnerung an eine verschwenderisch die Kunst fördernde und sexuell wie intellektuell gleichermaßen freizügige Monarchin sein, die Carl Gustaf ein wenig erschüttert haben mag.

Da Christine Lehnsherrin über Vorpommern, Bremen und Rügen geworden war und das Gebiet unter schwedischer Verwaltung stand, musste es in das Binnenverkehrsnetz Schwedens eingegliedert werden. So kam es, dass 1664 die erste Postlinie zwischen Ystad und Stralsund eröffnet wurde. Von nun an pendelten Postjachten zwischen den Küsten. Eine Fahrt konnte allerdings schon mal drei Tage dauern. Und wenn man Pech hatte, landete man auch nicht in Stralsund. Ungünstige Windverhältnisse trieben die Schiffe zum Darß oder zur Insel Usedom ab, von wo es dann mit Postkutschen weiterging. Es konnte außerdem vorkommen, dass eines der Schiffe mit einer Steilküste kollidierte, wobei das Schiff meistens den Kürzeren zog.

Sollte Sie also auf Ihrer Urlaubsreise ausnahmsweise ein Sturm überraschen und die Fähre von Wellenkämmen in Wellentäler stürzend ins Rollen geraten, und Sie haben gerade keinen Ingwer zur Hand, dann denken Sie einfach an die Postschiffe. Denken Sie daran, dass die technischen Errungenschaften der letzten Jahrhunderte nicht nur schuld an der Klimakatastrophe sind, sondern auch ihr Gutes haben; die Chancen, in dieser Nacht mit einer Steilküste zusammenzuprallen, stehen erfreulich schlecht.

Spielzeug, Werkzeug, Haus

Ich hatte eine Villa in Schweden, am Ufer des Fryken in Värmland. Vom Fenster und von der Veranda war der See zu sehen, der in der Sonne hell aufschien. Vogelbeerbäume säumten eine Schneise im Wald. Solange der Nachbar die Schneise nicht zuwuchern ließ, wurde sie von Rehen genutzt, die in der Dämmerung zum Trinken ans Ufer zogen. Wenn die Tannen nachts in der Spur des Mondes Schatten auf die Kiesel warfen und das Gras am Schuppen grau und verwittert aussah, wenn nach einer stürmischen Nacht Kastanienhülsen, Birkenzweige und die Blätter der Akazie über die Holzplanken der Veranda trieben und das Haus im blauen Licht wirkte wie der letzte, verlassene Ort, oder wenn an einem Frühsommermorgen der Tau die verrosteten Seile des Fahnenmastes im Garten versilberte und die Luft so klar war, dass sie schmerzend scharfe Bilder aus der Landschaft trieb, war es, als hätte bis zu diesem Moment jemand anderes mein Leben gelebt. Ich aber wäre die ganze Zeit hier gewesen.

Ich war in meine Villa so verliebt wie Tania Blixen in ihre Farm in Afrika, und genauso blauäugig hatte ich sie auch gekauft. Die Abenteuer schienen mir, die ich nie in Kenia gewesen bin, vergleichbar groß. Unerschrocken unternahm ich Tagesmärsche in den nächsten Ort, um Proviant für die kommenden Wochen zu kaufen, verhandelte mit Einheimischen über die Reparatur meines Brunnens und hielt Elche für mindestens so gefährlich wie Löwen, weshalb ich wahrscheinlich nie einen sah. Glücklicherweise war ich am Ende nicht ganz so pleite wie die dänische Schriftstellerin, aber ich war am Anfang auch nicht annähernd so reich gewesen.

Der Fryken schneidet achtzig Kilometer ins hügelige Land. Er reicht von Sunne im Norden bis in Schwedens größtes Deltagebiet im Süden, dessen Zentrum Karlstad ist. An den Hängen zwischen Heidelbeersträuchern und Farn liegen bronzezeitliche Gräber, riesige bemooste Steinhaufen, die noch kein Forscher näher untersucht hat. Verwitterte Tafeln weisen dreisprachig auf verborgene Schätze hin, den vorzeitlichen Toten mit ins Grab gegeben, aber niemand käme auf den Gedanken, hier zu plündern. Wenn der See im Februar zufriert, schieben sich Eisschollen am felsigen Ufer senkrecht in die Höhe, und im Sommer hängt leuchtend Tau in symmetrisch gewebten Spinnennetzen in den Büschen wie sonst nur noch im Kinderbuch. Diese malerische Aufmachung der Landschaft ist kein Zufall, wie ich bald herausgefunden hatte. Die Spinnennetze, der See, die Felder wirkten so, als wären sie erfunden worden, weil die Villa mitten in einem bedeutenden literarischen Schauplatz stand.

Mårbacka, der Landsitz von Selma Lagerlöf, liegt nur wenige Kilometer vom Fryken entfernt. Ein gelbes Holzhaus mit geschwungener Freitreppe überragt das Anwesen mit Kräutergarten, Obstbäumen und Feldern. In diesem Haus hatte die Nobelpreisträgerin ihr Nationalepos »Gösta Berling« verfasst, eine verzweigte Geschichte um elf Kavaliere und einen trunksüchtigen Expfarrer, die in den Wäldern und Höfen rund um den Fryken spielt. Das Anwesen hatte Selma Lagerlöf mit dem Nobelpreisgeld wieder zurückgekauft, nachdem es der Vater, ein Alkoholiker, der all seinen Besitz versoff, für Schnapsnachschub verschleudert hatte. Lagerlöf selbst leitete den Hof. Sie stellte ihr eigenes Hafermehl, das »Mårbacka Havrekraft«, her, und unterhielt einen künstlerischen Salon. Wenn man Glück hat und die richtige Touristen-Führung erwischt, erfährt man auch von ihren amourösen Briefwechseln mit verschiedenen Frauen und von Sophie Elkan, die lange mit der Schriftstellerin gemeinsam den Hof bewohnte. Zeitweise stand Lagerlöf zwischen zwei Frauen; Sophie, von der sie bewundert und beraten, und Valborg Olander, von der sie begehrt wurde. So jungfernhaft, wie es die Museumsleitung darzustellen versucht, kann Selma Lagerlöf also nicht gewesen sein.

Ich vermute auch, der »Gösta Berling« ist ihr nur deshalb so schwermütig und niederdrückend geraten, weil sie von der damaligen Mode noch dazu verdonnert war, jede Arbeit in diesen ungeheuer langen, schweren und hinderlichen Röcken zu verrichten. Hätte sie die Pfade am Seeufer leichtfüßig in Turnschuhen und Jeans entlangstreifen können wie ich, wäre der schuldgeplagte Expfarrer Gösta wahrscheinlich nicht immer wieder zur Strafe in Eiseskälte im Schlitten über die verwehte Eisschicht des Sees gejagt worden, der im Roman Löfven heißt. Oder er hätte ein wenig von dem Glück, das er sucht, spätestens zur Schneeschmelze gefunden.

Vielleicht hatte Selma Lagerlöf sich aber auch jenen unglücklichen Pfarrer zum Vorbild für ihr Buch genommen, der früher in meiner Villa gelebt haben soll. Laut meinen Nachbarn hatte er sich nicht mehr davon erholt, dass seine Enkel bei einem Hausbrand umgekommen waren. Von jenem Moment an hatte er aufgehört zu heizen, was dazu führte, dass ich mir beim Anfeuern des Kamins beinahe eine Rauchvergiftung holte. Der Rauch zog nicht ab. Er wurde ins Zimmer hineingedrückt, die Schornsteine waren verfallen. Auch die drei Öfen im Haus waren verstopft, die Ofenrohre funktionierten nicht.

Als meine Villa später ein kleiner Laden mit Tankstelle

gewesen war, hatte man schon mit Öl geheizt. Vor dem Haus war noch die Kiesauffahrt zu erkennen, an der zwei Zapfsäulen die wenigen Bewohner am Ostufer des Fryken mit Benzin versorgt hatten, im Laden hatte es Zeitungen und *Kanelbullar* zu kaufen gegeben, jene klebrigen Zimtschnecken, die im ganzen Land verbreitet sind.

Meine Villa war weißgestrichen. Sie war zweistöckig und stand auf einer Hügelkuppe, und aus der Ferne sah man sie leuchten. Beim Näherkommen begann die Farbe allerdings deutlich zu blättern. Die Nachbarn, von denen es zwei in unmittelbarer Nähe und weitere acht im Umkreis von fünf Kilometern gab, empfahlen mir, das Haus noch vor dem Winter zu streichen. Ich sollte auf keinen Fall weiße, sondern rote Farbe verwenden, jenes Rot, das seit Ende des 18. Jahrhunderts Teil der schwedischen Nationalromantik geworden ist. Sie hatten nicht vor, mich zu einer echten Schwedin zu machen. Sie wollten mich nur beschützen.

Natürlich ist das *Faluröd* nicht einfach nur eine Farbe. Wer in einem roten Haus mit den typischen weißen Kanten wohnt, wohnt auch in einer Tradition, die im 16. Jahrhundert ihren Ursprung bei den höheren Ständen hat. Die schwedischen Kaufleute waren die Ersten, die ihre Häuser rot streichen ließen. Diese Idee kam ihnen nicht unbedingt, weil sie ästhetisch besonders auf der Höhe gewesen wären. Sie wollten vielmehr, dass ihre Holzhäuser den Backsteingebäuden reicher Handelsleute in Lübeck und anderswo auf dem Kontinent ähnelten. Sie schienen darauf zu vertrauen, dass sich, wenn's draußen rot aussieht, drinnen der Reichtum schon einstellen würde. Und für eine Weile behielten sie sogar recht. Die frische Farbe schien das Geld anzulocken wie Insekten, und bald war genug zusammengekommen, um Schweden unter Gustav Vasa zu einer europäischen Großmacht erstarken zu lassen, die nicht nur die skandinavischen Nachbarn, sondern auch den gesamten nordeuropäischen Raum beherrschte. Erst zweihundert Jahre später war die Farbe so trocken, dass die Münzen abblätterten, das Imperium zerfiel und man einen General aus der Armee Napoleons als Thronfolger einsetzen musste, weil kein Einheimischer das mehr machen wollte. Jean Bernadotte hielt 1810 seine Inaugurationsrede auf Pidginschwedisch und schrieb nach Hause: »Der Wein ist grauenhaft, die Leute haben kein Temperament, und nicht mal die Sonne strahlt Wärme aus.«

Bald darauf gehörte das Land zu den ärmsten Europas. Kein Wunder, dass die rote Farbe, die einst Wohlstand und Macht repräsentiert hatte, sofort Gegenstand einer romantischen Sehnsucht, einer Vergangenheitsverklärung wurde und nun eines der wenigen hervorstechenden Merkmale schwedischer Malerei ist. Auf Bildern des Impressionisten Carl Larsson leuchtet es besonders tief und bis hinein ins 20. Jahrhundert; so lange, wie sich die Armut hielt. Noch in den Zwanzigerjahren zählten Rohstoffe wie Zucker beispielsweise zu ausgesprochenen Luxusgütern. Auch heute scheint die Schreckgestalt der Armut den Schweden noch hin und wieder ihren Schatten an die Schädeldecken zu werfen. Jedenfalls wird nicht nur das Brot gern gesüßt, sondern man schleppt auch riesige Vorräte an *Kanelbullar* heran, was nur bedeuten kann, dass man befürchtet, die Zimtschnecken könnten noch immer jederzeit ausgehen. In keinem Haushalt dürfen sie fehlen, selbst im entlegensten Heimatmuseum oder in Geschäften, in denen man eigentlich Schuhe kaufen will, findet man sie eingewickelt, eingeschweißt oder frisch aus dem Ofen und so süß, dass eine Portion Insulin dazu nicht schaden könnte.

Meine Nachbarn servierten sie mit Kaffee und Aquavit und fragten, wann ich denn endlich mit dem Streichen beginnen wolle.

Das Signalrot der verstreuten und oft überraschend in der Landschaft auftauchenden Häuser kann unter Umständen verhindern, dass bei Nacht und Nebel jemand aus Versehen dagegenrennt. Und natürlich wirft das tiefe Rot vor dem dichten Dunkelgrün der Wälder ein schmerzhaftes Leuchten ab.

Der entscheidende Vorteil des *Faluröds* liegt jedoch in der Zusammensetzung seines Farbpigments. In Falun, einer Stadt auf rotem Grund, mit Straßen, die wirken wie rötlicher Samt, fällt es als Nebenprodukt einer Kupfererzmine an. Sein Pigment enthält Eisenoxid mit Spuren von Aluminium, Zink und Kupfer und bewirkt, dass die Farbe holzkonservierend und feuchtigkeitsdurchlässig ist. Meine Nachbarn wussten, wovon sie sprachen: Wer rot wählt, muss seltener streichen. Das klingt beinahe nach einem Wahlslogan der Sozialdemokratischen Arbeiterpartei, die in Schweden immerhin von 1932 bis 2006 mit Ausnahme weniger Jahre ununterbrochen an der Macht war. In den letzten Jahrzehnten haben sich viele Schweden allerdings nach Abwechslung zu sehnen begonnen. Überall sind mittlerweile Häuser mit blauen, orangefarbenen oder gelben Anstrichen zu sehen, und an der Macht ist die aus vier bürgerlichen Parteien bestehende *Allianz für Schweden*.

Weiße Häuser gibt es immer noch selten. Meine Villa jedenfalls schien eine echte Ausnahme zu sein, und als der Winter kam, hatte ich keinen einzigen Pinselstrich gemacht.

Als der Winter kam, begriff ich, warum meine Nachbarn mich immer so skeptisch angesehen hatten. Schon beim Einzug hatten sie mir Blicke zugeworfen, die mich warnen sollten. Gesagt hatten sie nichts. Später schenkte mir einer von ihnen eine Matratze. Sie war so groß, dass sie nicht durch den Treppenflur passte und über den Balkon ins Haus gehievt werden musste. Wie skeptisch man bezüglich meines Überlebens war, zeigte sich darin, dass man sich ungefragt meiner annahm. Solange sie nicht um Hilfe gebeten werden, gehen Schweden gewöhnlich davon aus, dass auch keine Hilfe erwünscht ist. Ungefragte Hilfsangebote gelten normalerweise als Demütigung; sie zeigen dem anderen, dass er nicht in der Lage ist, allein klarzukommen. Allein klarzukommen ist für die Schweden aber so wichtig wie das Rot ihrer Häuser.

Schon die Kinder lernen, *duktig* zu sein, sie lernen, selbstständig und verantwortungsbewusst zu handeln und mit Problemen gefasst, ruhig und überlegt umzugehen. In Pippi Langstrumpf haben sie dafür das beste Vorbild. Dieses neunjährige Mädchen ist nicht nur ein freches Gör. Sie steht auch für ein typisch schwedisches Charakterbild: sie ist selbstständig, sie verweigert sich jeder Art von Autorität, sie hat nicht nur übermenschliche Kraft, sondern lebt auch vollkommen autonom, der Vater ist irgendwo auf See unterwegs, die Mutter ist tot. Pippi ist ikonographisch für ein Land, in dem Kinder als gleichwertige Partner angesehen werden, die früh lernen, dass sie selbst für ihr Leben verantwortlich sind. Das führt unter anderem dazu, dass schwedische Spielplätze sogar an gut besuchten Sonnentagen so ruhig sind, als handele es sich um Freiluftbibliotheken. In Schwimmbädern oder riesigen Kindervergnügungsparks wie dem »Vattenland« und dem »Sommarland« in Kneipbyn auf Gotland braucht man keine Angst zu haben, dass einem ohrenbetäubendes Gekreische sofort das Trommelfell zerfetzt. Das bedeutet aber nicht, dass die Kleinen keinen Spaß hätten und wie Trauerklöße allein am unteren Ende der Wippe sitzen würden. Es bedeutet nur, dass sie nicht zu kleinen Monstern werden, die sich im Streit ums Spielzeug gegenseitig überbrüllen und die Brillen wegfetzen. Schon kleine Schweden haben begriffen, dass es im Leben nicht ums Haben geht, sondern ums Sein. Nicht das Eigentum gilt es zu schützen, sondern die geistige Gesundheit.

So unvorstellbar es für einen Deutschen wäre, seine Datsche nicht mit einem Zaun zu umgeben, über den er dann allerdings lautstark den Nachbarn von seinen Verdauungsproblemen unterrichtet, so unvorstellbar sind für einen Schweden sowohl der Gartenzaun als auch das Gebrüll. Schweden schützen ihre Privatsphäre durch persönliche Zurückhaltung. Ihre Probleme gehen nur sie selbst etwas an. Sie belasten andere nicht mit der Endlosschleife privater Anekdoten und schon gar nicht mit ihrem Seelenmüll. Das wäre eine ähnlich schwere Grenzverletzung wie bei uns etwa das Eintreten des Gartenzauns. Mir ungefragt eine Matratze zu schenken hätte unter normalen Umständen bedeutet, mir zu unterstellen, ich wäre nicht *duktig* genug, allein zurechtzukommen.

Unter diesen Umständen konnte es nur heißen, dass ich nicht mehr anders zu retten war.

Als der Winter kam, spürte ich das. Die Matratze hielt wenigstens die vom Boden hochziehende Kälte ab. Durch die vielen Fenster drang der eisige Schneewind dagegen ungehindert ein.

Natürlich hatte ich bei meiner Suche nach einem Haus schon bemerkt, dass schwedische Holzhäuser auf dem Land eher klein sind und niedrige Zimmer haben, die von einem gewaltigen, gusseisernen Ofen in der Küche mit Wärme versorgt werden. Man schürt das Feuer hinter einer eisernen Klappe, die Kessel werden direkt auf die offene Brandstelle auf dem Herd gesetzt. Die übrige Wärme verteilt sich dann über wuchtige Ofenrohre im ganzen Haus. Sinnvollerweise hängen die Decken in solchen Häusern sehr tief, damit die Wärme nicht gleich verpufft. Das alles hatte ich bemerkt, aber es hatte mich nicht davon abgehalten, dennoch diese riesige Villa zu kaufen.

Vor allem in den größeren schwedischen Häusern wurden in den letzten Jahren anstelle der Holzöfen Erdwärme-Heizungen installiert. Die Schweden mögen zwar das nahe, ungebrochene Leben mit der Natur, den Geruch nach Holz und die ehrlichen Schwielen in der Handfläche, aber sie lieben diese Natur auch so, dass sie immer neue Technologien austüfteln, um sie vor sich zu schützen. Auf diese Weise haben sie sich zu einem der Vorreiter-Länder beim Umweltschutz entwickelt. Nirgendwo sonst wird so exzessiv Müll getrennt. Das geht nicht nur nach dem Prinzip, Plastik links, Papier rechts und Biomüll in die Mitte, sondern allein für Plastik gibt es drei verschiedene Container. In den einen kommt alles, was lose ist, also Folie und Tüten, in den nächsten alles, was beschichtet ist, wie Tetrapacks und Margarineschachteln, aber nur dann, wenn sie bestimmte Abmessungen nicht überschreiten. Größere Plastikbehältnisse kommen in den dritten Container, und wer dann noch nicht genug hat, kann sich überlegen, ob die Deckel von Margarineschachteln jetzt zu losem Material gehören oder doch gemeinsam mit der Schachtel entsorgt werden müssen.

Die Naturliebe führt allerdings auch dazu, dass einer wie Lars Göran Josefsson, der Chef des Energieriesen Vattenfall, zum Vorzeige-Ökologen werden und dem viertgrößten Stromversorger Europas den Anschein eines grünen Unternehmens geben kann. Auch in Schweden weiß man, dass ein westliches Industrieland ohne Energie nicht überlebt, erträgt allerdings den Gedanken nicht, die benötigte Energie auf Kosten der Natur zu gewinnen. Wenn sich zur Energiegewinnung also ein gutes Gewissen in Gestalt von Josefsson gesellen lässt, übersieht man gern, dass Vattenfall mehr Kohlendioxid ausstößt als ganz Schweden. Liebe macht manchmal eben blind. So bleibt auch die Tatsache ungesehen, dass das viel beschworene Pilotprojekt des Unternehmens zur Abscheidung und Einlagerung von Kohlendioxid in der Wissenschaft äußerst umstritten ist und sein ökologischer Effekt begrenzt.

Desaster wie die im Sommer 2006 aufgetretenen Fehler im schwedischen Atomkraftwerk Forsmark bei Stockholm müssen in diesem Land besonders schmerzhafte Augenöffner sein. Bereits kurz nach dem Tschernobyl-Unglück in den Achtzigerjahren wurde beschlossen, alle Reaktoren zum frühestmöglichen Zeitpunkt abzuschalten, was bis heute allerdings nicht geschehen ist.

Umso mehr liegen Heizungen, die ihre Energie ganz unschädlich aus dem Erdinneren holen, im Trend, und obwohl die Anschaffung noch teuer ist, findet man sie mittlerweile häufig.

Meine Villa hatte weder Erdwärme noch einen gusseisernen Ofen. Sie hatte weder niedrige Decken noch kleine Fenster. Die Räume waren vier Meter hoch. Es gab funktionsuntüchtige, aber reich verzierte Jugendstilöfen, es gab Flügeltüren und Stuck, der mit Berliner Altbauten locker hätte mithalten können. Einer der Vorbesitzer hatte in einem Anfall schwedischen Umweltbewusstseins ein paar Solarplatten auf das nach Süden ausgerichtete Verandadach geklebt. Ich habe nie herausgefunden, ob sie tatsächlich zum Energiekreislauf beitrugen, vermute aber, dass sie, wenn sie überhaupt funktionierten, nur an die kleine Sauna im Obergeschoss angeschlossen gewesen sein können. Die Sauna wurde nie wärmer als 50 Grad.

Die sagenhaften Fensterfronten im ganzen Haus jedenfalls trugen prächtig dazu bei, den Wärmefluss im Haus aufzulockern. Ich hätte von Juni bis September statt schwimmen zu gehen jeden Tag mit Fällen, Sägen und Hacken von Holz verbringen müssen, um es dann im Winter statt Schlittschuh zu laufen von früh bis Abend an den stinkenden Kamin zu verfüttern, hätte nicht ein gewaltiger Öltank hinter dem Haus gelegen. Er war verrostet und mit einer monströsen Heizungsanlage verbunden, die mit ihren Kesseln und Röhren einen eigenen Raum beanspruchte und die ich so lange nicht durchschaute, bis ich mein erstes Heizöl bestellte. Ein Lastzug kam die stille, gewundene Straße herauf, pumpte mir zweitausend Liter in den Tank, und mir wurde klar: Das wahnsinnige Rauschen dieser Anlage war Ausdruck purer Begeisterung. Schon wenn ich sie nur leicht aufdrehte, fraß sie gierig mein Geld.

Die Villa war nicht teuer gewesen. Für das, was ich für ein Haus mit acht Zimmern (Windfänge, Kammern und Ankleidezimmer unter den Dachschrägen nicht mitgerechnet), mit zwei Bädern, Veranda und Balkon auf 3000 Quadratmetern Wald und Wiese bezahlt hatte, hätte ich in Deutschland vielleicht eine abgewirtschaftete 60-qm-Doppelhaushälfte an einer Fernverkehrsstraße erwerben können. Hier kam jede Stunde mal ein Auto vorbei, morgens kreuzten Füchse die Fahrbahn.

Auf meiner Suche hatte ich die verschiedensten Häuser gesehen; vom heruntergekommenen Allzweckbau, in dem die Termiten schon die Mauern zerfressen hatten und der für schlappe 10 000 Euro angeboten wurde, über Landschulhäuser, in denen noch die Bestuhlung so unordentlich herumstand, als hätte es gerade zur Pause geklingelt, über einen palastartigen Superdom mit Bar und gefliestem Kamin für 100 000 Euro, bis hin zu einer Holzkirche, die als Ferien- und Freizeithaus angeboten wurde. Über die Kirche habe ich ernsthaft nachgedacht; nicht wegen der Gruseleffekte zur Geisterstunde, sondern weil Kirchen in Schweden garantiert auf jenem Hügel stehen, der den schönsten und weitesten Ausblick über die ganze Gegend bietet, und zwar unabhängig davon, ob ein Ort in der Nähe ist oder nicht.

Seegrundstücke sind am teuersten, und meistens sind immer schon ein paar Norweger vor einem dort, die eine Sommerresidenz im warmen Süden suchen. Holländer, die mittlerweile neben den Deutschen zur größten Käufergruppe gehören, denken da allerdings schon weiter. Angesichts der globalen Erwärmung spekulieren sie darauf, dass in nicht allzu ferner Zeit ein großer *Run* auf den kühlen Norden einsetzen wird, der das, was jetzt noch als Schnäppchen zu erwerben ist, bald in eine gewinnbringende Immobilie verwandelt.

Auch bei einem Gutshaus überlegte ich lange. Das Gut lag mitten im Wald, erreichbar nur über einen kilometerlangen, privaten Zufahrtsweg, der mit Tannen gesäumt und mit einer Schranke verschließbar war; sollte man keine Lust auf Besuch verspüren, konnte man einfach die Schranke am Waldeingang umlegen. Zwar hatten sich schon mehrere Ameisenvölker den Fußboden im Haus untereinander aufgeteilt, aber angesichts der zehn Hektar Wald inklusive der Tiere, angesichts der zwei Scheunen plus Traktor und nicht endender Felder vor den Fenstern für weniger als 50 000 Euro wollte ich nicht kleinlich sein. Der Traktor sprang allerdings nicht an. Und den hätte ich im Winter dringend gebraucht. Denn wenn ich morgens schnell mal Semmeln und *Hjortron*-Joghurt kaufen wollte, hätte ich zuerst den kilometerlangen Zufahrtsweg ganz allein vom Schnee freischippen müssen.

Die Schweden schaffen sich zu diesem Zweck und völlig ungeachtet ihrer Liebe zur Natur benzin- oder elektrobetriebene Minibulldozer an. Im Winter schnallen sie einen Schneeschieber davor, den sie im Sommer gegen einen Rasenmäher-Aufbau austauschen. Kein schwedisches Haus kommt ohne diese vierrädrigen Krachmacher aus. Es wird behauptet, das sei notwendig, um der riesigen Flächen Land, die zum Haus dazugehören, überhaupt Herr zu werden. Ich habe da allerdings meine Zweifel. Die Hingabe, mit der schwedische Männer auf diesen Bulldozern auf ihren Anwesen herumkurven, und zwar egal, ob sie durch Schnee oder Gras pflügen, deutet vielmehr auf untergründige Hitze hin. Sie sind nämlich gar nicht so kühl und zurückhaltend, wie ihnen nachgesagt wird. Als man im 18. Jahrhundert auf der Suche nach passenden Eigenschaften für einen schwedischen Nationalcharakter war und schließlich auf Kaltherzigkeit und pathologische Unfähigkeit zu emotionaler Reaktion kam, kannte man weder Rasenmäher noch das Rasenmäherphänomen. Man konnte nicht wissen, dass dieses Phänomen eines Tages den schön ausgeklügelten Nationalcharakter wieder über den Haufen werfen würde. Das Röhren der Rasenmäher verrät, dass es im Inneren heftig brodelt. Das irre Herumgekurve auf heißlaufenden Motoren zeugt von ungebrochener Leidenschaft.

Da schwedische Männer aber dem Nationalprofil entsprechend verlässliche, treue, verantwortungsbewusste Gefährten sind, zurückhaltend und vernünftig, und sich auf keinen Fall kindisch benehmen, darf die Vermutung, es könne sich da etwas Heißes, Unkontrollierbares im Herzen zutragen, überhaupt nicht aufkommen. Und hier liegt genau der Grund dafür, warum jedermann diesen perfekt ausgestatten Werkzeugschuppen besitzt. Die Werkzeuge sind Tarnung. Die Männer rüsten ihre Schuppen und Scheunen zu Profiwerkstätten auf, in denen sie stundenlang feilen, sägen und hämmern, weil sie die Hoffnung hegen, angesichts der andauernden Herumwerkelei möge der Rasenmäherwahnsinn, der sie regelmäßig überkommt, nicht mehr so auffallen. Es soll aussehen, als wäre Rasenmähen oder Schneeschieben nur ein untergeordneter Teil der jederzeit dringend anfallenden Ausbesserungen an Haus und Hof. Nirgendwo sonst auf der Welt gibt es so viele so glänzend ausgestattete Baumärkte, deren Dimensionen die zugehörige Ortschaft oft um ein Vielfaches übertreffen und in denen man Werkzeuge zur Reparatur von Dingen bekommt, die man erst herstellen muss, um sie reparieren zu können.

Das Image des Heimwerkers, das schwedische Männer mittlerweile so erfolgreich etabliert haben, dieser »Mann für alle Fälle«, ist die pure Camouflage.

Die Frauen wären allerdings schön blöd, wenn sie zeigen würden, dass sie das von Anfang an durchschaut haben. Erstens haben sie nichts dagegen, dass ihr Haus immer dem neuesten technischen Standard entspricht, und zweitens könnten sie mit ungezügelter Leidenschaft überhaupt gar nicht umgehen. Das heißt nicht, dass sie kalte Liebhaberinnen wären, wie sich das die Erfinder des Nationalcharakters wiederum für die Damen ausgedacht haben. Es heißt aber auch nicht, dass sie sich ungezügelt der Lust hingeben würden, wie es in Filmen über Schweden in den Sechzigerjahren suggeriert wurde. Der Skandalfilm »Sweden, Heaven and Hell« des Italieners Luigi Scattini aus dem Jahre 1968 machte Schweden dafür bekannt (und im prüden Amerika dafür verrufen), freizügig, für alles offen, ja geradezu übersexualisiert zu sein. Sobald die Junisonne nicht mehr untergeht, so die einschlägige Projektion aus dem Ausland, sind große, blonde, nackte Menschen zwischen den Schären pausenlos am Kopulieren und halten nur inne, um mit einem Schluck Selbstgebrannten die Leidenschaften weiter anzuheizen. In Deutschland soll die Bezeichnung »Schwedenfilm« angeblich auf pornografische Inhalte hinweisen. In Amerika versucht man, den Sex-Appeal von dünnem Bier oder zähflüssigem Massage-Öl durch Werbeslogans zu steigern, die das Adjektiv »swedish« enthalten.

Die schwedische Einstellung zum Sex ist tatsächlich unverkrampft. Sie wirkt in ihrer Direktheit und ihrem Pragmatismus allerdings eher ernüchternd als erotisierend und erinnert mich an die mechanistischen Bedienungsanleitungen aus dem ostdeutschen Aufklärungsbuch »Denkst du schon an Liebe?«. Dank solcher Anleitungen wurde ich sachlich und unklebrig über die Fortpflanzungsvorgänge aufgeklärt. Auch schwedische Schulkinder wissen bereits, dass Sex nichts mit Sünde zu tun hat, sondern Planung und Organisation erfordert, um ungewollte Schwangerschaften und Geschlechtskrankheiten zu vermeiden. Schweden gehört zu den ersten Ländern, die sich mit Familienplanung beschäftigten. Schon 1933 gründete Elise Ottosen-Jensen, eine Norwegerin, die mit einem Schweden verheiratet war und zu den Pionieren einer gesellschaftsgeregelten Familienplanung zählte, die Nationale Organisation für Sexuelle Information (RFSU). Die RFSU gibt es auch heute noch. Ähnlich wie die Bundeszentrale für gesundheitliche Aufklärung informiert sie über Verhütungsmethoden, Kinderplanung, Schwangerschaft und startet Anti-AIDS-Kampagnen.

Da niemand ein Geheimnis aus der Erotik macht, wirkt sie eher klinisch als verrucht. Das hat einen einfachen Grund. Man möchte eben auch im Bett nicht unbedingt den Idioten abgeben. Also verständigt man sich lieber zuerst gepflegt über Vorlieben und Praktiken, statt in unkontrollierbare Tiefen zu stürzen. Schon deshalb hat niemand ein Interesse daran, das Rasenmäherphänomen näher zu beleuchten. Der Mann soll sich erst mal draußen abreagieren. Eine vernünftige Verständigung über den bevorstehenden Lustvollzug wäre mit einem rasenden Berserker nun mal nicht machbar. Es gibt zwar in Schweden ein »Vorspiel«, das unter dieser deutschen Bezeichnung gern auch ausgiebig betrieben wird, allerdings selten in Schlafzimmern. Der Rausch entsteht hier nicht durchs Zwischenmenschliche, sondern durch Alkohol. Beim Vorspiel betrinkt man sich, bevor man einen trinken geht, schon mal gemeinsam zu Hause, wo es billiger ist; in der Kneipe holt man sich dann die Luxus-Promille.

Die vernunftbegründete Einstellung zum Sex würde übrigens erklären, warum Hotelbetten und sogar Betten in romantischen Ferienhütten oft harte Ritzen und Kanten haben und so schmal sind, dass kaum zwei Personen gemeinsam hineinpassen, geschweige denn, übereinander herfallen könnten. In Jugendherbergen gibt es meistens nur eiserne Doppelstockbetten.

Die Matratzen im Gutshaus, das ich näher in Betracht zog, waren durchgelegen. Die Betten sahen aus wie kleine Truhen, und die Bettdecken gehörten zu jenem altmodischen Typ Federbett, bei denen die Federn immer ans Fußende rutschen, während der Rest des Körpers unter dem leer schlabbernden Bezug friert. Aber die Betten waren nicht der Grund, mich gegen den Hof zu entscheiden. Ich entschied mich dagegen, weil mein Taschenmesser butterweich ins Gutshausholz geglitten war. In so einem Fall, hatte mir ein wohlmeinender Makler erklärt, sei das Holz morsch und das Haus im Zustand schnell voranschreitenden Verfalls. Der Taschenmessertrick war meine einzige fachmännische Prüfung, die ich jedes Mal so gewissenhaft erledigte, dass mir meine Blauäugigkeit sofort anzusehen gewesen sein muss.

Die schwedischen Makler sind glücklicherweise meistens wohlmeinend. Sie wecken Vertrauen, ohne dass sie sich nur im Geringsten anstrengen müssten, Vertrauenswürdigkeit auszustrahlen. Sie strahlen überhaupt wenig aus. Sie öffnen Haustüren, klopfen an ein Rohr, streichen wortlos über eine Wand und lassen einen ansonsten bei der Besichtigung in

Ruhe. Wenn man doch mit ihnen ins Gespräch kommen will, spricht man sie am besten mit dem Vornamen an. Das fällt leicht und kostet kaum Überwindung, da sie nicht in Business-Anzügen, sondern in Jeans und Pulli herumlaufen. Beratungsgespräche laufen ohne Blendfaktor ab, oft sogar eher im Dunkeln. Während deutsche Immobilienmakler Vorzüge und Schönheiten des Objekts so ausdauernd preisen, dass man, in Grund und Boden geredet, schon deshalb kauft, um sich irgendwie doch noch einzubringen ins Gespräch, werden schwedische Makler bei einer Frage erst einmal still. Sie lehnen sich zurück. Dann sagen sie langsam: »Jahaa«, als hätten sie die Frage nicht kapiert. Sie wirken leicht abwesend, und man kann schnell den Eindruck bekommen, sie hätten nicht das geringste Interesse an diesem Geschäft. Nachdem mir das mehrere Male passiert war, kam ich ihnen auf die Schliche. Sie wollten einfach nur Zeit schinden. Während ich meine Frage umständlich neu formulierte, versuchten sie herauszufinden, ob dahinter vielleicht eine versteckte Bedeutung lauerte oder, schlimmer noch, ob ich mich über sie lustig machen wollte.

Niemand möchte sich gern blamieren, schon gar nicht die Schweden, bei denen die Fallhöhe besonders hoch ist. Denn ihrer direkten Art des *what-you-see-is-what-you-get* ist Übertreibung genauso fremd wie subtile Ironie. Und da sie wissen, dass sie da im Hintertreffen sind, haben sie sich die Strategie der Rückfragen zugelegt. Uns schützt allein das Gequatsche davor, mitzukriegen, dass wir uns gerade blamieren, und wenn wir doch einmal auf der Höhe unserer Wahrnehmung bemerken, wie wir in die Tiefe der Peinlichkeit abstürzen, quatschen wir nur schneller weiter, in der Annahme, es so einfach wegquatschen zu können. In Schweden dagegen gilt die Maxime: Erst denken, dann sprechen. Oder auf Schwedisch: Erst blinzeln, dann blöken!

Wenn jeder Verdacht ausgeräumt ist, ergeben sich auch mit Maklern Gespräche wie unter Nachbarn. Mit zweien bin ich sogar Bier trinken gewesen.

Schwedische Makler können auch deshalb so leicht Vertrauen erwecken, weil sie wiederum ihren Kunden vertrauen. Versuchen Sie mal, sich Folgendes bei uns vorzustellen: Eines Tages betrat ich das Büro eines Maklers, der keine Zeit hatte, mir das sehr abgelegene Objekt zu zeigen, für das ich mich interessierte. Statt mich auf einen neuen Termin zu vertrösten, gab er mir die Hausschlüssel, beschrieb mir den Weg und forderte mich auf, die Schlüssel einfach in den Briefkasten vor dem Büro zu werfen, sollte ich erst nach Büroschluss zurück sein. Auf diese Weise hätte ich Tag und Nacht in diesem oder jenem Häuschen verbringen können, ohne dass es jemandem aufgefallen wäre. Was ich nicht tat, denn das ist es, was das Leben hier allgemein so einfach macht; nicht nur die Einstellung, den anderen immer genauso zu behandeln, wie man selbst behandelt zu werden wünscht, sondern tatsächlich so zu leben.

Da die Makler in Schweden vom Verkäufer bezahlt werden, könnte man vermuten, dass die Verkaufspreise hochgetrieben werden, wo beide das gleiche Interesse an einem hohen Abschluss verbindet. Aber das Immobiliengeschäft scheint einträglich zu sein. Nur in Stockholm, dessen teures Pflaster mit anderen Metropolen locker mithalten kann, sind die Angebote astronomisch.

Schweden ziehen in ihrem Leben im Schnitt fünf- bis achtmal um. Jedes Mal wird gekauft und verkauft. Mietverhältnisse sind wenig verbreitet. Wenn Ihnen jetzt das Herz stehen bleibt, weil Sie froh sind, dass Sie gerade *einen* Umzug ohne größere körperliche und seelische Schäden überstanden haben, dann machen Sie es das nächste Mal einfach auf Schwedisch: Sie nehmen nicht noch den kleinsten Wandbehang mit, sondern lassen Schränke und Betten ohne Bedauern im alten Haus zurück. Sie verkaufen das Haus voll eingerichtet und vermeiden so, dass der Umzug Sie an den Rand eines Nervenzusammenbruchs führt. Umziehen auf Schwedisch bedeutet mehr, als nur den Ort zu wechseln.

Umziehen bedeutet auf gewisse Weise, das Leben zu wechseln.

Während wir im Grunde am neuen Ort nur die alte Ordnung wiederherstellen und Couchgarnitur und Spülmaschine in exakt denselben Winkeln platzieren wie zuvor, ist man in Schweden konsequent. Während wir in aller Ruhe vergessen könnten, dass wir uns überhaupt vom Fleck bewegt haben, würde nicht von draußen immer mal wieder störend ein fremder Dialekt hereindringen, vollzieht man in Schweden den Ortswechsel auch innerhalb der Räume nach.

Zwei Eigenschaften machen es möglich, sich so problemlos von Gegenständen des Alltags zu trennen. Einmal ein enormer Unabhängigkeitsdrang, der verhindert, dass man sich allzu stark bindet. Und dann der Pragmatismus. Besitz ist dazu da, genutzt zu werden; nicht so sehr, sich darüber zu definieren.

Vielleicht sind deshalb auch Trödelmärkte so beliebt. Auf diese Weise kann jeder, der dummerweise gerade nicht umziehen kann, wenigstens hin und wieder einen Großteil seines Besitzes loswerden, um dann unbeschwert die alten Lampen, aufgemöbelten Möbel oder ulkigen Teekannen des Nachbarn kaufen oder eintauschen zu können. Im Sommer sind überall im Land handgefertigte Schilder aufgebaut, die mit schiefer Schrift auch dort auf einen »Antik«-Verkauf hinweisen, wo man sich soeben noch im tiefsten Wald, in der einsamsten Einöde, im unwegsamsten Gelände, auf jeden Fall weitab von jeder Zivilisation unterwegs glaubte. Wie sehr man sich da getäuscht hat, wird spätestens im Gewusel Hunderter gut gelaunter Menschen klar. Wie aus heiterem Himmel sind sie auf einmal massenhaft da. In einer Scheune, einem von bunten Bändern begrenzten und mit Kram bedeckten Feld oder in einer mit echten Antiquitäten stilvoll eingerichteten Garage machen sie ihren Wochenendbummel.

Manches rosenumrankte Haus hat auch einfach nur ein *öppet*-Schild nach draußen gestellt und verkauft, was immer sich im Wohnzimmer so findet. Sollte ein Dorf oder gar eine Kleinstadt in der Nähe der Antik- oder *Loppis*-Märkte sein, wird sicher eine kleine Blaskapelle aufspielen. Gegen Abend darf auf der provisorisch errichteten Bühne, die aus dem Anhänger eines Lastwagens aus- und wieder eingeklappt werden kann, eine lokale Rockgruppe erwartet werden, die Schlager aus den Siebzigern spielt. Die Freiwillige Feuerwehr bietet selbst gemachten Kartoffelsalat und *Köttbullar* an, und eine Unzahl von Thermoskannen sorgt dafür, dass der Kaffee nicht ausgeht. Den kann man sich bedenkenlos nachschenken. Denn hat man für eine Tasse bezahlt, wird hier wie auch in jedem Café und jedem Selbstbedienungslokal kostenlos nachgefüllt. Egal, ob Tee, Brühkaffee oder gekochter Kaffee, *kokkaffe*, der im Topf aufgekocht wird, immer bekommt man *påtår*: noch eine Tasse. Die positive Wirkung dieser einladenden Geste auf das eigene Verhalten wurde mir bewusst, als ich nach Deutschland zurückkam und im Potsdamer Park Babelsberg Kaffeetrinken ging, wo das Café zwar herrschaftlich »Das Kleine Schloss« heißt, aber schon eine Tasse Wasser zum zweiten Aufguss für den Tee knickrige zwei Euro kostet.

Läuft der Antik-Markt richtig gut, hat der Eigentümer der Scheune in einem der Geräteräume längst ein Café aufgemacht, in dem es, dreimal dürfen Sie raten, *Kanelbullar* gibt und Kaffee in blauen IKEA-Pfandbechern sowieso. Die Becher sind allerdings das einzige IKEA-Produkt auf diesen Märkten. Der *Löppis*- oder *Antikmarknad* dürfte ansonsten die größte heimische Konkurrenz des Möbelriesen sein. Hier gibt es nichts zum Zusammenstecken und Selbstschrauben, hier gibt es wuchtige Bauernschränke, alte Anrichten, ausladende Kronleuchter, unrestaurierte Weichholzmöbel und Küchentische, auf denen die ärmlichen Speisen mehrerer Bauerngenerationen gestanden haben. Viele der Möbel sind sehr gut erhalten, was der Camouflage-Werkelei der Männer zu verdanken ist, siehe oben. Häufig sind auch echte Schmuckstücke darunter, etwa ein restaurierter Biedermeier-

Trommelschrank aus der Zeit um 1900 oder Sekretäre aus Walnuss von 1860. Ich konnte der Versuchung nicht widerstehen, mir für meine Villa einen Jugendstilstuhl mit hoher Lehne und neuer, orangefarbener Bespannung zu kaufen.

Neben den Schmuckstücken können sich aber in lockerer Reihung auch zwanzig Bettgestelle befinden, denen ein Bein oder der Lattenrost fehlt, quietschende Schaukelstühle oder schiefe Badezimmerschränke, an deren eingetrockneten Flecken man die Stufen der Zahnpasta-Entwicklung der letzten fünfzig Jahre studieren kann. Es gibt angelaufenes Silberbesteck neben in Würde gealterten Bleikristallvasen und natürlich jede Menge Werkzeug. Die Qualitätsunterschiede auf diesen Flohmärkten sind enorm. Aber wenn man lange genug herumläuft, gleicht sich die Qualität irgendwie an, was sich auch auf die Preise auszuwirken scheint. Natürlich ist ein Biedermeier-Schrank teurer als ein beinloses Bett, aber im Vergleich zu dem, was man in einem deutschen Antiquitätengeschäft für so einen Schrank bezahlen würde, geht er hier beinahe als Trödel weg. Das hebt ungeheuer die Stimmung, und obwohl meistens nur Alkoholfreies im Ausschank ist, lockern sich die Zungen, und beim Klang der Blechblasmusik wechseln auch Fremde miteinander schon mal jene drei, vier Worte, die einem Schwätzchen ziemlich nahe kommen.

Die einzigen traurigen Menschen zwischen den Regalen sind Touristen. Denen ist beim Anblick der langersehnten und endlich bezahlbaren Wunsch-Chaiselongue gerade die begrenzte Kapazität ihres Wohnmobils eingefallen.

An diesem antiken Aufgebot allerorten wird auch eine historische Besonderheit deutlich. Hier lässt sich sehr lebendig die friedliche Geschichte des Landes ablesen. Die ungeheuren Mengen an Trödel und Schmuck, die bereits viele Jahrzehnte alt oder älter als ein Jahrhundert sind, machen klar, dass hier nichts zerbombt, nichts verbrannt und vernichtet wurde. Manches mag über die Jahre ausrangiert und aufgrund von Altersschwäche weggeworfen worden sein, aber brennende

Erde gab es in Schweden seit 500 Jahren nicht mehr. Und wer ein Haus kauft, erhält die Geschichte seiner Bewohner in Form der Möbel meistens inklusive.

Nur meine Villa am Fryken war komplett ausgeräumt. Bis auf die Küche und eine alte rumpelnde Waschmaschine musste ich mir eine neue Einrichtung anschaffen. Da kam ich an IKEA nicht vorbei.

Kam ich wirklich nicht. Die Filialen in Schweden muss man suchen. Schon Berlin scheint mehr IKEA-Märkte zu haben als das ganze Ursprungsland. Um mir Robin, den Kleiderschrank, zu kaufen, musste ich 300 Kilometer nach Göteborg fahren.

Stadt, Name, Land

Stockholm ist das »Venedig des Nordens«. Die strahlende Residenz-Stadt. Die »schwimmende Stadt« Selma Lagerlöfs. Stockholm ist in, Stockholm ist eine der ökologisch saubersten Städte, hat ein aufregendes Nachtleben, weiße Juninächte, kupferne Kuppeln; Stockholm verzaubert. Mit vierzehn Inseln und 57 Brücken ist diese Stadt in den Schären gerade weit genug vom offenen Meer entfernt, dass die Brandung bei Sturm nicht über Marktplätze und Uferpromenaden schlägt, und nah genug, um den Städtern ein beständiges Urlaubsgefühl zu geben. Beinahe jeder Ureinwohner hat ein Boot, mit dem er am Wochenende oder nach der Arbeit in den Schärengärten vor der Stadt ein bisschen promenieren fährt. Manche haben sich auf einer der 25 000 Inseln mit ihren in der Eiszeit glatt geschliffenen Felsen ein zweites Wohnzimmer eingerichtet. Und wer mit einem Stockholmer durch seine Heimatstadt spaziert, wird garantiert stolz darauf hingewiesen, dass der erste sozialdemokratische Präsident Hjalma Brantning bis ins hohe Alter in einer schlichten Neubauwohnung in einem der Hochhäuser aus den Fünfzigerjahren wohnte.

Ich weiß allerdings nicht, warum unter all den Lobgesängen auf die Hauptstadt nicht eine einzige kritische Stimme zu hören ist. Es sei denn, sie kommt aus dem eigenen Land. Die zielt dann aber auf die Städter und nicht auf die Stadt. Im ländlichen Schweden hält man die 08-er, wie die Stockholmer entsprechend der Vorwahlnummer Stockholms in kleinen Klitschen wie Luleå oder Trollhättan abfällig genannt werden, für angeberisch und schweden-untypisch selbstbewusst. Die Hauptstädter werden mit Misstrauen oder Geringschätzung bedacht, in manchen Gegenden Südschwedens hat sich das äußerst harte und gemeine Schimpfwort »Du blöder Stockholmer« durchgesetzt. Wer Pech hat, sucht als *nollåttor* außerhalb Stockholms sogar vergeblich Arbeit. In Skåne wurde ein Bewerber vom Personalchef eines IT-Unternehmens mit der Begründung abgewiesen, er käme aus Stockholm. Die Befürchtung, die Leute in Lund könnten mit ihm nicht klarkommen, war im Unternehmen zu groß. Und da es sich bei den Stockholmern nicht gerade um eine ethnische Minderheit handelt, konnte sich der Abgewiesene auch nicht auf Diskriminierung berufen und dagegen prozessieren. In Göteborg ist man auch nicht fein. Dort, im äußersten Westen des Landes, betrachtet man sich selbst als das Antlitz Schwedens, während Stockholm, im äußersten Osten, als Arsch der Welt gesehen wird.

Aber etwas Wesentliches wurde bisher immer übersehen. Niemand hat je darauf hingewiesen, dass Stockholm eine Stadt der Umwege und optischen Täuschungen ist. Durch das viele Wasser, das im Sommer vom Licht aufgeladen wird und leuchtet, und das Licht, das vor Wasser sprühend Kaimauern und Häuserwände benetzt, entstehen Luftspiegelungen, die Grenzen verwischen und die Dinge mit einem Goldschimmer überziehen, der das Jugendstil-Blattgold am Theater *Dramaten* weit in den Schatten stellt. Das Wasser lässt Entfernungen schwinden, es täuscht falsche Nähe vor und verwandelt Wege in Umwege.

Bei meinen ersten Besuchen erschien mir die Stadt überschaubar, alles war fußläufig zu erreichen; später stellte ich fest, wie viel Zeit ich allein damit verbrachte, eingehüllt in die Gespinste aus Licht immer am gleichen Wasser entlangzugehen.

Ich vermute, dass die klugen Stockholmer, um die Sache abzukürzen, sich jeden Morgen überlegen, ob sie in ihrem schnittigen Motorboot, im alten Kutter oder doch lieber sportlich im Kanu zur Arbeit fahren, oder ob der Wind es erlaubt zu segeln. Alle anderen Fortbewegungsmöglichkeiten sind nicht nur uncool, sondern dauern vor allem ewig. Entweder ist man stundenlang bis zur nächsten Brücke unterwegs, die dann viel zu weit rechts oder links am gegenüberliegenden Ufer endet. Oder man muss in Kauf nehmen, unter Umständen doppelt so lange auf die U-Bahn zu warten, als die kurze Fahrt überhaupt dauert. Dann wird man auch noch von der Kunst in den Bahnhöfen aufgehalten, die einen spätestens in Östermalmstorg sirenenhaft dazu verführt, auszusteigen. Da steht man dann bewundernd vor der Malerei der Expressionistinnen Vera Nilsson und Siri Derkert und kommt endgültig zu spät ins Büro.

Wer also am Mälarstrand in Södermalm wohnt und im *Stadshus* arbeitet, dem Rathaus auf der anderen Seite des Mälaren, wird morgens vom Küchenfenster aus nach den weniger klugen Kollegen Ausschau halten, die vielleicht pünktlich aus der U-Bahn steigen, aber dann von Verkehrsinseln, Ampeln, Fahrradwegen und Brücken aufgehalten werden. Ehe sie all diese Hindernisse überwunden haben, hat man in Södermalm längst das Boot klargemacht, steuert einmal, zack, über den Mälaren und ist noch vor den Kollegen da. Im Winter legt man den gleichen Weg mit Schlittschuhen zurück.

Am schlimmsten trifft es Ahnungslose wie mich, die zum ersten Mal in Stockholm unterwegs sind und kurz vom Einkaufsbummel in der Altstadt hinüber nach Skeppsholmen, zur Museumsinsel, wollen, um sich eine Ausstellung anzusehen.

Von Stadsholmen aus ist Skeppsholmen nur einen Katzensprung entfernt. Wäre da nicht das Wasser. Zu Fuß ist man dann eine Dreiviertelstunde unterwegs, weil einfach keine Brücke kommt und man über Norrmalm umgeleitet wird, ehe man wiederum an Blasieholmshamn vorbei über die Skeppsholmsbron endlich die Insel Skeppsholmen erreicht, wo natürlich das Museum mittlerweile geschlossen hat. Da könnte man doch all die Holme an den Halmen nur noch *malm*en! Hier empfiehlt sich: Tretboot mieten. Wer lieber von sprachlichen Brücken als von schwankenden Booten getragen wird, hat es am besten. Der lege einfach einen *stock,* was Baumstamm oder Pfahl heißt, von *Holme* zu *Holme,* also von Insel zu Insel, und kann Stockholm, die »Pfahlinsel«, problemlos betreten.

Dass die Stockholmer nun ihrerseits alles dafür tun, ihren Ruf als Angeber zu bestätigen, der wiederum beweist, dass sie echte Großstädter sind, ist verständlich. Das städtische Leben ist für Schweden nicht gerade der Hort aller Sehnsüchte. Ein freier Geist entwickelt sich in der Einsamkeit, in der Abgeschiedenheit der Natur, nicht in der Menschenmenge einer U-Bahn, heißt es heimlich noch immer in der Diktion des 18. Jahrhunderts. Schon in der nordischen Mythologie verlassen Leute Haus, Hof und Kinder, um im Wald als Eigenbrötler ihrer inneren Stimme zu lauschen. Diese Selbstgespräche erscheinen den Schweden, die für die Bezeichnung »ich« auch die Formel »ein anderer« verwenden, völlig normal. Schließlich reden sie nicht mit sich, sondern im Zweifelsfall eben mit dem anderen. Die Urbanisierung leuchtete vielen Bauern auf ihren eingeschneiten und entlegenen Höfen jedenfalls gar nicht ein; vielleicht genügte ihnen als Gesprächspartner auch einfach der Selbstgebrannte.

Außer der Universitätsstadt Uppsala oder Handelszentren an der Küste wie Kalmar, Söderköping und Göteborg haben sich schwedische Städte erst relativ spät entwickelt. Noch 1880 lebten nur fünfzehn Prozent der Einwohner in Städten.

Und von den Städten, die es so wie Stockholm seit dem späten Mittelalter gab, wurde gemunkelt, sie beraubten die Menschen ihrer Natürlichkeit, zerstörten Geist und Moral und machten sie zu Gockeln einer überzogenen Zivilisation. Sie galten als dekadent und dreckig. »Stockholm mit (seinen) Bettlern, Kneipen, die voll sind von grölenden Stimmen, mit ihren skrofulösen Kindern, ihren brutalen Intrigen, ihren halbnackten, einfältig singenden Huren, ihrem Schmutz und ihren Verbrechen«, wie der Schriftsteller Lars Gustafsson es phantasiert.

Zwischen dem 15. und 17. Jahrhundert mag das vielleicht so gewesen sein. Stockholm war damals aufgrund seines enormen Wachstums eines der schmutzigsten Zentren Europas. Davon ist heute nichts mehr zu sehen. Die Stadt ist unanständig sauber. Sogar das ehemalige Arbeiterviertel Södermalm, in dem einige Gegenden noch bis in die Achtzigerjahre hinein Geruch und Aura von Slums verströmten, ist mittlerweile zum angesagtesten Stadtbezirk geworden mit kultigen Secondhand-Läden und schrägen Cafés. Und wer nichts dagegen hat, den häufig in der Größe von Busladungen herumstreunenden Touristen als Fotomodell zu dienen, könnte zu Füßen des *Kungliga Slottet*, des Königsschlosses, oder am teuren *Strandvägen* sogar baden; türkis leuchtet das Wasser bis zum Grund. Der Ort, den die Schweden trotzdem immer noch am meisten lieben, bleibt die *smultronställe*. *Smultron* sind süße Waldbeeren, aber nicht die, die im Straßencafé im Eisbecher serviert werden, sondern die, die man in den Wäldern findet; in der wahren Heimat. Bei einer derart hartnäckigen Bevorzugung der Natur ist es reine Notwehr, wenn sich Stockholmer an ihren Ruf der Eitelkeit klammern.

Wie sie das tun, konnte man erst kürzlich wieder beobachten. Da eröffnete das erste Yoga-Studio für Hunde, das »Dog Planet« im Nobelviertel Östermalm. Während die Hunde »Doga« machen, kann Herrchen oder Frauchen ihnen das Pfötchen halten, Zeitung lesen und sich selbst einer Fuß- oder

Rückenmassage unterziehen, was insgesamt einen sehr weltoffenen, nämlich amerikanischen Eindruck macht und die Stockholmer erneut ein Stück von ihren ländlichen Landsleuten abrückt. Auch die Mode haben die Hauptstädter als eine Möglichkeit der Selbstbehauptung entdeckt. Sind etwa dünne Jeans mit umgeschlagenen Hosenbeinen, Schnabelschuhe und die Farbe Grün angesagt, stellen die Stockholmer stillschweigend sicher, dass jeder, vom Greis bis zum Säugling, im Kindergarten, in Bars oder im Altenheim mit exakt auf derselben Höhe umgeschlagenen Hosenbeinen, in Schnabelschuhen und in Grün herumläuft. Als durchlöcherte Ganzgummisandalen in pink und bleichgelb angesagt waren, sah man in ganz Stockholm keinen anderen Schuh mehr. Wem das wie eine konforme Trendhörigkeit erscheint, sitzt einem Trugschluss auf, einer weiteren dieser optischen Täuschungen Stockholms. Denn die Einheitlichkeit in Fragen der Mode dient vor allem dazu, sich seiner Stellung als Städter zu versichern und sich mit Hilfe der schieren Häufung von Modebewusstsein gegenüber der allgegenwärtigen Naturromantik zu behaupten. Und hätte der Babyboom seit ein paar Jahren nicht ganz Schweden im Griff, käme man in Versuchung, auch die vielen Väter und Mütter mit Kinderwagen, von denen viele doppelt besetzt sind, für einen Trumpf städtischer Lebensweise zu halten...

Das berühmteste schwedische Schiff, die Wasa, muss allerdings unbedingt in diesem Zusammenhang gesehen werden. Einem Normalsterblichen erscheint es nicht unbedingt logisch, dass ein Schiff, das bei seiner Jungfernfahrt noch im Hafen mit gesetzten Segeln sinkt, zum Stolz einer Stadt werden kann. Die Stockholmer aber sehen das anders. Dieses Schiff, das 1628 vor den Augen von König Gustaf II. Adolf unterging, ist ihnen so wichtig, dass sie ihm ein eigenes und zwar überdimensional großes Museum errichtet haben. Der Nationalstadtpark Djurgården, das ehemalige Tiergehege des Königs, wird von den Nachbauten der drei Segelmasten der

Wasa überragt. Um 1700 liefen noch importierte Löwen und Tiger über die bewaldete Insel, bis sie dem König vor die Flinte gerieten. Heute fallen Rollerskater und Sonntagsspazierer in kleine Cafés und Keramikmuseen ein oder fahren mit altmodischen Karussells im Vergnügungspark Skanssen. Selbst Museumsmuffel, die in keines der vielen Museen Stockholms einen Fuß setzen würden – ins Wasa-Museum gehen sie alle. Es lockt mit dem erst 1961 geborgenen Schiffskadaver, dem das Gebäude wie ein Kleid angepasst wurde. 300 Jahre lag das Wrack im Schlamm des Stockholmer Hafens, bevor es der Meeresarchäologe Anders Franzén mit Echolot und Bleisonde aufspürte. Neun weitere Jahre dauerte es, bis es geborgen war. Gesunken war das Schiff aus 1000 Eichen, weil sein Schwerpunkt zu hoch lag, um zwei Kanonendecks, tonnenweise Kanonen, Schmuck und aufwendigen Zierrat am Achterkastell zu tragen. Was von Reichtum und Macht hatte künden sollen, wurde angesichts der ertrunkenen Seeleute damals zum Zeichen der Hybris. Aber als die Stockholmer sich einmal entschieden hatten, das Schiff aus dem Schlamm zu ziehen, setzten sie alles daran, mit vereinten Kräften erneut ein Wunderwerk zu schaffen; diesmal eines der Konservierung. »Vom Wrack zur Weltklasse« werben Prospekte und zeigen ein restauriertes und poliertes Schiff, dessen Körper von drei Etagen aus erkundet werden kann. Der Rumpf aus dunkler Eiche wirkt beinahe golden unter den Museumsstrahlern, die Takelage ist straff geknüpft, die Kanonenluken sind geöffnet, die Skulpturen und Schnitzereien glänzen. Man sieht die Gischt hochspritzen und den Bug eintauchen ins Meer; die Blicke schwanken. Die dicken Lagen Kunstwachs, mit denen der Dreimaster zwanzig Jahre lang besprüht wurde, um den Zerfall des Holzes nach der Austrocknung zu verhindern, scheinen den Dreimaster für die Ewigkeit haltbar gemacht zu haben. Auch das könnte allerdings eine Täuschung sein. Denn im Inneren zehrt die Schwefelsäure am Holz. Bisher war das Schiff allen Angriffen der Vergänglichkeit entkommen; sogar unter Wasser hatte es drei Jahrhunderte dem *Teredo navalis*, dem großen Schiffswurm, getrotzt. Dieser Bohrwurm, der sich von hölzernen Hafenbauten, Schiffswänden und dem Pfahlwerk von Dämmen und Deichen an allen Küsten der warmen und gemäßigten Meere ernährt, hätte im Stockholmer Hafenwasser genug Zeit gehabt, das gesunkene Kriegsschiff Gustaf II. Adolfs völlig zu zerfressen. Mit seiner kurzen klaffenden Schale bohrt sich das Tier ins Holz, legt eine Wohnröhre an, aus der zwei kleine Siphone nach draußen ragen. Aber im Grunde ist auch jetzt, im Trocknen, nicht genau zu sagen, was im Inneren des Holzes, unter der fettigen Haut, so vor sich geht. Das wird man erst bemerken, wenn der Schiffskadaver implodiert. Wenn nur noch das Gebäude als seine leere Schale steht. Bis dahin jedoch ist jeder Tag ein Grund zum Stolz. Jede Stunde, die das Boot künstlich erhalten wird, ist ein Triumph über den unausweichlichen Kreislauf der Natur, ein vorübergehender Sieg über diesen schleichenden Niedergang, dem sich auf lange Sicht auch die Stockholmer nicht entziehen können. Darauf ist ihre Eitelkeit auch gar nicht angelegt. Sie betrifft den geschärften Blick. Indem sie vor 300 Jahren mit ihrer gewaltigen Fehlkonstruktion und jetzt mit deren Konservierung derart übertreiben, weisen sie auf die Vergeblichkeit aller menschlichen Mühen hin; die Natur bleibt gleichgültig, egal ob auf dem Lande oder in der Stadt. Denn auch Stockholmer sind im Grund ihres Herzens alte Schweden. Nur mit dem Unterschied, dass bei ihnen die Naturromantik zuweilen eine tiefschwarze Färbung hat. Und auf die sind sie besonders stolz. Oder fällt Ihnen eine Stadt ein, die mit einem Souvenir-Flaschenschiff in allen erdenklichen Größen souverän für sich wirbt, in dem ein gekenterter und kurz vorm Absaufen befindlicher Kahn steckt? Überall sonst würde man das für einen zynischen Scherz aus der *Titanic* halten ...

Die Kränkungen aus Göteborg, das mit seiner klimatisch besseren Lage, seinem eisfreien Seehafen und mit Liseberg, dem größten Vergnügungspark Skandinaviens, angibt, jucken in Stockholm eigentlich niemanden. Als der Konkurrent Göteborg 1621 gegründet wurde, noch eingequetscht zwischen dem dänisch regierten Südstreifen Halland und dem in norwegischer Hand befindlichen Bohuslän im Norden, war Stockholm bereits Königssitz, politisches Zentrum und wenige Jahre später auch Hauptstadt. Der Reichsverweser Birger Jarl hatte die Stadt bereits 1252 ordentlich urkundlich erwähnt. Hier war es, wo die Grundlage für ein einheitliches Recht im ganzen Reich gelegt wurde, das zuvor von Revolten und Streitigkeiten von Adel und Kirche aufgerieben worden war. Zur Hansezeit im 14. Jahrhundert, als Stockholm ein wichtiges Zentrum im Ostseehandel war, stand in Göteborg gerade mal eine Festung mit ein paar Fischerkaten drum herum. Dort, wo einmal Göteborg entstehen sollte, hatte man sich zwar das gesamte Mittelalter über mächtig ins Zeug gelegt, schien aber mit einer entschiedenen Gründung nicht so recht voranzukommen. 1621 war man bereits beim fünften Versuch. Alle vorher entstandenen Festungen in unmittelbarer Nähe der heutigen Stadt waren entweder von den Dänen oder von den Schweden selbst niedergebrannt worden. Die Göteborger versuchten, in den kommenden 400 Jahren energisch aufzuholen und ihre missliche Ausgangsposition zu verbessern. Die Beschwerde, alle würden nur von Stockholm reden, hat sich dennoch hartnäckig gehalten. Ihr *Jöteborje*, finden viele Göteborger, würde von den Urlaubern mal wieder übergangen. Dabei hatte man sich im 18. Jahrhundert extra einen schillernden Spitznamen zugelegt, der ganz nach Stockholmer Vorbild (»Venedig des Nordens«) eine europäische Weltstadt mit der eigenen assoziierte. Als die Handelsbeziehungen mit Großbritannien blühten, wurde aus Göteborg »Lilla-London«, Klein-London. Die Tabak- und die Zuckerindustrie sorgten für Aufschwung, und mit der Schwedischen Ostindien-Kompagnie hatte Göteborg seit 1731 das einzige Unternehmen, das Handel mit Indien und China betreiben durfte. Im 19. Jahrhundert gaben dann die Werft- und die Textilindustrie der Stadt den Takt vor. Mittlerweile ist Göteborg eine der wichtigsten Messestädte Europas, beherbergt die Stena Line, eine der weltgrößten Fährreedereien, die Göteborg mit dem Atlantik verbindet und es so gewissermaßen direkt an Amerika grenzen lässt; wie wichtig das ist, dazu später. Viele Banken und Versicherungen haben hier ihren Sitz. Auch die Hasselblad-Kameras und die Volvos kommen aus der jungen Metropole.

»Na ja«, verlautet es da aus Stockholm kühl, »in Göteborg schreibt man eben keine Gedichte; man schreibt Rechnungen.« Für die kulturell verwöhnten Stockholmer fällt es kaum ins Gewicht, dass hier einige der Kriminalromane Åke Edwardsons spielen (ja, ja, aber wie viele Romane spielen in Stockholm!), dass es eine Oper gibt (ja, ja, aber Jenny Lind, die »schwedische Nachtigall« des letzten Jahrhunderts, begann an der Stockholmer Oper ihre Karriere!), Theater (ja, ja, aber Bergman hatte seine beste Phase als Theaterregisseur am Dramaten), eine Buchmesse (*Ach...*) und dass das schwedische Nationalorchester hier seinen Stammsitz hat (schön, aber in den Musikstudios von Stockholm produzieren Stars wie Jon Bon Jovi, Jennifer Lopez oder Westlife ihre Platten).

In *Jöteborje* tut man, was die Jungen tun, um sich gegen Altes zu behaupten; man schlägt am Puls der Zeit, man gibt sich wurzellos und gegenwärtig. Die verordneten Modetrends, die für die Großstädter eigentlich überlebenswichtig sind, siehe oben, macht man hier nicht mit. Man läuft nicht trendig, sondern trashig durch die Gegend, womit man allerdings voll im Revival-Trend der letzten Jahre liegt. Strickmützen mit herunterhängenden Ohrenklappen aus den Siebzigern werden mit schrillen Hemden kombiniert, vorsintflutliche Kopfhörer mit Riesenmuscheln und Bügel in schicke iPods getöpselt, die alten Landeshauptmannhäuser werden postmodern aufgemöbelt und blieben so vom Abriss verschont (im Stockholmer Zentrum dagegen wurde ein ganzer alter Stadtteil abgerissen und durch Sechzigerjahre-Grau ersetzt), die Prachtstraße heißt lässig *Avenyn*, die Straßenbahnen, die man nach der landesweiten Umstellung auf Rechtsverkehr 1967 als einzige Stadt neben Norrköping behalten hat, quietschen gelassen durch die Stadt. Auch sie sind Zeichen neuen Coolseins.

In beiden Städten geht es für eine Großstadt ausgesprochen ruhig zu. In beiden Städten setzen sich die Angestellten zum Mittagessen nicht unbedingt ins teure Restaurant, sondern mit einem selbst gemachten *Smörgås* oder dem zu Hause angerichteten Heringssalat in der Tupperbox auf eine der Treppenstufen am Ufer.

In beiden Städten habe ich ausgesprochen guten Cappuccino getrunken. In beiden Städten habe ich mich in einem Hotel einquartiert. Dass sich einer Stadt am besten auf den Zahn fühlen lässt, indem man in einem ihrer Hotelbetten schläft, wird sicherlich allen einleuchten, die schon mal in Hotels mit so ansprechenden Namen wie »Zum röhrenden Hirsch« oder »Heile Welt« übernachtet haben. Ich suchte mir zwei, die aus dem Hotelketteneinerlei herausragen. In Göteborg stieg ich im Elite Plaza ab, einem Schmuckstück schwedischer Hotellerie, das erst 2000 in einem ehemaligen neoklassizistischen Gebäude der Svea-Bank eröffnet hatte und schon zweimal hintereinander zum besten Hotel Schwedens gekürt worden war.

In dieses Juwel kam ich allerdings nicht so einfach hinein. Ein wochenlanger Mailverkehr zwischen mir und einer dynamischen Marketingchefin war meinem Aufenthalt vorausgegangen. Sie schien meinem Vorhaben nicht zu trauen. Ich hatte ihr meinen Plan zu diesem Buch auseinandergesetzt; sie wusste, dass ich ihr Hotel gern erwähnen würde. Trotzdem blieb sie misstrauisch. In ihren Mails häuften sich wieder und wieder dieselben Fragen, und ich vermute, sie hätte mich am liebsten nach meinem Fingerabdruck gefragt. Zwei Tage vor der Abreise bekam ich auf mein dringendes Bitten hin doch noch ein kostenloses Zimmer für eine Nacht zugesichert. Möglich, dass ich schon da begann, mich wie eine Diebin zu fühlen; ein Gefühl, das sich während meines Aufenthaltes noch verstärkte. Sie misstrauten mir alle. Von den Empfangsdamen an der marmornen Rezeption bis zu den Kellnern des Restaurants im überglasten Innenhof, vom Barkeeper in der mit roten Ledersesseln ausgestatteten Bar bis zum Zimmermädchen meines von schwedischen Designern kühl und teuer gestalteten Zimmers. Auch der Page, der mir die Hightechausstattung der Suiten vorführte, mich in den Weinkeller im ehemaligen Safe der Bank mitnahm, der mir die Säulengänge im altitalienischen Stil zeigte und das warme Königsblau der Tapeten unter einer schweren hölzernen Kassettendecke in der De-Luxe-Suite, in der Tina Turner als eine der ersten Gäste übernachtet hatte, selbst dieser Page schien mich für eine Betrügerin zu halten. Sogar der englische Mosaikboden, über den wir liefen, misstraute mir. Die Marketingchefin rief mehrmals auf meinem Zimmer an, um sich zu vergewissern, dass ich den Interviewtermin mit dem Hotelmanager auch einhalten würde und mein Interesse daran nicht etwa nur vorgetäuscht war.

Der Manager war italienischer Abstammung. Er sagte, was Hotelmanager auf der ganzen Welt sagen und wovon mir hauptsächlich die Worte *Vision* und *individuell* und *Auslastung* im Gedächtnis geblieben sind. Die Angestellten, sagte er, seien »junge Menschen mit der richtigen Einstellung«, die Gäste »Menschen, die nicht unbedingt erkannt werden wollen«, außerdem schenkte er mir einen in Leder gebundenen Wälzer; das »Internationale Jahrbuch der Designhotels 2006«, in dem auch das Göteborger Plaza vertreten war. Nachts sank ich erschöpft ins Bett, das so heimtückisch weich und komfortabel war, dass es nur eines bedeuten konnte: Mein an härtere Lagerstätten gewöhnter Körper gehörte hier nicht her.

Am nächsten Morgen hatte sich das Misstrauen so verdickt, dass ich es schon selbst mir gegenüber empfand. Anders lässt sich nicht erklären, warum ich etwas tat, was mir normalerweise niemals eingefallen wäre. Vielleicht wollte ich auch, dass die seltsame Behandlung endlich gerechtfertigt wäre, jedenfalls versuchte ich, ausgerechnet im ehrlichen Schweden die Zeche zu prellen. Am Abend hatte ich die äußerst raffinierte Küche des *Swea Hof*, des Restaurants im Elite Plaza, ausprobiert. Die Kategorie dieses Lokals zeigte sich besonders an einer Kleinigkeit: Nach einem beinahe durchsichtigen Rentier-Carpaccio und der Crayfisch-Suppe und vor dem Lachspastrami und dem Reh mit Kirschsoße wurde eine Erfrischung gereicht, ein Granité aus geeistem einheimischen Apfel mit Zimt in einem hohen, schlanken Glas.

Beim Auschecken behauptete ich nun in die skeptischen Gesichter an der Rezeption hinein, der an der guten Auslastung seines Hotels interessierte Manager würde die Restaurant-Rechnung begleichen. Das tat er nicht. Um die Demütigung zu steigern, übernahm er allerdings ein Hauptgericht. Und so verließ ich, endlich doch noch als Betrügerin entlarvt, die noble Örtlichkeit.

In Stockholm hatte ich mich für die *Mälardrottning* entschieden, ein Hotelschiff, das an einem stillen Kai von Riddarholmen neben der Begräbniskirche der schwedischen Könige ankert. Einst hatte es der Woolworth-Millionärstochter Barbara Hutton gehört; ihr Vater hatte es ihr zum 18. Geburtstag geschenkt. Es war weniger der dieser Yacht anhaftende Geist wilder Teeniepartys einer reichen Tochter, der mich dieses Schiff hatte auswählen lassen, als vielmehr die Aussicht, direkt auf dem Wasser zu wohnen. Nach meinen Erfahrungen mit der schieren Menge an Stockholmer Gewässern und den durch sie bedingten Umwegen wollte ich sichergehen, dass ich nicht sofort wieder eine Brücke bemühen musste, wenn ich nur mal kurz von meinem Zimmer in den Frühstücksraum wollte. Musste ich auch nicht. Schmale Wendeltreppen führten aufs Oberdeck.

Meinem Aufenthalt auf der *Mälardrottning* waren nur zwei

kurze Mails vorausgegangen. Ich bekam problemlos eine Kajüte. Als ich den Termin kurzfristig noch einmal verschieben musste, war auch das kein Problem. An Bord war es still. Das Einchecken verlief wie bei den zahlenden Gästen vor mir freundlich und diskret. Lady Hutton lächelte im Look der Dreißigerjahre von einem Foto an der Wand, sonst blieb ich unbeobachtet. Vom Bug aus war das *Stadshus* mit seiner goldenen Spitze zu sehen, in dem im Dezember die frisch gekürten Nobelpreisträger tafeln. Meine Kabine war tapeziert mit Königsblau, der Teppich weich, der Tisch aus Mahagoni. Es roch ein bisschen nach Toilette, was nach dem Lüften verflogen war. Das Wasser zwischen Boot und Kaimauer gluckste, der Boden schwankte leicht. Im Rauchersalon lief auf einer Leinwand das Halbfinale zwischen Deutschland und Italien, niemand sah zu. Die Schweden hatten in dieser Fußballweltmeisterschaft gegen Deutschland verloren. Vor dem Spiel hatte ein Stockholmer im Radio gesagt: »Wenn wir gegen die Deutschen verlieren, ist das nicht so schlimm. Das sind doch unsere Freunde im Süden.« Aus Berlin, dieser schnell gekürten Freundschaftsinsel, war dagegen zu hören gewesen: »Schweden go home!«

Ich setzte mich an Deck, wo Liegestühle zur Verfügung standen. Auch hier war es still. Man konnte die Altstadt sehen, Södermalms Vergnügungsmeile warf leuchtende Schatten. Niemand kümmerte sich um mich. Ich schrieb in mein Notizbuch: »Willkommen an Bord, es ist Sommer, der Weißwein schmeckt so leicht wie Licht in einer Silberpappel.« Ich schrieb: »Wie weitsichtig von der Hotelleitung, an den Zimmerschlüssel gleich einen Flaschenöffner zu hängen.«

Im Restaurant bediente ein gesetzter Kellner mit weißem, wie gestärktem Haar. Hier gab es einheimischen Fisch; Krabben, Lachs und Krebse. Als ich bezahlte und dem Kellner Trinkgeld gab, zögerte er und nahm es dann, ein wenig indigniert, doch an.

Kurz: Der alte Luxusliner in Stockholm hatte den Charme

einer Diva; ein bisschen verlebt, eine Ahnung von Glamour und vergehender Zeit, großzügig, exzentrisch und stolz. Bei Göteborgs auf Weltmaßstab getrimmten teuren Böden, über die ebenso teure Menschen liefen, musste ich seltsamerweise an jene Ostdeutschen denken, die nach der Wende das Versäumte so sehr aufzuholen suchten, dass ihr Eifer, westlicher zu sein als jeder Westler, sie eigentlich erst als Ostdeutsche entlarvte. Dann sind die Ohrenmützen Göteborgs wohl gar kein Trash?

In beiden Städten traf ich Menschen, die nicht der schwedischen Kultur angehören oder angehört haben und die ich sonst im Land nicht oder eher selten sah. Nur in Malmö, Uppsala und in der Bergarbeiterstadt Kiruna nördlich des Polarkreises traf ich noch auf Inder, Griechen oder Italiener. Aber all die Thai-Restaurants, die Pizzaservices, Kebab-Stände und spanischen Tapas-Bars, die von halb fertiger Integration künden, sind Produkte der Großstadt. Die Aufwertung der gewöhnlich etwas schlichten schwedischen Küche, die auch gern mal aus Tuben kommt (Wurst, Käse, Kaviar, sogar Marmelade kann man hier aus der Tube drücken), ist den verschiedenen Einwandererwellen der letzten fünfzig Jahre zu verdanken.

In den Sechzigerjahren kamen Jugoslawen und Italiener ins Land, um als Billiglöhner auf den boomenden Werften zu arbeiten, später waren es vor allem politische Flüchtlinge aus Krisengebieten, aus Ungarn, Südafrika, dann aus Chile und in den Achtzigerjahren aus Iran und Irak. Die meisten von ihnen leben in Vororten wie Stockholms Alby oder Rinkeby. Auch Deutsche sind in den letzten Jahren eingewandert. Die Deutschen, die vor allem im medizinischen Bereich arbeiten, wird man allerdings im Zug nach Rinkeby, der im Volksmund »Orient-Express« heißt, nicht finden. Den Deutschen ging es in Schweden auch vor mehreren hundert Jahren schon besser als anderen Einwanderern. Als Architekten und Handwerker aus Norddeutschland Stockholm erbauten, hatte Birger Jarl mit der Hansestadt Lübeck einen Vertrag geschlossen, der ihnen großzügige Privilegien einräumte. Sie hatten die gleichen Rechte und Pflichten wie die schwedischen Mitbürger, konnten sich in Gilden und Bruderschaften verbinden und das Amt des Bürgermeisters ausüben. Die Verständigung war kein Problem; Schwedisch war als Variante des Plattdeutschen in norddeutschen Fürstentümern des Mittelalters bekannt, und in Strebsamkeit und Fleiß war man sich ebenfalls ähnlich. Zeitweise kamen so viele Deutsche, dass man befürchtete, sie würden die Einwohnerzahl der Schweden in den Schatten stellen. In der Altstadt erinnert heute noch die *Tyska Kyrkan* daran, die deutsche Kirche, neben der tatsächlich eine Linde steht.

Auch Göteborg wurde von Fremdarbeitern errichtet. Die Göteborger vertrauten auf die Niederländer, damals Spezialisten im Bauen auf Marschboden. Sie versorgten die Stadt an der Westküste mit Grachten und Kanälen, von denen heute allerdings die meisten zugeschüttet sind. Die regelmäßige Rechteckstruktur der Häuserblöcke in der Altstadt zeigt, wie sehr die einstige Siedlung durchgeplant war. Auch hier war der Stadtrat multinational besetzt: 1641 gab es vier Schweden, drei Deutsche, zwei Schotten und drei Niederländer. Göteborgs Kaufleute stammten häufig von Schotten oder Nordengländern ab, die in ihren Heimatländern wegen ihrer Religion verfolgt wurden. Jüdische Familien, die sich ansiedelten, brachten jüdischen Humor unter die etwas eckigen Schweden. Im 16. Jahrhundert kamen die ersten Finnen ins Land. Aber auch wenn es im Moment etwa 1,1 Millionen Zugewanderte gibt, war Schweden im Vergleich zu anderen europäischen Ländern lange nicht besonders attraktiv für Einwanderer; Armut, Einsamkeit und raues Klima hielten viele ab. So blieben die Samen bis zum Zweiten Weltkrieg die einzige echte Minderheit in einem Land, das sich im 19. Jahrhundert auch noch bedenklich leerte.

Als beinahe jede Arbeit nur noch mit billigem Schnaps und nicht länger mit Brot oder gar Geld entlohnt wurde, packten viele Einheimische ihre Sachen und wanderten aus. Die meisten gingen nach Amerika. Auf diese Weise wäre Chicago Ende des 19. Jahrhunderts beinahe zu einem zweiten schwedischen Stadtstaat geworden; hier gab es mehr Schweden als in Göteborg. Nachdem sich das Land zwischen 1850 und 1930 um ein Fünftel geleert hatte, entstand unter denen, die zurückblieben, die dunkle Ahnung, dass sie so viel Einsamkeit nun auch wieder nicht gewollt hatten. Sie stellten fest, dass sich das Beharren auf der eigenen, bedingungslosen Autonomie gar nicht lohnte, wenn es auf den Nachbargehöften niemanden mehr gab, demgegenüber sie behauptet werden konnte. Allein geblieben, war die Einsamkeit nicht mehr romantisch, sondern leer. Also begann man, sich um die Leute, die noch da waren, zu kümmern. Ohne die enorme Abwanderung wären die über das Land verstreuten Eigenbrötler vielleicht nie in ein gemeinsames »Volksheim« hineinzuholen gewesen. So aber entstand in den Zwanziger- und Dreißigerjahren die Grundlage für das *folkhem*, in das nach dem Zweiten Weltkrieg nicht nur die dankbaren Billiglöhner ein-, sondern auch die Kinder der Auswanderer zurückkehrten.

Und hier kommt endlich Amerika ins Spiel, das Land, mit dem die Schweden ein flirrendes, wenn nicht sogar erotisches Verhältnis haben. Es ist auffällig, wie sehr die amerikanische Kultur die schwedische reizt. Das Liebäugeln der Schweden mit dem Kontinent des ewigen Glücksversprechens zeigt sich nicht nur an der Einsparung der Synchronisierung von amerikanischen Filmen in Kino und Fernsehen. Die Schweden finden dieses *dubba* von Filmen völlig absurd, deutsches Fernsehen ist regelmäßig Anlass zum Spott, und selbst Klempner und Förster sprechen fließend Englisch. Es ist zwar richtig, dass es in Stockholm vergleichsweise wenig Fast-Food-Restaurants gibt und auch die Caféhäuser weniger amerikanisiert sind als beispielsweise in Berlin, und es ist auch wahr, dass sich die schwedische Popmusik im Radio gegenüber der amerikanischen behauptet. Beides ist allerdings die pure Kosmetik. Dieselbe Kosmetik, die auch den heftigen Streit um die Coca-Cola-Leuchtreklame hoch über Södermalm auszeichnete. Man stritt sich darüber, ob das amerikanische Coca-Cola-Rot das Rot der Sonne überblenden dürfe oder nicht. Einerseits ging es in dem Streit nicht wirklich um den Einfluss der USA; der rote Schriftzug, der jetzt tatsächlich die Abenddämmerung über der Bucht dominiert, ist eine Erfindung schwedischer Designer. Andererseits war dieser Streit wahrscheinlich sowieso nur vorgetäuscht, um die Affinität zu Amerika zu kaschieren; schließlich ist Schweden für die Schweden immer noch das überlegene Land. Aber der hohe Anteil an amerikanischen Zeitungen in den Cafés, die Vorliebe für Blechschilder mit Werbung für amerikanische Produkte aus den Fünfzigerjahren und die Angewohnheit, giftgrüne oder knallgelbe süße Torten zu backen, das alles spricht eine andere Sprache. Auch ist man über jede Mode und jede gesellschaftliche Neuigkeit jenseits des großen Teiches enorm gut informiert. Kaum jemand hat nicht einen längeren oder kürzeren USA-Aufenthalt in seinem Lebenslauf vorzuweisen und einen Cousin zweiten Grades in Ohio (da niemand damit angibt, erfährt man allerdings selten davon). Jedenfalls kennen sich alle prima drüben aus, die strikte Ablehnung des politischen Großmacht-Gehabes der amerikanischen Regierung scheint die Anziehungskraft nicht wesentlich zu schwächen, und bei der Hauptdroge Kaffee liegen die Schweden mit den Amerikanern gleichauf; mit dem Unterschied, dass der gemeine schwedische Kaffee besser und weniger durchsichtig ist. Im Gegenzug kommen viele Amerikaner nach Schweden. Auf der Suche nach ihren Wurzeln filmen sie unterschiedslos alles, was alt aussieht, und wundern sich, dass sie sich, statt ihren Vorfahren näher zu kommen, fühlen wie auf einer Reise in ein Spielzeugland. Einige von ihnen sollen sich jedes Jahr per Zug ins nördliche Kiruna verirren, allerdings schon auf dem Bahnsteig von den Mückenwolken so überfordert sein, dass sie umgehend die Waggons wieder entern und abreisen, ohne auch nur einen Fuß auf samischen Boden oder arktische Erde gesetzt zu haben.

Die seltsame gegenseitige Anziehung mag auch daher rühren, dass die Schweden im Grunde das Gegenteil der Amerikaner sind: Was den Amerikanern der Schein, ist den Schweden das Sein. Deshalb versuchen sich Schweden, wenn sie mal besonders amerikanisch sein wollen, besonders heftig im Scheinen. Wobei sie natürlich aufpassen müssen, dass sie nicht gegen eines der ehernen Gesetze von »Jantelagen« verstoßen. *Jantelagen* verbietet jegliche Angeberei; wie stark sich diese jahrhundertealten Gebote den Gemütern eingeprägt haben, dazu später.

Am unverdächtigsten scheinen blitzender Chrom, strahlender Lack, glänzende Felgen, kurz: Schweden, die aufschneiden wollen, steigen in ihre Oldtimer und schaukeln über Schwedens makellose, meist rötliche Straßen. Besonders beliebt sind Wagen aus den Fünfzigern, bevorzugt Cabrios, die an die Rockabilly-Welle erinnern, mit riesigen Kotflügeln und Stoßstangen, auf denen notfalls auch eine Partygesellschaft untergebracht werden kann. Die Vorliebe für diese Schlitten rührt von den vielen Quadratmetern Chrom her, die da bewegt werden. Wird der Chrom von der Sonne getroffen, stellt er alles, was sich sonst auf den Straßen bewegt, inklusive Elche und deutsche Radwanderer, in den sprichwörtlichen Schatten. Die Insassen sitzen selig in ihrem Blendwerk auf Rädern und haben nicht allein wegen der Federung das Gefühl zu schweben; sie sind dem amerikanischen Lebensgefühl sehr nah. Wer sich das nicht leisten kann, hat zu Hause wenigstens einen IKEA-Schrank mit dem Namen »Billy« aufgebaut. Denn als mit beginnendem Wohlstand in den Sechzigerjahren das Bedürfnis zu *scheinen* besonders stark wurde, kam man im Möbelhaus auf die Idee, ein paar verschraubbaren Brettern den Namen eines Jungen zu geben, der schnelle Schlitten und Kaugummis liebt. Heute sind aus den *raggare*, den kernigen Jungs, die die Rock-'n'-Roll-Kultur imitierten und zu diesem Zweck halb offene Glitzerhemden, Haar auf der Brust und Pomade im Haar trugen, meistens gesetzte Herren im Polo-Shirt geworden, die sich gern mit einem Hut vor dem Fahrtwind schützen. Die Möbel bei IKEA heißen mittlerweile »Jutta« oder »Carlos«.

Weil so ein Scheinen, wenn man sich dabei nicht in anderen spiegeln kann, schnell matt wird, gibt es allerorten Oldtimer-Treffen, für die am liebsten die Rasenflächen vor einer der vielen Burgen an der Westküste oder einem kleinen Schlösschen in Västergötland gemietet werden. So erkennt man sich nicht nur auf Augenhöhe in den anderen wieder, sondern, für einen Schweden nicht unwichtig, kann auch gleichzeitig gelassen über den Dingen stehen, in diesem Fall oben auf dem Wehrgang der Burg, und auf das schillernde Heer, das strahlende Meer gewienerter Hochglanzkutschen hinunterschauen. Schade ist nur, dass es immer noch zu wenig Damen gibt, die mit durchbrochenen Lederhandschuhen und Rennfahrerbrille am Steuer von sich reden machen...

Dafür gibt es jede Menge männlichen Nachwuchs, deren selbst gebaute EPA-Traktoren für ein bisschen anarchistische Abwechslung sorgen unter all den Chevrolets und Buicks und Cadillacs.

EPA-Traktor klingt zwar uncool, ist aber das, was beinahe jeder Junge und manchmal auch ein Mädchen auf dem Land gern hätten. Mit diesen *traktorer* werden keine Felder bestellt, nur der Name kündet noch von ihrem ursprünglichen Einsatz nach dem Zweiten Weltkrieg, als man alte Autos und Lastkraftwagen zu Erntemaschinen umrüstete. Die heutigen *traktorer* sind eher dazu da, cool an die Dorf-Tanke oder an den nächsten See gesteuert zu werden, wo man mit Gleichgesinnten bei aufgedrehtem Motor und hochgetunten Boxen die Wochenenden totschlägt. Auf kleinen Rädern schießen ehrgeizige Karossen schief in die Höhe. Wichtig ist, und da sind wir wieder beim Thema, dass die Gefährte aussehen wie alte amerikanische Pick-up-Trucks oder wie neue amerikanische Pick-up-Trucks oder wie Rennwagen, die aussehen wie amerikanische Pick-up-Trucks. Weshalb sie auch gern phantasievoll mit Tattoo- oder Graffitti-Applikationen besprüht werden. Dann rasen die Kids mit 30 Stundenkilometern durch die Felder. Schneller sind diese Vehikel nicht. Die höheren Gänge im Getriebe sind gesperrt, nur deshalb dürfen bereits 16-Jährige ans Steuer.

Aber die Geschwindigkeit ist nicht das Wichtigste. Die Fahrzeuge dienen als Gerüst für einen Traum. Es ist der immergleiche Traum der Jugend und der schwedischen sowieso. Er erzählt vom Ausbrechen, vom Aufbruch, von Auflehnung und der verzweifelten Sehnsucht nach der großen Welt. Wer Kleinstädte kennt, weiß, wie drängend so eine Sehnsucht werden kann. Und bis auf Göteborg und Stockholm ist im Grunde alles Kleinstadt. Wer in einer von ihnen aufwächst, egal, ob in Årjäng, in Sunne, in Ljungby, in Sorsele, in Arvidsjaur oder in Åmål, trägt sie mit sich herum. Wer sich in Mora zurechtfindet, wird sich in Umeå nicht verlaufen, und wer weiß, wo in Arvika das Selbstbedienungslokal ist, wird auch in Varberg auf der Suche nach einem *Smörgåsbröd* gleich zum quadratischen Marktplatz laufen. Die Struktur dieser Kleinstädte, die häufig in den Fünfzigerjahren entstanden sind, ist ebenfalls ein Import aus Amerika.

Vor der Stadt finden sich in einem riesigen Areal Großmärkte, Werkstätten und Einkaufszentren, in denen es von der Matratze über Rasenmäher, Kleinwagen, Alpenveilchen, Regenkleidung bis zu Besteck und Zimtschnecke alles zu kaufen gibt. Ein Kreisverkehr führt in den Ort hinein, ein Kreisverkehr führt aus dem Ort hinaus, und es kann passieren, dass man sich beim zweiten Kreisverkehr fragt, ob es nicht doch erst der erste ist, weil man vom Ort rein gar nichts bemerkt hat. Die Städte selbst sind nicht gewachsen, sondern bei Bedarf auf dem Papier entworfen worden. Das zeigt sich daran, dass sie meistens irgendwie viereckig sind; die Stadtplaner haben die Straßen einfach parallel zu den Kanten des Papiers verlegt. Wenige Anliegerstraßen führen um einen Marktplatz herum, auf dem es außer dem Selbstbedienungslokal einen ICA-Supermarkt gibt, eine Post, eine Imbissbude, die *Gatukök,* mit vier Arten von Würsten, die zwar verschieden aussehen, aber alle gleich süß schmecken, und ein *Fastighetsbyrå* mit den neuesten Hausofferten für jene, die sich hier ansiedeln wollen, oder von denen, die es in die Flucht schlägt. Die Gründe sowohl für das eine wie für das andere können die gleichen sein.

Erstens ist man aus dieser Stadt schnell wieder draußen. Man lebt also eigentlich immer noch in der Natur. Gleichzeitig, zweitens, muss man auf das Gefühl, mit der Zeit zu gehen, nicht verzichten, denn zumindest theoretisch lebt man ja in einer Stadt. Diese ist dann, drittens, nicht groß genug, um sich darin zu verlieren oder, schlimmer, von der Zivilisation angekränkelt zu werden. Die verschiedensten Einkäufe kann man in einem Rutsch erledigen. Von fremdländischen Produkten wird man nicht unnötig verwirrt; bei ICA gibt es hauptsächlich Einheimisches, erst langsam öffnet sich der Markt ausländischen Lebensmittelketten und -produkten.

Im Restaurant sind weder Personal und Kleidungsordnung Furcht einflößend fein, noch ist die Speisekarte fremd. Im Gegenteil. Auch die Selbstbedienungslokale sind offenbar auf dem Papier entworfen, so sehr ähneln sie sich. Hier stehen die Tabletts, dort ist die Essensausgabe für die günstigen Mittagessen, für die *Mackor* mit *Räkor*, lange weiche Baguettes mit zartrosa Krabben, die Sandwiches mit Rentiersteak und natürlich die *Köttbullar,* die Hackbällchen mit der gläsernen braunen Soße, die in schwedischen Familien, sagte man mir, alle vierzehn Tage einmal auf den heimischen Esstisch gehören. Leider wurden sie von der Kollegin der »Gebrauchsanweisung für Norwegen« aufs Unschönste verunglimpft und gegenüber der norwegischen Variante herabgewürdigt. Über solche Sticheleien aus norwegischen Gefilden kann man in

Schweden nur lächeln; man weiß ja, dass es sich gerade umgekehrt verhält...

Die Theke mit den Süßspeisen fällt großzügig aus. Dort gibt es *Wienerbröd*, Muffins, Waldbeertorten, *Äppelkaka* und häufig auch ein oder zwei Prinzessinnentorten; die beliebte Marzipanbombe mit der grünen Kuppel, die Wohlstand suggeriert und auf keinem Kindergeburtstag fehlen darf. Der Kaffee wird auf zwei heißen Platten schon seit dem Morgen warm gehalten, sodass er am Nachmittag schön schal geworden ist. Die Truhe mit Eis ist gut gefüllt. Und damit sich niemand ungerecht behandelt fühlt, gibt es für jede Essensbestellung eine Nummer, die laut ausgerufen wird, sobald das Essen fertig ist. Hier trifft man sich. Es gibt kein weiteres Lokal in einem Umkreis von mehreren Hundert Kilometern.

Am Wochenende und abends ist der Markt menschenleer. Auf dem Parkplatz steht ein Motorroller und ein verschlossener Partyanhänger. Die Markisen im Selbstbedienungslokal sind heruntergelassen, die Post hat geschlossen, in der Luft hängt der Geruch nach Teer. Der Geruch nach Kalk. Der Geruch nach Fisch.

Für die, die wegwollen, wird alles zu *Fucking Åmål*, was seit dem gleichnamigen Film des Regisseurs Lukas Moodysson auch in Deutschland eine stehende Wendung für die keineswegs freudigere Wochenendödnis in Kleinstädten geworden ist.

Im Frühwinter ist es besonders trist. Das Grau des Himmels lastet auf dem Grau der gesprühten Straßen, das sich im Grau des Gemüts niederschlägt. Wahrscheinlich wird in Gävle jedes Jahr zu Weihnachten nur deshalb ein *Julbock* aus Stroh aufgestellt, damit die Jugendlichen nicht völlig durchdrehen. Der *Julbock* ist ein Ziegenbock, der seinen Ursprung in der nordischen Mythologie hat, in der der Wagen des Donnergottes von zwei Ziegenböcken gezogen wird. Noch im vorletzten Jahrhundert brachte der *Julbock* die Geschenke. Mittlerweile hängt die Ziege meist als Schmuck aus Stroh am

Weihnachtsbaum. In Gävle baut man sie seit vierzig Jahren als riesiges Strohtier auf dem Marktplatz auf. Die Jugendlichen können das Tier dann anzünden, was sicher eine kathartische Wirkung hat und Schlimmeres verhindert. Hinter der Ankündigung lokaler Politiker, im nächsten Jahr ein neuartiges Imprägniermittel zu verwenden, das es »unmöglich macht, die Ziege abzufackeln«, steckt sicherlich die Befürchtung, die Jugendlichen könnten irgendwann auch vom Abfackeln gelangweilt sein und sich anderweitig abreagieren, und so wird alles daran gesetzt, mit solchen Drohungen das Interesse am Ziegenbock immer neu anzuheizen.

Dass sich in diesen Kleinstädten nicht unbedingt jeder Zuwanderer aufgehoben fühlt, leuchtet ein. Auch in Klein-London allerdings sind ausländische Laute weit seltener zu hören als beim britischen Vorbild. Dieser Eindruck wird durch die Offenherzigkeit und kulturelle Reflektiertheit einiger Ladenbesitzer widerlegt. Sie versuchen, kulturellen Spannungen locker und mit ironischer Leichtigkeit schon zu begegnen, bevor sie allzu offensichtlich geworden sind. Die Caramelfabrik Munk, ein Göteborger Schokoladen- und Bäckereigeschäft im Innenhof des *Kronhus*, einem ehemaligen Zeughaus aus roten Ziegeln, hat nicht nur die Riesenzimtschnecken *Kanelkringlor* und Trüffel im Angebot, sondern auch eine Süßspeise aus Eiweiß, Zucker, Schokolade und Kokosraspeln, der früher die Gleichsetzung mit dunkler Hautfarbe einfältige Namen verliehen hatte und die mittlerweile aus nachvollziehbaren Gründen in »Schokokuss« und »Dickmann« umgetauft wurde. Bei Munk heißt sie in optimistischer Einschätzung des kreativen Potenzials der Menschen »kalla den vad du vill« – »Nenn ihn, wie du willst.«

Wem das nicht reicht, der kann sich in Malmös futuristischer Stadtbibliothek einen Imam oder eine muslimische Frau ausleihen und mit ihnen Kaffee trinken gehen. Sollten die gerade verliehen sein, stehen immer noch eine Sinto-Frau oder eine Dänin zur Auswahl. In Malmö ist jeder Vierte zugewandert, es entstehen Ghettos, und immer häufiger ziehen Menschen aus einem diffusen Angstgefühl aus der Stadt weg aufs Land. Die Bibliothekarin Catharina Norén wollte diesem Angstgefühl etwas entgegensetzen und griff eine Idee auf, die ursprünglich vom Rockfestival im dänischen Roskilde stammte. Sie bereitete eine Ausleihaktion für lebende Bücher zum Malmö Festival vor. Ausgeliehen werden konnten Menschen, um die sich die wildesten Vorurteile ranken; ein Transvestit, eine Feministin, ein Obdachloser, ein Türsteher und eine Lesbe gehörten dazu. Der Slogan der Aktion lautete: »Rede nicht über dein Vorurteil – triff es, und werde es los.« 45 Minuten dauert die Leihzeit, »gelesen« wird in einem persönlichen Gespräch, dann muss das Buch zurückgegeben werden, und zwar ohne Eselsohren. Am Ende solcher Gespräche kann es vorkommen, dass man Sinti plötzlich nicht mehr nur in Wohnwagen durch die Pampa reisen sieht, dass ein zweiundsiebzigjähriger Ausleiher sich zum ersten Mal traut, über sein bisher unterdrücktes Transvestitentum zu reden, und ein Jäger mit dem ausgeliehenen Tierschützer gemeinsam seinen nächsten Urlaub plant. Oder es stellt sich heraus, dass nicht alle Moslems für Bin Laden sind, dass die Dänin im Grunde genauso tickt wie ihre schwedischen Nachbarn und dass Lesben tatsächlich Sex haben und nicht nur kuscheln. »Sei du selbst. Jeder andere ist schon vergeben«, rät Sara / Claes Lund, ein verheirateter Transvestit aus Malmö, weitsichtig allen, die ihn ausleihen, und Norén will beim nächsten Mal auch eine Bibliothekarin verleihen. Da gibt es ebenfalls noch Vorurteile abzubauen.

Nyamko Sabuni muss man sich nicht ausleihen. Was die schwedische Ministerin für Integration und Gleichstellung denkt, ist aus den Medien zu erfahren. Sie kam im Alter von zwölf Jahren als Tochter eines politischen Flüchtlings aus dem Kongo nach Schweden und macht jetzt nicht gerade das, was sie in den Augen muslimischer Interessenverbände tun sollte: Kaum war sie als Ministerin der bürgerlichen Liberalen im

Amt, verlangte sie von Einwanderern, sich stärker in das Land, in dem sie leben wollen, und in seine Eigenheiten einzugewöhnen. »Eine Menge Leute missverstehen ihre Rechte«, sagte sie. »Sie denken, Religionsfreiheit bedeutet, dass sie im Namen der Religion alles machen dürfen, oder dass Menschenrecht bedeutet, sie könnten sich anderen gegenüber verhalten, wie sie wollen.« Gleichzeitig forderte sie bessere Arbeits- und Sprachangebote für Einwanderer. Schon als Oppositionspolitikerin hatte sie vorgeschlagen, Zwangsheiraten und das Tragen von Kopftüchern für Mädchen unter fünfzehn Jahren zu verbieten, hatte den »Ehrenmord« angeprangert und verlangt, dass Mädchen mit muslimischem Hintergrund sich obligatorischen Untersuchungen beim Frauenarzt unterziehen sollten, um schärfer gegen Klitorisverstümmelungen vorgehen zu können. Auch bei ihren schwedischen Politikerkollegen kommt so ein offensives Verhalten nicht ausschließlich gut an. Das liegt weniger an inhaltlichen Bedenken der politisch korrekten Schweden als daran, dass diese klaren Forderungen nicht so recht in die öffentliche Diskussionskultur passen.

Die Schweden legen großen Wert auf Kompromisse. Diskussionen ähneln eher einer gemeinsamen Überquerung eines Minenfeldes, bei der niemand zurückgelassen werden darf, als einer Schlacht. Am Ende sollen alle mit dem eingeschlagenen Weg zufrieden sein. Während in Deutschland kaum eine öffentliche Debatte ohne pathetische Weltuntergangsvorhersagen auskommt, wird in Schweden so vernünftig argumentiert, dass emotionale Erregung überhaupt gar nicht erst entsteht, und alle Beteiligten schon deshalb einen Kompromiss eingehen, um nicht wegzudämmern.

Sprachlich sind die Schweden ihren Einwanderern gegenüber schon länger aufgeschlossener als die Deutschen. Hier hießen sie schon Zuwanderer, als auf Deutsch noch von Gast- oder Fremdarbeitern die Rede war, und bereits 1975 hatten alle, die länger als drei Jahre im Land lebten, das Recht, auf kommunaler Ebene zu wählen. Einwanderern aus Nicht-EU-Staaten ist das in Deutschland noch heute nicht möglich. Es gibt nicht nur schwedische Sprachkurse für Einwanderer, sie können sie während ihrer Arbeitszeit auch kostenfrei besuchen.

Auch in Schweden hat man mit dem Problem der Ghettoisierung zu kämpfen, auch in Schweden wurde das Asylrecht nach dem Beitritt zum Schengenabkommen 2001 verschärft. In der Zeit der wirtschaftlichen Krise der Neunzigerjahre gab es einen Aufschwung rechtsradikaler Parteien und Gruppierungen, die allerdings heute kaum noch eine Rolle spielen. Und 1994 schreckte das sogenannte »Apathiesyndrom« das Land auf; plötzlich sah man Bilder von Einwandererkindern, die apathisch im Bett lagen. Über die Asylanträge ihrer Eltern wurde jahrelang nicht entschieden, und die Kinder reagierten auf diese Unsicherheit mit Totalverweigerung und mussten künstlich ernährt werden. Sofort gab es Untersuchungen und Gesetzesänderungen zum bestehenden Asylrecht. Man erfand Programme, um die Kinder wieder fröhlich sein und singen zu lassen, möglichst auch in ihrer Muttersprache, weshalb Schulstunden in Arabisch, Libanesisch, Griechisch und Burundi angeboten werden. So verlieren die Kinder den Kontakt zu ihrem Herkunftsland nicht, und manchmal lernen sie es auf diese Weise überhaupt erst kennen.

Dass die Kinder apathisch wurden, erzählt vielleicht etwas über die Art der schwedischen Freundlichkeit; es handelt sich hier mehr um eine aus dem Gerechtigkeitssinn gewachsene Pragmatik als um überschwängliche Nächstenliebe. Die Pragmatik wird besonders dort deutlich, wo sich Gerechtigkeit trotz Ombudsmännern und -frauen, die sich für die Rechte von Minderheiten einsetzen, partout nicht einstellen will. Ausländisch klingende Namen sind auch in Schweden noch immer der Grund, dass zugewanderte Bewerber bei Stellenausschreibungen abgelehnt oder für die gleiche Arbeit geringer bezahlt werden. Die Schweden haben eine sehr einfache und offenbar wirkungsvolle Lösung des Problems gefunden. Man begriff schnell, dass es schwerer ist, spießige Vorurteile von Arbeitgebern auszuräumen, als diese kurzerhand auszutricksen, und richtete ein Amt ein, auf dem Zuwanderer ihre Nachnamen gegen schwedisch klingende oder westliche Ohren umschmeichelnde Namen eintauschen können. Dabei sind eigene Vorschläge willkommen. Beim *Patent- och Registreringsverk*, kurz PRV, wird aus dem Namen Arslan beispielsweise Allen, Björklund, Lundberg oder Miller. Auch bei diesem Einfall der schwedischen Behörden mag Amerika und seine Idee der grenzenlosen Möglichkeiten Pate gestanden haben. Natürlich gibt es einige Hardliner, die darin Selbstverleugnung und gar Identitätsverlust sehen wollen. Die meisten begreifen den Namenswechsel allerdings als einen Neubeginn, als die Möglichkeit, sich noch einmal zu erfinden; als Lilla-Londonerin oder sogar als *nollåttor*. Als *nollåttor* in Lund abgelehnt zu werden ist wiederum schick, der Ritterschlag gelungener Integration.

Ich bin allerdings der Ansicht, man sollte den gebürtigen Schweden hier die gleichen Rechte einräumen. Auch sie sollten, besonders wenn sie in Kleinstädten leben, einen Wunsch frei haben. Wenn es schon nichts wird mit dem Entkommen aus *Fucking Åmål*, sollte sich ihr Fernweh wenigstens in einem neuen, in diesem Fall natürlich unbedingt exotisch klingenden Namen niederschlagen dürfen.

Insel, Nutzvieh, Regisseur

Ich war allein auf Gotland. Oder: Auf Gotland war ich allein. So oder so ist das ein nichtssagender Satz. Er sagt weder etwas über Gotland noch über mich, und außerdem ist allgemein bekannt, dass Schweden nicht gerade das Land der Menschenmengen ist. Also ist jeder, der auf Gotland ist, allein, und allein ist jeder nicht nur auf Gotland. Man kann auch auf Öland allein sein. Oder auf Åland, was allerdings in Finnland liegt.

Ich war allein auf Gotland klingt aber gut. Und ist es wahr. Und während ich allein auf Gotland war, stellte ich fest, dass auch andere lieber hier allein sind als woanders. Was also hat Gotland, diese Insel der Schafe und Kirchen, das Alleinreisende stärker als das übrige Schweden lockt? Gotland ist anders. Auch das sagen die Schweden gern von ihrem ganzen Land: »Sverige är annorlunda«, Schweden ist anders. Aber wenn man genau hinsieht, bemerkt man, dass Schweden schon immer Schweden war, Gotland dagegen nicht. Gotland gehört erst seit vergleichsweise kurzer Zeit zu Schweden, seit 1679. Zuvor gehörte es Dänemark, oder es gehörte schwedischen Lehnsherren, deutschen Ordensbrüdern, der Hanse, russischen Feldherren, umtriebigen Piratenfürsten, aber jeweils nie besonders lange, denn es gehörte vor allem sich selbst. Gotland ist der Außenseiter Schwedens, der seltsame Schüler, der mit der Brille, auf dessen rechtem Glas kreuzweise Pflaster klebt.

Allein die Spiele! Was auf Gotland gespielt wird, gehört nicht unbedingt zu dem, was man als cool bezeichnen würde, aber alle betreiben es mit Eifer. Am liebsten und auf allen verfügbaren Sand- oder Grasflächen spielt man *kubb*, ein Hölzchenspiel, bei dem sich zwei Mannschaften gegenüberstehen, jede hat vor sich eine Reihe Holzklötze aufgebaut. Mit kurzen Stäben versucht man, die Holzklötze der gegnerischen Mannschaft umzuhauen. Trifft man den König, der in der Mitte des Spielfeldes steht, zu früh, hat man schon verloren. Während im Stockholmer Djurgården gepflegt Boule und Schach gespielt wird, spielt man auf den Wiesen zwischen Burgsvik und Slite *bakpärk* und *varpa*. *Bakpärk* ist eine Kombination aus Baseball und Länderklauen; ein Ball aus gegerbtem Schafsleder wird mit der Hand abgeschlagen, um so viel Boden des Gegners wie möglich zu erobern. Varpa ist eine wenig entwickelte Variante des Boule; als Wurfgerät dient ein Stein oder ein Stück Metall. Wer mehr aus sich herausgehen will, kann auch *spark'bläistre* oder *herre pa stangg* spielen. Beim Ersten wickeln sich zwei einen Strick um die Füße und versuchen dann, sich gegenseitig die Füße wegzuziehen. Für das zweite Spiel braucht man einen Sumpf. Über diesen Sumpf wird ein Baumstamm gelegt. Ist kein Sumpf da, kann man den Baumstamm auch von Kirchturm zu Kirchturm legen oder von einem zehn Meter hohen Raukstein am Strand zu einem anderen. Die Höhe ist entscheidend, denn von dieser Höhe versucht der eine Spieler, der rittlings auf dem Baumstamm sitzt, den anderen mit einem Kissen herunterzuschlagen. *Spark'bläistre* und *herre pa stangg* habe ich nie live gesehen. Aber es soll Leute geben, die sich jedes Jahr im Juli auf Gotland treffen, um sich bei den Stångaspielen in diesen und anderen altgotländischen Disziplinen umwerfen, wegdrücken, ausheben oder auf andere Weise körperlich übertrumpfen zu lassen.

Der Schüler mit dem Pflaster auf der Brille mag zwar oft seltsam wirken, entpuppt sich allerdings nicht selten als der mit dem schlauesten Kopf. Gotlands Gedächtnis ist jedenfalls eines, das am weitesten zurückreicht. Die Insel südöstlich vor Stockholm hat eine zerfurchte Vergangenheit und den »Spillings«, den weltweit größten Silberschatz der Wikingerzeit. Sie war ein so wichtiger Ausgangspunkt für die Raubzüge der Wikinger, im Mittelalter ein so lebendiges Handelszentrum, eine so wohlhabende Bauernrepublik und später so häufig Spielball in Eroberungskriegen, dass man den ganzen Urlaub allein damit verbringen könnte, von einer Ruine zur nächsten zu ziehen, von Grabfeldern aus dem 14. Jahrhundert zu Steinhügelgräbern aus der Bronzezeit, von gut erhaltenen Pfahlhäusern auf Bauerngehöften der frühen Neuzeit zu den Lagerhäusern reicher Kaufleute des 16. Jahrhunderts mit ihren Treppengiebeln, und die etwa neunzig mittelalterlichen Kirchen wird man nach zwei Wochen kaum alle gesehen haben. Auch in der Botanik ist Gotland dem übrigen Schweden voraus. Die Insel muss vor Jahrtausenden in einem anderen Meer in der Nähe des Äquators geschwommen sein und ist mit der Zeit langsam nördlich getrieben. In der Guta Saga aus dem 13. Jahrhundert ist die Entstehung Gotlands folgendermaßen erklärt: »Gotland fand zuerst der Mann, der Tjelvar hieß. Da war Gotland so verzaubert, dass es des Tags untersank und des Nachts oben war. Aber der Mann brachte Feuer an Land, und seitdem sinkt es nicht mehr.« Wie es auch immer gewesen sein mag: Auf Gotland gibt es nicht nur 400 Millionen Jahre alte Korallenfossilien und Wacholdersteppen, sondern auch Orchideen. Es verhält sich da zwar ein bisschen wie mit den Elchen – ich habe keine einzige Orchidee gesehen –, aber ein Spezialist erklärte mir, dass ich sie vielleicht nur nicht erkannt habe. Sie besitzen nicht die porzellanene, weithin leuchtende Schönheit ihrer exotischen Verwandten aus Indien oder Hawaii. Das raue Klima zwingt sie, nah am Boden zu wachsen und mit der Größe ihrer Blüten zu geizen. Es handelt sich eher um zartes Knabenkraut. Diese knabenhafte Orchidee passt wiederum zum Bild des Außenseiters, dessen Talente häufig versteckt liegen, und zu einer Art des Alleinseins, das keine Aufmerksamkeit auf sich ziehen will.

Was in meinem Fall dann doch geschah. In der Propellermaschine fiel ich auf, weil ich die einzige Nichtschwedin war. Als die Stewardess mit dem Getränkewagen kam, bestellte ich meinen Orangensaft in so schlechtem Schwedisch, dass sie mir zwar trotzdem den Saft, aber auch die Sicherheitsmaßnahmen gleich noch einmal auf Englisch servierte. Auf dem Flughafen fiel ich auf, weil ich die Einzige war, die sich einen Mietwagen nahm. Alle anderen nahmen den Bus, das eigene Auto, oder sie wurden abgeholt. Ich musste per Telefon einen Angestellten der Mietwagenfirma rufen. Aber auf der schmalen, von einem Weidezaun gesäumten Straße, die vom Flughafen nach Visby führt, war ich dann wirklich allein. Rechts grasten Schafe. Links wuchs Wacholder. Und auf dem Zeltplatz blieb ich allein bis auf die Jugendlichen, die mit *Lättöl* vor ihrem Zelt lagerten, während draußen auf dem Meer die letzte Fähre nach Stockholm fuhr. Ich baute mein Zelt auf, setzte mich davor und sah die Mücken tanzen, dann ging ich zu Fuß nach Visby. Auf der Strandpromenade erfasste mich Stille, eine Stille, die die Radler und Skater, die auf dem Asphalt vorbeisausten, entschleunigte, eine Stille, die nicht tonlos war, sondern die Wahrnehmung intensivierte, die Dinge vereinzelte und deutlicher machte; die Bäume standen gebogen und abgeschliffen im Wind. Möwen fetzten sich in der Luft. Eine stand lange reglos über mir. Dann stellte sie den rechten Flügel schräg und ließ sich davonreißen in Richtung Sonne, die durch den aufgerissenen Wolkenkrater stach, zielgenau, scharf, eine Klinge aus Licht. Noch abends um zehn würde die Sonne ins Zelt stechen, flach, aber kräftiger als irgendwo sonst. Es war Juni. Auf den Hügeln an der Stadtmauer von Visby war das Gras gemäht. Musiker machten auf einer Freilichtbühne ihre Instrumente klar, ältere Herrschaften saßen auf Bänken, andere brachten Klappstühle mit, Familien breiteten Decken aus, auch Jugendliche blieben stehen, um den leichten Blues zu hören, und das alles geschah so beiläufig, als wäre noch ungeplant, wie der Abend verliefe, noch ungeklärt, ob diese Sommernacht überhaupt je beginnen würde, oder nur der Tag in einen neuen Tag hineinfloss.

Höher auf dem Marktplatz und am Hafen: Cafés. Cafés, in denen es Safrankuchen, *Safranpannkaka,* mit Preiselbeeren gab. Vor einem Lokal, ein Haus aus dem 14. Jahrhundert, waren Fackeln aufgestellt, und ein Jugendlicher, als Knappe verkleidet, steckte seinen Kopf in eine Streckbank. In den Seitenstraßen niedrige Häuser, ein kühles Licht, und dieses Alleinsein, das nichts mit dem hohlen Schmerz zu tun hat, der Alleinreisende abends manchmal befällt. Dieses Alleinsein ist einfach und mild und löst, wenn es gut geht, Glücksmomente aus, und es ging mir gut.

Das Klirren der Segelstangen, das vom Hafen hochdrang, die Kirchenruine auf dem Stora Torget, die Ruine der Petruskirche später, im Inneren wehten Vögel auf. Dann wieder Stille. Drei Platanen und eine Frau im Blumenrock und im weißen, kurzärmeligen Strickpullover, sie war so alt, dass sie sich nur zentimeterweise vorwärts schob, aus ihrer gelben Tür, vor ihr blaues Haus, um ein paar Spitzen von den Rosen zu schneiden. Das alles sah ich in Zeitlupe, der Ton war abgestellt bis auf das Geräusch, das die Blätter machten, und irgendwann fingen die Glocken an, die klangen wie Glas.

So würde das niemals einer erleben, der zur Mittelalterwoche nach Visby kommt. Alleinreisende, die es ernst meinen mit dem Alleinsein, sollten die Hochsaison im Juli und August und vor allem die Mittelalterwoche meiden, sie könnten sonst von Barbieren belästigt, zu Aderlässen genötigt, von Spritzern glühenden Eisens, das der Schmied gerade auf dem

Amboss hat, versengt und von Hühnern und Schweinen im Rinnstein angerempelt werden. Sollten sie dem einigermaßen intakt entkommen, treffen sie am Ende doch noch den Tod auf den Straßen, der seine hohläugige Maske aus dem Kostümverleih gerade im Nacken festbindet. Im August spult sich die ganze Stadt, inklusive Einwohner und Haustiere, mehrere hundert Jahre in die Geschichte zurück und lässt den August 1361 aufleben. Das war das Jahr, in dem der dänische König Waldemar Atterdag fand, dass Gotland und besonders die Handelsstadt Visby mittlerweile reich und fett genug geworden waren, um im dänischen Reich eine gute Figur zu machen. Es war Zeit, die Insel zu erobern.

Bisher waren die Bauern die führende Gesellschaftsschicht auf Gotland gewesen. Sie stellten die Richter und verfassten Gesetze, wobei diejenigen mit dem meisten Besitz auch das meiste zu sagen hatten. Sie mussten keinem König huldigen, hatten keine Lehnsherren über sich, da es auf Gotland keinen Adel gab, und zahlten kaum Steuern. Mit den immer reicher werdenden fremden Handelsleuten in Visby gab es hin und wieder blutige Auseinandersetzungen, aber im Allgemeinen ging es den Bewohnern der etwa 1500 Höfe auf Gotland gut. Als Atterdag anrückte, machte er diesem selbstständigen Treiben ein jähes Ende. Die meisten Bauern kamen bei der Schlacht vor den Toren von Visby um, die Kaufleute sahen von der Stadtmauer aus tatenlos zu. Schließlich ergab sich die Stadt widerstandslos den Dänen. Was hier im ersten Moment aussieht wie Feigheit, kann zu Klugheit werden, sobald man die Perspektive ändert. Was für die Bauern das Äußerste an Verrat, nämlich der Verrat an ihrem Leben, gewesen sein muss, erweist sich dann als raffinierte Strategie. Indem sie sich kampflos ergaben, sorgten die Kaufleute dafür, dass die Stadt nicht niedergebrannt wurde und heute noch Überbleibsel dieser Zeit zu sehen sind, unter anderem eine der besterhaltenen mittelalterlichen Stadtmauern. Auch die spätere Geschichte Visbys ist von dieser Taktik geprägt. In keiner der vielen Schlachten, bei keinem der Raubüberfälle und Eroberungsversuche haben sich die Bewohner mit Waffengewalt zur Wehr gesetzt. Sie ergaben sich. Ihr Reichtum war die beste Voraussetzung, um Bedingungen auszuhandeln, die ihnen und ihren Geschäften förderlich waren.

Für diese kluge Nachgiebigkeit gibt es im Schwedischen ein Wort: *undfallenhet*. Es bedeutet so viel, wie unter dem Einfluss von Gewalt lieber einzulenken als sich aufzulehnen.

Es bedeutet, Konflikten lieber auszuweichen als sie auszutragen. Und wie die meisten menschlichen Phänomene hat auch *undfallenhet* zwei Seiten. Die Massengräber in Gotland, in denen man Leichen mit gespaltenen Schädeln, herausgeschnittenen Zungen und durchbohrten Leibern gefunden hat, sind das schlechte Gewissen Visbys. Carl Gustaf Hellqvist streute mit seinem Historiengemälde »Waldemar Atterdag brandschatzt Visby« Salz in diese Wunde. Selma Lagerlöf war von seinem Gemälde schwer beeindruckt, besonders von einer Gestalt mit geschlossenem Visier am Rande des gewaltigen Menschenauftriebs. Sie schreibt: »›Ich bin die Gewalt, ich bin die Raubgier‹, sagt er. ›Ich bin es, der Visby brandschatzt. Ich bin kein Mensch, ich bin nur Eisen und Stahl. Ich erfreue mich an Qualen und dem Bösen. Sollen sie nur weitermachen und einander peinigen! Heute bin ich der Herr in Visby...‹«

An *undfallenhet* wird man auch in anderen Zusammenhängen nicht so gern erinnert. Die Neutralität Schwedens im Zweiten Weltkrieg wurde so großzügig gehandhabt, dass Deutschland ordentlich Kredite gegeben werden konnten und das faschistische Regime mit Eisenerz versorgt wurde. Gustaf V. war es möglich, Hermann Göring mit den höchsten schwedischen Militärorden zu versehen. Erst in den letzten Kriegsjahren veränderte das bis dahin noch deutschlandfreundliche Schweden seinen Kurs und nahm Flüchtlinge aus den baltischen Staaten und den anderen skandinavischen Ländern auf. Ilon Wikland, die Illustratorin von Astrid Lindgrens

Kinderbüchern, war unter den Flüchtlingen, die in den letzten Kriegsjahren aus Estland nach Schweden kamen. In den Neunzigerjahren beschrieb sie die Flucht in ihrem Kinderbuch »Die lange, lange Reise.« Willy Brandt, Peter Weiss oder die Kernphysikerin Lise Meitner gehörten zu den Flüchtlingen, die aus Deutschland kamen. Ernst Cassirer bekam bereits 1935 einen Lehrstuhl für Philosophie in Göteborg angeboten. Und Selma Lagerlöf setzte sich persönlich dafür ein, dass Nelly Sachs mit ihrer Mutter nach Schweden emigrieren konnte; allerdings erst, nachdem sie durch eine Freundin der Familie Sachs überhaupt zum ersten Mal von der deutschen Schriftstellerin gehört hatte.

Aber 200 kriegfreie Jahre und eine Gesellschaft, die Aggressivität als ernst zu nehmende Behinderung betrachtet und nicht als männlich, stark und schön, stellen *undfallenhet* gleichzeitig in ein anderes Licht. In diesem Licht wird deutlich, dass eine Politik der Neutralität so lange in Bedrängnis geraten muss, wie aggressives Verhalten von den Alphatieren in den Nachbargesellschaften akzeptiert und sogar begrüßt wird.

Das Beispiel, das mir *undfallenhet* am deutlichsten veranschaulichte, hängt mit einem Autounfall zusammen, den ich im September 2005 zwischen Karlstad und Sunne auf dem Weg in meine Villa hatte. Es hatte geregnet, die Straße war neu asphaltiert worden, und der Regen drückte das Öl aus dem Asphalt an die Oberfläche. Die Straße fuhr sich wie blankes Eis. Als vor mir die Bremslichter eines Volvo aufleuchteten, konnte ich nur noch zusehen, wie ich in die Kofferklappe des Volvos hineinschlitterte. Die Motorhaube meines Autos wurde komplett zusammengeschoben, aber ich war langsam gefahren, und meine Beifahrerin und ich blieben unverletzt.

Ich stieg zitternd aus, fassungslos, aber doch darauf gefasst, im scharfen Ton angegangen zu werden. Es regnete, es war kalt, vor dem Volvo standen drei weitere Autos, und ich hatte eine solche Wucht gehabt, dass ich sie alle ineinandergeschoben hatte; der Volvo war auf das vor ihm stehende Auto aufgefahren usw., ein Dominoeffekt.

Die Insassen der anderen Wagen standen leise beratend am Straßenrand. Dann löste sich eine Frau, die Fahrerin des vordersten Autos, und kam auf mich zu. Sie gab mir die Hand und fing an, sich bei mir zu entschuldigen. Auch die anderen nickten mir freundlich zu, einige sagten: »Es tut mir so leid«; ein irrealer Moment. Sie entschuldigten sich dafür, dass ich ihnen hinten draufgefahren war. Ihr Verhalten hatte in dieser Situation einen tröstlichen Effekt. Aber in meiner deutschen Habachtstellung begriff ich nicht gleich, was hier geschah. In Deutschland wäre so eine Entschuldigung einem Schuldeingeständnis gleichgekommen. In Schweden ist es, wie ich später verstand, eine Konfliktvermeidungsstrategie. Die Fahrerin des ersten Wagens fühlte sich, da sie in der Annahme, etwas käme ihr entgegen, mitten auf der Landstraße stehen geblieben war, für den Unfall mitverantwortlich. Sie wollte aber über die Frage, ob ich als Auffahrende oder sie die Hauptschuld trug, keinesfalls in Streit geraten, und deshalb entschuldigte sie sich.

Auch von den anderen hörte ich keinen Vorwurf. Man versuchte, die Sache schnell und mit bestem Ausgang für alle zu klären. Man rief einen Abschleppdienst, man rief die Polizei an. Da es ein Freitagnachmittag war, hatte die Polizei in Sunne geschlossen, und weil es keine Verletzten gab, würde man aus dem entfernteren Karlstad niemanden schicken. Als der Abschleppdienst gekommen war, fuhren alle Beteiligten auf die Polizeistation nach Sunne, wo uns eine Angestellte die Versicherungsbögen aushändigte. Man half einander beim Ausfüllen, man einigte sich, dass der Regen und das Öl im Asphalt schuld waren, und versuchte, den Hergang auf den Versicherungsbögen so neutral wie möglich darzustellen. Dank *undfallenhet* war dieser Unfall trotz meines schrottreifen Autos zu einem beinahe erfreulichen Ereignis geworden.

Als ich nach Gotland kam, war Vorsaison. Weder Touristen

noch als Ritter und Burgfräulein verkleidete Touristen liefen durch die Gassen. Ganz so unberührt, wie der Botaniker und Naturforscher Carl Linnaeus die Insel auf seiner Studienreise 1741 vorgefunden hat, fand ich sie jedoch längst nicht mehr. Der dreißigjährige, frisch ernannte Professor aus Uppsala hatte damals vom Schwedischen Reichstag den Auftrag bekommen, zu untersuchen, ob die Gotländische Natur etwas Nützliches bot. Er fand Grassamen und Strandhafer, Eiderdaunen und einen Dialekt, der vom Schwedischen stark abwich, und vor allem die angeblich erotisch stimulierende Gotlandsrübe. Alles Dinge, von denen man nicht schnell reich werden konnte (mit Ausnahme der Rübe, würde man meinen, aber die Zeit der Sexrekorde war damals noch nicht angebrochen), was dazu führte, dass die Insel noch weitere hundert Jahre vom wirtschaftlichen Aufschwung verschont blieb, Linnaeus jedoch später zu Carl von Linné geadelt wurde. Heute hat der Kalkabbau seine weißen Spuren hinterlassen, und hundert Jahre Tourismus sieht man dieser Gegend ebenfalls an, auch wenn der Tourismus sanft ist: Fahrradwege und Zeltplätze, Parkbuchten und Eiscafés liegen neben mittelalterlichen Mauerresten und Bildsteinen in der Landschaft. Durch die Wälder ziehen sich staubige Enduro-Strecken; jährlich findet am 1. Novemberwochenende in Tofta, fünfzehn Kilometer südlich von Visby, das größte Enduro-Rennen der Welt, das Gotland Grand National, statt.

Die Einheimischen richten auf riesigen Rasenflächen Hunde-Shows aus, auf denen sich Archäologiestudenten der Visbyer Universität den Sonntag vertreiben. Man trifft Leute, die vom Festland herübergekommen sind und ein Haus in Strandnähe gekauft haben, das sie jetzt renovieren, vielleicht ein paar Schüler der Filmhochschule in Fårösund und hin und wieder Alleinreisende.

Mit ihrem Kalkstein, ihrem kargen, struppigen Bewuchs, mit den wie eine Mondlandschaft verlassen daliegenden Plateaus und versandeten Tümpeln, in denen einst ausländische

Seefahrer angelegt und Kirchen errichtet haben sollen, mit diesen wie steinerne Rüssel aufragenden Rauken an Stränden, die Klappersteinfelder heißen, zieht diese Insel leicht Phantasten, Eigenbrötler und Träumer an. Die Rauken sind Überbleibsel einer Kalksteinküste, die vom Meer ausgewaschen wurde. Sie stehen vereinzelt am Ufer, bizarre Gebilde, manche ragen zehn Meter hoch auf, am Boden schlank, später auskragend zu einer Platte.

Der Film »Das siebente Siegel«, in dem der Held in Schwarz-Weiß mit dem Tod um sein Leben spielt, ist aus dieser Landschaft gemacht. Und es ist nicht verwunderlich, dass der Regisseur des Films, Ingmar Bergman, dieser notorische Eigenbrötler und Träumer, viele Jahre auf Fårö, Gotlands nördlicher Spitze, lebte. Ich habe versucht, ihn zu finden.

Auf dem Weg machte ich Station in Lickershamn, einem kleinen Hafen mit roten Bootshäusern. Eines der Häuser war eine Fischräucherei, in der die vierzehnjährige Tochter verkaufte, was der Vater gefangen und geräuchert hatte. Auch hier war ich allein mit dem fliegenden Licht und dem Glucksen der Boote, die gegen die Pontons schlugen. Vielleicht war ich die Einzige an diesem Tag, die sich die höchste Rauke Gotlands, die Jungfrau, ansehen wollte. Ich kaufte dem Mädchen ein Stück Räucherlachs ab und fuhr weiter zur Fähre, die nach Fårö geht. Mein Zelt schlug ich an der Ostküste in Sundviken auf.

Sundviken hat ein Kino, und wäre nicht gerade »Bergman-Woche« gewesen, ich hätte es für ein Wohnhaus gehalten. Es ist aus dem üblichen roten Holz, die Fensterläden sind weiß gestrichen, und neben dem Eingang gibt es einen Sandkasten mit Kinderspielzeug.

Auf dem Gartenweg stand die Schauspielerin Harriet Andersson. Sie stand ruhig im warmen Duft der Kiefern. Einigen Gästen schüttelte sie die Hand. Sie war gekommen, um den Film »Wie in einem Spiegel« vorzustellen. Hier, an einem Ort, dessen Mittelpunkt der Zeltplatz war, sah das intellektuelle Gotland noch einmal tapfer in das Gesicht einer vierzig Jahre jüngeren Harriet Andersson auf der Leinwand, sah sich die Lebenslügen und Scheinheiligkeiten der eigenen Gesellschaft an, bevor es im Mini-Cooper mit offenem Verdeck zurück nach Visby brauste. Die Zelter in den Dünen kümmerte die Bergman-Woche kaum. Sie grillten. Von den Kinogängern wären sie deutlich zu unterscheiden gewesen, die zwar dem Badeort angemessen sommerlich, aber doch deutlich existenzialistisch gekleidet waren. Bergman war nicht zu sehen. Es hieß, er sei nur zur Eröffnung gekommen. Man benannte die Himmelsrichtung, in der ich ihn suchen, und zeigte mir eine dünne Linie auf der Landkarte, der ich folgen sollte.

Aber es war schon spät, und ich drehte eine Runde durch die nahen Klappersteinfelder, nach Digerhuvud und Langhammars, wo der, der mit dem Tod spielt, an Land geworfen wird.

In Helgumannen, einem verlassenen Fischerdorf mit zehn Katen, lagen Boote neben verrosteten Bootswinden auf Holzpflöcken am Strand, dahinter die Ebene, etwas Gras, Geröll und Küstenseeschwalben, und beim Weiterfahren waren zwei einzelne, niedrige Kiefern im linken Außenspiegel zu sehen.

Später hielt ich und lief in die zerklüfteten Felsformationen hinein. Ich suchte mir einen Sitz, um zu sehen, wie die Sonne um 21 Uhr 42 die Ostsee berührte. In der Abendkühle war es angenehm warm. Noch immer holte das Licht unwirkliche Farben aus dem Gestein, die Felsen schimmerten blau. Ich aß den Fisch und Brot und trank ein leichtes Bier, das Leben allein war einfach. In der Ferne kletterte eine Familie über die Felsen, ausgerüstet mit einem Picknickkorb, ein halbwüchsiger Junge lief voran. Er trug einen Sonnenhut und das Halstuch geknotet wie ein Pirat, und als die Eltern sich auf einen Vorsprung setzten und das Picknick vorzubereiten begannen, kletterte er weiter. Es schien, als wollte er systematisch alle

Felsen besteigen, bei jedem kletterte er hechelnd nach oben. Auf einer der Kuppen verharrte er. Er überlegte kurz, dann fuhr seine Hand in die Hose. Er holte seinen Schwanz raus, und so, weithin sichtbar, pinkelte er die Klippe runter, pinkelte in die violette Nacht, pinkelte mit gestreckten Schultern und in hohem Bogen gegen diese Übermacht gleichgültiger Schönheit an, es steckte Verzweiflung und Stolz darin, und man konnte es spritzen hören. Dann stand er da mit offener Hose, als hätte er gern gewusst, wie es weiterging, und hätte er noch gekonnt, er hätte auf der nächsten Kuppe aus Ratlosigkeit erneut gepinkelt.

Später zogen Schatten auf. Später zeigte der Himmel, dass er eigentlich ein Schädel war, und die wenigen Wolken, die man jetzt nicht mehr so deutlich sah, waren das Gehirn, und das Meer war aus Blut, und die Steine, die Steine am Strand waren Zähne, und hätte es Berge gegeben, wären sie Knochen gewesen, und das ist es, was Gotland für Alleinreisende so anziehend macht. Man geht in die Landschaft, und die Landschaft dringt ungestört ein und entzündet ein leichtes Delirium. Mein Delirium hatte mir in den Klappersteinen am Meer düster vor Augen gebracht, dass der Riese Ymirs genau hier erschlagen worden sein musste, bevor aus seinem Körper die Welt entstand. Das allerdings war kein Hirngespinst, jedenfalls nicht mein persönliches. Dieses Gespinst entstammt der Edda-Saga, der Ursaga der nordischen Mythologie.

Es war also alles da, bis auf Bergman. Ich suchte ihn am nächsten Tag. Ich folgte der Linie auf der Landkarte, die sich in eine staubige Sandpiste verwandelte und zwischen Kiefern und Wacholderbüschen hindurchschlängelte, dahinter war irgendwo die Ostsee. Nach einer Weile wurde der Wald lichter. Er gab eine Ansammlung von mehreren Gehöften frei. Auf einem Sandplatz zwischen den Gehöften, der vielleicht der Marktplatz dieses Ortes war oder gewesen war, spielte ein kleiner Junge im Schlafanzug Ball. Er hatte einen ungewöhnlich großen Kopf. Er trat den Ball zwischen Ställen und Schafwiesen immer wieder gegen eine Wellblechwand und hörte auch, als ich näher kam, nicht damit auf. Die Sonne flirrte im Staub auf dem ansonsten menschenleeren Platz. Ich sah mir die Namensschilder auf den Briefkästen an, die in einer Reihe an einer Holzlatte hingen. Dort standen Namen wie *Peterson* und *Björke*. Nichts regte sich bis auf das eintönige Donnern des Balls. Das Auto hatte Kalkstaub aufgewirbelt, der sich jetzt langsam wieder senkte und auf die Windschutzscheibe und die Außenspiegel legte und die Hartlaubgewächse am Straßenrand mit einem zähen Weiß überzog. Den gehörnten Schafen drang er in die Augen, eines nieste...

Die Dame an der Zeltplatzrezeption von Ljugarn sagte: »Hast du denn im Ernst geglaubt, jemand hier würde verraten, wo er wohnt?«

Die Dame an der Zeltplatzrezeption von Ljugarn war die Tochter eines schwedischen Offiziers und sprach Deutsch. Sie war die Erste, die mich nach Tagen aus meinem leichten Delirium riss.

»Aber er lebt doch noch?«, sagte ich.

»Natürlich lebt er noch. Das wird er immer«, sagte sie, als ahnte sie schon, dass Bergman kaum ein Jahr später, im Juli 2007, im Alter von 89 Jahren für immer einschlafen würde. Sie brühte mir einen Kaffee. Sie trug ein geblümtes Kleid, das in der Taille gegürtet war, sie war eine ausladende Frau. Ihre Haare waren nachlässig gelockt und sandfarben, sandfarben war auch die Haut, und die Gesten waren raumgreifend, zu groß für das niedrige Zimmer dieser Rezeption, die Teil des Sanitärgebäudes war. Es gab einen Kühlschrank und Nothilfekästen, Landkarten und Schokoladenriegel und eingeschweißte Zimtschnecken, und als sie einem Camper eine Zeltplatzkarte aushändigte und für mich einen Tetrapak Milch aus dem Kühlschrank nahm, ging mir das Wort resolut durch den Kopf. Meine erste Gotländerin, mit der ein Gespräch zustande kam, war resolut, verbunden allerdings mit einer Reserviertheit, die dafür sorgte, dass unser Gespräch immer wieder lange Pausen hatte.

Da sie sich auskannte in militärischen Dingen, erfuhr ich, dass Fårösund im Krimkrieg, Mitte des 19. Jahrhunderts, eine Basis der französisch-britischen Flotte gewesen war und dass später im Kalten Krieg dort und entlang der nordöstlichen Küste schwedisches Militär stationiert wurde, weshalb die Inseln Fårö und Gotska Sandön bis Anfang der Neunzigerjahre größenteils militärisches Sperrgebiet gewesen waren.

Zwischendurch telefonierte sie, einmal auf Englisch, ein anderes Mal auf Niederländisch. Als ich sie fragte, wie es komme, dass sie so viele Sprachen spreche, antwortete sie kurz, dass ihr Vater zuerst in Deutschland, später in Holland stationiert gewesen sei und sie selbst später zwanzig Jahre in Kanada gelebt habe. Auf die Frage, was sie hierher zurückgebracht habe, antwortete sie ebenso kurz: »Sehnsucht.« Dann wurde eine Weile nichts gesagt.

Wie es denn nun komme, fragte sie nach der nächsten Tasse Kaffee mich, dass ich so allein durch die Gegend reise. Aus purem Übermut nach tagelangem Schweigen hatte ich Lust, etwas zu erfinden, hielt mich dann aber an den knappen schwedischen Kommunikationsstil und sagte: »Sehnsucht.«

»Du glaubst, du wirst *hier* jemanden kennenlernen?«, fragte sie.

»Nein«, sagte ich. »Ich möchte sehnsüchtig sein. Und dazu muss ich alleine reisen.«

»Allein sein kann man hier gut«, sagte sie. »Ein bisschen zu gut«, sagte sie dann. »Seit die meisten Regimenter abgezogen wurden, ist es für die Leute hier nicht einfacher geworden. Erst wurde die Marine abgezogen, dann die Flieger, letztes Jahr die Panzerdivision. Es gibt hier ohnehin schon wenig zu tun. Vor allem im Winter. Da hocken die Männer auf ihren Bauernhöfen, und die Frauen arbeiten woanders, in der Altenhilfe, an Schulen. Man versucht jetzt, auf den frei gewordenen Flächen den Golfsport durchzusetzen. Man hat sogar die Bälle schon orange bemalt, damit die Leute auch im Winter golfen können. Von den Offizieren sind einige aufs Festland gegangen, aber was machen da die Frauen? Die Regierung hat beschlossen, ein paar staatliche Institutionen von Stockholm nach Visby zu verlegen. Das ist gut für uns«, sagte sie. »Aber in Stockholm ist es nicht sehr populär.«

Ein Zeltplatzgast kam und kaufte Duschmünzen, ein Caravan parkte ein.

»Aber die Frauen haben sich noch immer zu helfen gewusst«, sagte meine Gotländerin und schenkte Kaffee nach. »In dieser Hinsicht sind wir alle Nachfahren von Margareta Donner. Hast du schon mal von der gehört?«

»Nein«, sagte ich.

»Auch eine, die allein gereist ist. Wenn man so will.« Der Caravan war schräg auf dem Parkplatz zum Stehen gekommen, und sie verließ die Rezeption, um ihn einzuwinken. Als sie zurück war, sagte sie: »Margareta Donner war mit einem von deinen Landsleuten, mit einem Jürgen Hindrich verheiratet. Allerdings vor deiner Zeit, ungefähr Mitte des 18. Jahrhunderts. Hindrich hatte gerade ein Handelsunternehmen aufgebaut, als er starb. Margareta machte weiter und wurde die erste Geschäftsfrau auf Gotland. Sie betrieb eine Tabakplantage und eine Seifensiederei, die Leute nannten sie ›Madame Herr Donner‹. Und Madame Herr Donner war nicht blöd. Als sie merkte, dass die Gotländer ihren Kautabak nicht wollten, sondern lieber schwedischen Kautabak kauten, hat sie ihren einheimischen Tabak kurzerhand aufs Festland geschickt. Von dort kam er mit einem Exportstempel zurück und war zu schwedischem Kautabak geworden.«

Meine Gotländerin sagte das alles langsam. Nach dem ersten »Madame Herr Donner« machte sie eine lange Pause, was diesem Namen eine ungeheure Dramatik verlieh, und während sie sprach, leerte ich mindestens zwei Tassen Kaffee. Ich wechselte dann zu Wasser, weil sie, einmal herausgefordert und ungeachtet ihrer großen Ruhe, jetzt doch gesprächig geworden war. Hätte ich über die ganze Länge dieses Gesprächs Kaffee getrunken, hätte ich vom vielen Koffein Herzrasen bekommen. Außerdem bin ich mir mit Tucholsky darin einig, dass ein Land am besten über den Geschmack seines Wassers zu erfahren ist, besonders, wenn das Wasser wie in Schweden direkt aus den Seen kommt. Als Tucholsky in »Schloß Gripsholm« auf Schloss Gripsholm eintrifft, findet er: »Wenn man in ein fremdes Land kommt, dann muss man erst einmal das fremde Wasser in sich hineingluckern lassen, das gibt einem den wahren Geschmack der Fremde.«

Meine Gotländerin schenkte sich weiterhin Kaffee nach und redete über die Frauen. Über die erste Studentin Schwedens, die natürlich aus Visby kam, und darüber, dass es bereits 1870 zwei Bäcker, zwei Zuckerbäcker, einen Brauer und sieben Händler »weiblichen Geschlechts« auf Gotland gegeben hatte. Die Anführungszeichen hatte damals ein Journalist in einem Zeitungsartikel gesetzt, in dem er seine Bedenken zu so viel Fortschritt äußerte. Meine Gotländerin hatte diesen Artikel zwar nie gelesen, aber Auszüge in einem Geschichtsbuch abgedruckt gesehen und sich ein paar Zeilen tatsächlich gemerkt: »Gott weiß, dass es heute nicht mehr ruhig in der Kammer ist, vor allem in der zweiten«, rezitierte sie. »Aber es wird noch schlimmer, wenn wir weibliche Reichstagsabgeordnete bekommen, alte Vetteln, nicht nur in körperlicher, sondern auch in wirklicher Bedeutung...«

»Was meint der mit ›wirkliche Bedeutung‹«, fragte ich, aber das wusste sie auch nicht.

Was sie wusste, war, dass ich um Stora Karlsö nicht herumkäme, wenn ich mich fürs Alleinsein interessierte, eine Insel, die symptomatisch dafür wäre; ich glaube nicht, dass sie tatsächlich *symptomatisch* sagte. Aber ich fuhr hin.

Stora Karlsö ist die Geschwisterinsel von Lilla Karlsö, die große und die kleine Insel, beide liegen vor der Westküste Gotlands und sehen aus wie umgestülpte Untertassen. Das nächste Boot von Klintehamn fuhr erst am nächsten Morgen, und weil die kleine Hafenstadt Klintehamn ganz ausgestorben war, verbrachte ich die Nacht in Varvsholm, einem Pensionat auf einer Halbinsel, die dem Hafen gegenüberliegt. Das mattgelbe Holzhaus mit seinen versilberten Türknäufen, der Wurlitzer Jukebox, den altrosa Tapeten und Fensterfronten, durch die weit die Sonne fluten kann, schien für einen Film über die Zwanzigerjahre erbaut, für einen Film über Städter auf Landpartie. Ein weißes Fest wurde im Festsaal gefeiert, und jemand musste, wie es üblich war, nach dem Essen auf die Gastgeber eine witzige Tischrede halten und konnte sich vor Aufregung kaum auf den in Senf eingelegten Hering konzentrieren. Es gab Kinder in weißer Spitze und Frauen in kurzen Röcken, das Licht sprengte durch die Lindenblätter, es gab teuren kühlen Weißwein im Glas, und der Wind ließ im Hafen die Segelstangen blitzen.

Am nächsten Tag hatten außer mir nur zwei Finninnen mit Kopftüchern und eine Familie mit einem Kleinkind den Ausflug nach Stora Karlsö gebucht. Auf dem Boot nahmen die Finninnen die Kopftücher ab, ihr Haar sah aus wie das Moosgeflecht, das sich hartnäckig auf den gotländischen Felsen hält. Die Familie im Bug war eingeschlafen. Dem Kind lief pausenlos Rotz übers Kinn.

Stora Karlsö gehört dem Karlsöklub. Die Klubmitglieder sind Menschen, die sich in diese Kalksteinwelt mit zwei Hügelsteingräbern aus der Bronzezeit, den Rösen Lauphargi und Rösju, verliebt haben, in dieses kahle Plateau, über das der Ostseewind fegt. Sie besitzen das zweitälteste Naturschutzgebiet der Welt, das sie im Sommer Touristen zugänglich machen. Ansonsten leben nur Vogelforscher hier und manchmal die Karlsöklub-Mitglieder selbst, die ihren Urlaub in den Ferienzimmern des Leuchtturms verbringen.

Nach einer halbstündigen Fahrt drehte das Boot an einer Felswand bei. Die Wand ragte senkrecht auf und bildete am oberen Ende die Kante einer glatt geschliffenen Erdplatte. Ihr Schatten fiel auf die Ostsee. Wo kein Schatten war, leuchtete das Wasser türkisblau, am Strand verstreut standen ein paar Katen. Ich sah, wie eine Frau in Khakishorts von den Katen herunter zur Anlegestelle lief. Als sie den Steg erreichte, waren die weißen Bügel ihres BHs unter dem Trägershirt zu sehen. Das Weiß blitzte. Es war weißer als der Sand, weißer als die Farbe der Kalksteine, weißer als das Boot. Es leuchtete im Schatten der Felswände, es war das, was die Frau von den Scouts unterschied, die am Ufer das Boot erwarteten. Die Scouts trugen olivgrüne Shirts, auf deren Brust der Schriftzug »Stora Karlsö« stand. Die Frau schob die Hände in die Taschen ihrer Khakishorts. Sie sah dem Jungen zu, der das Boot mit einem Tau an einem der Poller befestigte, und lachte. Sie lebte draußen, das war ihr anzusehen, aber ihre Haltung verriet, dass sie in eleganten Stadtwohnungen aufgewachsen war.

Sie war Vogelforscherin.

Sie gab mir die Hand, sie begrüßte jeden von uns mit Handschlag, zu mir sagte sie in einem rauen Englisch: »Heute seid ihr zu wenig, da lohnt es sich nicht, die Führung zweisprachig zu machen. Aber auf dem Tisch drinnen gibt es Informationsblätter in Englisch und Deutsch.«

Ihr Händedruck war kräftig und trocken. Sie musste sich während ihrer Zeit auf der Insel, in der sie mit Männern und Vögeln arbeitete, diesen Händedruck angewöhnt haben. Er war eine sachliche Angelegenheit, und ich musste unwillkürlich daran denken, wie sie mit derselben Hand Vögel beringte, Trottellummen und Tordalken, die in den Kalksteinfelsen ihre Brutplätze hatten, Tausende von Vögeln, wie sie den Vögeln ins Gefieder griff, wie sie die Krallen berührte und die Krallen sich um ihre Finger schlossen.

Auf den deutschen Informationsblättern war von Biomüll die Rede, der für die Ostsee ungiftig war, den das sauerstoffarme Gewässer aber nicht abbauen konnte. Es hieß, dass sich bereits ein Ring aus Schwefelwasserstoff hufeisenförmig um Gotland zog, der das Leben der Vögel erschwerte. In den englischen Blättern las ich, dass der Karlsöklub 1880 gegründet worden war und der Gründer, ein Herr Wöhler, in seinem Übereifer, der Natur etwas Gutes zu tun, artfremde Pflanzen wie die Weichselkirsche und den Abendländischen Lebensbaum hier angesiedelt hatte. Ich fing an, mich zu langweilen. Willi Wöhler war mir ziemlich schnuppe. Ich war sicher, die Vogelforscherin würde den anderen auf Schwedisch die wirklich interessanten Dinge erzählen. Und ich würde nie erfahren, was die Zeltplatzdame in Ljugarn gemeint hatte, als sie sagte, diese Insel sei symptomatisch fürs Alleinsein.

Ich ging nach draußen. Ich lief ein Stück den Hügel hoch, um die anderen zu suchen, und beim Gehen traf mich der Duft sonnengesättigter Steine, der Geruch nach Wermut und Thymian und Blumen, und manchmal liefen Schafe aufgescheucht aus den Büschen. Je näher ich den Vogelfelsen kam, desto schärfer roch die Luft.

Ich fand die anderen vor einer der Katen. Die Vogelforscherin hatte ein paar Exponate aufgereiht, Nachbildungen der Vogelarten, die auf Stora Karlsö brüten. Die Finninnen und die Familie sahen ihr zu, wie sie mit dem Finger die Krümmung eines Schnabels nachfuhr oder die Form eines Kopfes beschrieb, an einem Exponat klappte sie die Flügel auf. Es handelte sich um ein Exemplar der Trottellumme. Die Flügel waren auffällig klein.

»Es ist erstaunlich, dass diese Vögel überhaupt fliegen. Seht euch nur die geringe Spannweite der Flügel an«, sagte sie. Als sie mich gesehen hatte, war sie doch ins Englische gewechselt. »Die Spannweite ist nichts im Vergleich zu ihrem Körper! Sie fliegen trotzdem. Auch wenn ihnen das Starten enorme Schwierigkeiten bereitet. Sie brauchen eine lange Strecke über offenem Meer, um vom Wasser abzuheben. Und wenn sie oben von den Felsen starten«, sagte sie und klappte theatralisch die Flügel auf und zu, »dann stürzen sie sich in die Tiefe und lassen sich vom Wind einfangen. Und nur die Jungvögel, die das noch nicht können, schlagen bei ihrem ersten Sturz unten auf den Felsen auf. Aber die Natur hat vorgesorgt.

Die Jungen kommen nicht zu Schaden, weil ihre Knochen extrem weich sind. Nur vor den Möwen kann die Natur sie nicht schützen. Die Möwen kreisen den ganzen Tag über den Brutplätzen und halten Ausschau nach Beute. Deshalb warten die Eltern, bis es Nacht ist, bevor sie die Jungen aus den Nestern stoßen.«

Als das Boot am Nachmittag ablegte, sah ich durch die von Salzwasser verschmierten Fenster und dachte, dass wir viel zu früh abfuhren, dass fünf Stunden für diese Insel vor der Insel zu knapp kalkuliert gewesen waren. Das Boot nahm Fahrt Richtung Klintehamn auf. Das zurückbleibende Ufer schwankte. Dort stand die Vogelforscherin. Sie winkte. Sie winkte, bis ihre Hand nicht mehr von den Trottellummen, die hinter ihr die Felsen ansteuerten, zu unterscheiden war.

Ich dachte, dass es nicht die Jungvögel mit ihren biegsamen, weichen, mit ihren gut gepolsterten Körpern waren, die mich faszinierten. Es waren die ausgewachsenen Vögel. Es war das Bild dieser Vögel auf ihrem vertrauensvollen Sturz in die Tiefe; wie sie ihre plumpen Körper an die Felskante rückten und sich fallen ließen, was für die Vögel gewiss kein Wagnis war, sondern genetisches Programm. Aber für mich war es das. Mich faszinierte dieser Moment des Vornüberkippens, mir schien es die äußerste Form des Alleinseins; ein Loslassen in die bloße Ahnung des Möglichen hinein, ein waches Delirium, das sie dreißig Fallmeter nach unten riss, bis genug Wind unter den Flügeln war, der ihren Fall schließlich aufhielt und sie anhob und trug.

Pflanze, Tier, Mythos

Der Elch ist für Schweden das, was die Taube für den Frieden ist und das Känguru für Australien.

Ein Elch ist die Trophäe, die man aus Schweden mit nach Hause bringt. Ein Elch, in welcher Form auch immer, ist der beste Beweis dafür, dass man Schweden nicht nur gesehen, sondern dort auch richtig etwas erlebt hat. Wer sich den Scherenschnitt eines Elches aufs Autoheck klebt, demonstriert Zugehörigkeit. Man gehört zu denen, die nicht in den milden, öden Süden, sondern in den rauen, wilden Norden fahren, man gehört zu den Aktiven, zu jenen, die ein paar Mückenstiche und Regenwolken nicht aus dem Gleichgewicht bringen, die radeln und wandern und abends am Feuer lieber Rum und Aquavit als Rotwein trinken, zu jenen, die bei hartem Wetter erst glühend glücklich sind. Kurz: Mit einem Elchaufkleber am Auto fühlt man sich verwegen und überhaupt nicht deutsch.

Leider handelt es sich hier um einen jener tragischen Fälle, in denen Selbstwahrnehmung und Fremdwahrnehmung ganz und gar nicht zusammenfallen: Für die Schweden ist nämlich sonnenklar, dass das Auto mit dem Elch am Heck, das da gerade vor dem ICA-Supermarkt parkt, nur Deutschen gehören kann. Nur für Deutsche (und manchmal für Holländer) ist ein Elch Grund zur Aufregung, nur für sie ist er ein Symbol der weiten Natur und der Inbegriff nördlicher Romantik, extra für Deutsche tragen die Tiere die gesättigten Sommernächte auf ihren Widerristen und den klirrenden Winter im Geweih. Für Schweden ist ein Elch ein Elch. Ein Elch ist ungefährlich, schält mit seiner weichen Schnauze, der Muffel, Rinde vom Baum und ist beinahe nie aggressiv (die Ausnahme betrifft das Nachbarland Norwegen; es war ein berühmter *norwegischer* Skifahrer, der von einem Elch aus der Loipe gekickt wurde, wie in der »Gebrauchsanweisung für Norwegen« nachzulesen ist, vergleichbare schwedische Fälle sind mir nicht bekannt). Ein Elch ist mit seinen zwei Metern Höhe zwar recht groß, im Grunde jedoch einfach eine Hirschart, bei der das Alter nicht am Geweih, sondern an den Backenzähnen abzulesen ist, allerdings nur, wenn man einen davon herausbricht. Der Backenzahn trägt Jahresringe wie ein Baum.

Auch wenn man in Schweden nicht ganz versteht, warum Deutsche so scharf auf diese Tiere sind, bietet man gern Elchsafaris an. Reiseunternehmen und Vermarktungsstrategen haben mit dem Elch ihr Glück gemacht.

Man kann die Tiere überall kaufen. Es gibt sie auf Untersetzern und Taschen, auf Saftgläsern und Bierdeckeln, sie gleiten in gläsernen Kugelschreibern auf und ab. Man kann Elchlosung im Glas kaufen oder sich die Köttel an einer Schnur um den Hals hängen. An Ständen neben der Straße lassen sich Elchsalami oder Dosengulasch aus Elchfleisch probieren. Berühmt sind die Verkehrsschilder, die mit galoppierenden schwarzen Schattenelchen auf gelbem Grund vor Wildwechsel warnen (die mittlerweile noch hippere Version sind Kühlschrankmagneten mit zwei kopulierenden Elchen am Straßenrand). Die Verkehrsschilder hat Kåge Gustafson erfunden, ein Zeichner, der beim Schwedischen Straßenverkehrsamt angestellt war und in seiner Laufbahn mehr als 200 Straßenschilder entwarf. Mit dem Elch-Warnschild ist ihm allerdings eines der meistgeklauten Kunstwerke Schwedens gelungen. Die Schilder werden von den Mitarbeitern des Straßenverkehrsamtes mittlerweile ringsum angebohrt, in der Hoffnung, durch die Löcher den Massenklau einzuschränken.

Ich habe noch nie einen Elch in freier Wildbahn gesehen. Ich war mehrere Male ganz nah dran. Aber als ich zu nah dran war, entpuppte sich das Geweih im Dämmerlicht als Wurzelwerk eines umgestürzten Baums oder als vergessener Schal anderer Elch-Suchender.

Keinen Elch zu sehen ist eigentlich unmöglich. Schweden ist der skandinavische Rekordhalter in der Elchpopulation. Hier leben etwa 400 000 Tiere. Da alle Vegetarier sind und Gräser, Knospen, junge Triebe, Blätter und Beeren bevorzugen, richten sie mit ihren Mahlzeiten enorme Forstschäden an. Und wenn ein Elch nach der Mahlzeit die Straße überquert, dann stößt er dabei laut Statistik 5000-mal pro Jahr mit einem Auto zusammen. Der Wald, aus dem sie auftauchen, scheint so düster zu sein, dass die Tiere geblendet mitten auf der Fahrbahn stehen bleiben, um sich zu orientieren. Sollte sich eines der Tiere auch noch für die Marke des heranrollenden Wagens interessieren, ist Vorsicht geboten. Elche sind ziemlich blind, es könnte sein, dass sie warten, bis man ganz dicht aufgefahren ist. Begegnet man ihnen zu Fuß im Wald, und kommt der Wind aus der falschen Richtung, sodass die Elche keine Witterung aufnehmen können, wird man schnell mal übersehen. Und dann möglicherweise von den bis zu drei Meter langen Kolossen aus Versehen überrannt.

Nichts jedenfalls scheint leichter zu sein, als in Schweden einem Elch zu begegnen. Voller Neid höre ich immer wieder Anekdoten, in denen in freier Wildbahn erspähte Elche vorkommen. Schon eine einwöchige Urlaubsreise scheint oft auszureichen. Geradezu genießerisch erzählt man mir, wie ein Elch seelenruhig am Seeufer im Unterholz stand, wie eine

Elchkuh sich zu den Himbeerpflückern gesellte oder wenigstens aus der Ferne beim Pflücken zuschaute. Dass einer am Feldrand oder auf der Fahrbahn stand, scheint schon gar nicht mehr der Rede wert, und wer besonders fies sein will, prahlt damit, dass ein Elchbulle so lange reglos posierte, bis die wegen der Dämmerung lange Belichtungszeit auch wirklich abgelaufen und das Bild im Kasten war. Eine Anekdote handelt von einer älteren Schwedin, die am Waldrand wohnte und regelmäßig den halben Wald und die anliegenden Dörfer aus dem Nachtschlaf riss, weil sie auf Kochtöpfe schlug in der Überzeugung, das sei die beste Methode, einen offenbar anhänglichen Elch aus ihren Blumenbeeten zu vertreiben. Was gäbe ich darum, einmal nachts in ihrem Blumenbeet zu schlafen!

Fehlt nur noch, dass einer zum offenen Fenster des Ferienhäuschens hereingeschaut, guten Morgen gesagt und die Zeitung auf den Frühstückstisch gelegt hat!

Ich habe auch beim zehnten Besuch in Schweden keinen Elch gesehen. Nicht im Garten vor meinem Haus. Nicht auf einer nachtlangen Wanderung durch abgeholzte Waldgebiete, in denen sie angeblich bevorzugt nach jungen nachwachsenden Trieben suchen, und auch nicht beim Joggen im neblig durchsonnten Morgendämmer früh um fünf, wozu ich mich hatte überreden lassen, weil sie um diese Zeit angeblich massenweise am Wiesenhain stehen. Nicht einmal in der Elchfarm in Schonen, einem riesigen abgezäunten Waldgebiet, sah ich einen Elch. Dort sind mehrere Meter breite Streifen abgeholzt, sodass die Touristen hinter dem Zaun und die Tiere, die auf diese Lichtungen kommen, sich gegenseitig gut beobachten können. Bei mir kam keiner. Trotz stundenlangen Wartens schienen sich die Elche weder für mich zu interessieren noch für die extra für sie arrangierten jungen Knospen an den Bäumen.

Nach all dem, nach all den Geschichten, den Anekdoten, den Aufschneidereien, nach dem ganzen langen Warten auf meinen eigenen, persönlichen, lebenden Elch bin ich jetzt der Überzeugung, dass so ein Elch, wenn er echt ist und noch nicht versaut vom menschlichen Glotzen, sein Heil im Verschwinden sucht. Nur das Verschwinden hat ihn bis heute vor dem Erstarren im Klischee bewahrt. Der echte Elch passt in kein Bild, auf kein Autoheck, in keinen Schattenriss. Der Spruch »Erzähl mir nichts vom Elch« enthält einen wahren Kern: Der einzige Ausweg für eine Tierart, die so oft abgebildet worden ist, die so viel Symbolik und Nationalstolz und Marketingstrategien in sich vereint, dass sie dem unmöglich standhalten kann, besteht darin, sich verborgen zu halten.

Sich und die wahren Geheimnisse, die diese alte Spezies umgibt.

Älgar, wie sie in Schwedisch heißen, bringen häufig Zwillinge zur Welt und säugen die Tiere im Sitzen. Sie gehören zu den seltenen Tierarten, die wie beispielsweise die Elefanten an einen besonderen Ort zum Sterben gehen. In der Nähe von Årjäng mitten im Wald stieß ich plötzlich auf Gebein, auf Schädel, auf Geweihstücke und Knochen, ich betrat einen Elchfriedhof, wie sie in ganz Schweden verbreitet sind. Die Tiere spüren, wenn ihre Zeit gekommen ist, und ziehen sich hierher zum Sterben zurück.

Die älteste bekannte Speckstein-Skulptur Skandinaviens aus der Steinzeit stellt nicht zufällig einen Elchkopf dar. Elche waren wegen ihrer Kraft und Größe beliebte Totemtiere. In den Felszeichnungen in Näsåker am Ångermanälven in Nordschweden sind Menschen zu sehen, die mit Elchköpfen versehene Stäbe tragen. Aus dem 10. und 11. Jahrhundert gibt es Abbildungen von Elchen mit Geweihen wie Korkenzieher; kunstvolle Gebilde, die sich wenig an die realistische Vorlage halten. Die surrealen Geweihe scheinen Ausdruck der Verehrung zu sein. Erst im Hochmittelalter wurde so ausgiebig Jagd auf die Tiere gemacht, dass sie zeitweise vom Aussterben bedroht waren. Noch Selma Lagerlöf wähnte den Elch in den nördlichen Regionen Schwedens im Exil. In der »Wunderbaren Reise des Nils Holgersson mit den Wildgänsen« beschrieb sie das Tier als den König der Wälder, der sich nur selten als wandernder Schatten im Dämmerlicht zeige. Bevor man ihm nah kam, war er verschwunden.

Diese Zeiten sind vorbei. Elche werden nicht nur vermarktet, sondern gelten längst als Landplage. Da sie außer den Bären keine natürlichen Feinde haben und es so gut wie keine Bären mehr gibt, dürfen etwa 100 000 von ihnen jedes Jahr zur Jagdzeit im September und Oktober erlegt werden. Die schwedische Regierung legt mittlerweile Abschussraten fest, die von den Jägern erfüllt werden müssen. Auf einer Fläche von tausend Hektar beispielsweise sollten jährlich drei Elchkühe, drei ausgewachsene Bullen und so viele Kälber wie möglich erschossen werden. Kein Wunder, dass die Elchjagd im Oktober nicht nur eines der wichtigsten Ereignisse im Jahr ist, an dem sich sogar der König beteiligt, sondern auch ein beliebter Initiationsritus; die Elchjagd soll aus Jungen Männer machen. Von den Männern, die um sich schießende kleine Jungs werden, ist seltener die Rede.

Hätten sich die Elche auf ihre natürliche Abneigung gegen Wölfe besonnen, läge ihre Überlebensrate heute vielleicht höher. Elche ertragen Wölfe nicht. Besonders den Geruch von Wolfsurin können sie nicht ausstehen. Um die Tiere aus Schonungen und von Straßen fernzuhalten, ist man auf die freundliche Lösung gekommen, Bäume und Asphalt mit Wolfsuringeruch zu besprengen. Es gibt in Schweden allerdings kaum noch Wölfe, die solche Massen hätten pinkeln können. Angeblich sollen schwedische Wissenschaftler daraufhin einen synthetischen Urin entwickelt haben, der aus Gefäßen an Bäumen am Straßenrand tropfen und dafür sorgen sollte, dass Elche diese Gegend mieden. Aber die Elche scherten sich nicht darum. Vielleicht rochen sie den Unterschied. Oder sie wussten, dass die Wölfe beinahe ausgerottet sind. Vielleicht fanden sie es auch seltsam, dass Wölfe plötzlich von Bäumen pinkeln. In jedem Fall erwies sich Intelligenz hier mal wieder als lebensgefährlich; heute können die Tiere nur noch versuchen, den Schrotkugeln auszuweichen. Und auf der Flucht haben sie die Wahl, vor die Flinte oder unter die Räder zu kommen.

So sehr die Schweden ihre Natur auch schätzen, zartbesaitete Vegetarier sind sie nicht. Elchfleisch ist äußerst beliebt, als marinierter Elchbraten, *Älgstek*, oder als Elchfilet mit Pflaumensoße. Spätestens in der Jagdsaison wird klar, wozu die riesige Kühltruhe da ist, die im Keller oder im Schuppen eines jeden Hauses steht; 500 Kilo toten Elch muss man erst einmal irgendwo unterbringen. Viele hoffen auch, dass das Fleisch in Zeiten von BSE und Massentierhaltung zum Exportschlager wird. Frisch und tiefgefroren, als Schinken, Salami und in Dosen wird Elch auch außerhalb Schwedens angeboten. Wer allerdings erwartet, Elch schmecke wie Wild, liegt falsch. Obwohl die Braten und Filets wie Wild zubereitet werden, mit dem typischen Klecks Preiselbeerkompott, schmecken sie eher wie junges, zartes Rindfleisch. Beim Zelten werden die Steaks auch gern auf die praktischen Einweggrills gelegt, die es für drei Euro im Supermarkt zu kaufen gibt; eine Aluschale mit Holzkohle und feinmaschigem Gitterrost auf einem filigranen Gestell, zum Entzünden der Kohle ist ein mit Brennstoff getränktes Papier beigelegt.

Ich werde keinen Elch essen. Ich würde nur mal gern einen sehen. Bis dahin ziehe ich es allerdings vor zu glauben, Elche lebten im Verborgenen und die Erzählungen der anderen wären pures Jägergarn. Auch das, was sich Julius Cäsar ein paar Jahre vor unserer Zeitrechnung zum Elch zusammengesponnen hat, ist nicht ganz ernst zu nehmen. Elche, behauptete er, hätten keine Kniegelenke. Seinen Erfahrungen nach, die der schlaue Cäsar wahrscheinlich auf wackligen Beinen im Weinrausch gemacht hatte, lehnten sich Elche zum Schlafen an Bäume. Das, so glaubte er, vereinfachte die Jagd. Man müsste die in Frage kommenden Bäume nur ansägen. Sobald sich ein Elch anlehnte, fielen Baum und Elch um. Und weil die Tiere keine Kniegelenke hätten, folgerte Cäsar, kämen sie nicht mehr auf die Beine. Die Jäger bräuchten die »Riesenziegen« dann nur noch einzusammeln...

Post Scriptum:
Ähnlich wirre Geschichten ranken sich um Lucia. Die blonde Fee mit dem Lichterkranz im Haar läutet jedes Jahr in den Morgenstunden des 13. Dezember die Weihnachtszeit ein. Mit ihrem jungfräulichen und jungknäblichen Gefolge läuft sie im weißen Hemdchen durch Tiefschnee von Haus zu Haus und weckt mit hohem Stimmchen singend die Leute, um sie mit Kaffee und Keksen zu verwöhnen. (Das tut sie übrigens in Gestalt eines Kinderchores aus Stockholm auch in den Nordischen Botschaften in Berlin.)

Nur Leichtgläubige glauben, das hätte etwas mit der italienischen *Santa* Lucia zu tun, die ihren verfolgten Glaubensbrüdern einst Lebensmittel ins Versteck in den Katakomben brachte und sich, da sie beide Hände voll hatte, die brennenden Kerzen kurzerhand auf den Kopf setzte. Diese süßliche Geschichte hat man sich im 18. Jahrhundert ausgedacht, um das Heidentum endgültig auszulöschen. Vor der Heiligsprechung waren die Legenden um Lucia weitaus aufregender. Da war sie noch nicht die gütige Heilige mit rosaroten Bäckchen, sondern eine äußerst eigenwillige, leicht verrückte junge Lady, der ein Prinz, so die Legende, wie sie von Peter Berlin kolportiert wird, ein Kompliment zu ihren wunderschönen Augen machte. Um ihm nun richtig zu gefallen, riss sich Lucia die Augen freudig aus und servierte sie ihm auf einem Silbertablett. Der arme Prinz war leise erschrocken, aber Lucia wusste sich zu helfen und ließ sich einfach neue Augen wachsen. So viel Körperbeherrschung und Schnelligkeit im Denken jagte den alten Kirchenoberen eine solche Angst ein, dass sie sie als Hexe beschimpften und auf den Scheiterhaufen brachten. Aber die Flammen ordneten sich dem Willen der Kirche nicht unter und verschonten sie, woraufhin Lucia schnurstracks und erfolgreich gezweiteilt wurde; deshalb trägt sie heute noch ein rotes Band um die Hüfte.

Ein Detail an dieser Geschichte scheint mir doch recht unglaubwürdig: Ich habe noch nie gehört, dass sich jemand vor Freude die Augen oder andere Körperteile ausgerissen hätte. Ich schlage deshalb eine kleine Änderung vor: Lucia reißt sich die Augen vor Gram heraus. Der Grund, den ich für diesen Gram anzubieten habe, entspringt, wie unser Weltverständnis meistens, meinem ureigenen Erfahrungsschatz: Lucia riss sich voller Gram die Augen aus, weil sie, obwohl sie nun schon bald erwachsen war, noch immer keinen Elch gesehen hatte ... Vergesst den Prinzen!

Wald, Witze, Wetter

Nachts im Wald hört man Schreie.

Wenn das Kanu im Dunkeln die Stille der Wasseroberfläche bricht und in die Mitte des Sees hinausgleitet, wo Land und Wasser ununterscheidbar werden, wo der Himmel am Bootsrand beginnt und die dünne Silberspur des Mondes das einzige Licht ist, das den Weg zurück zum Ufer weist, hier an den Rändern des Nichts hört man die Elche schreien.

Es beginnt langsam. Ein, zwei Tiere fangen irgendwo an, die Schreie kommen näher, andere fallen ein, das Rufen springt von Ufer zu Ufer. Es sendet nervöse Wellen aus, ein Echo steht hoch über dem Boot. Es klingt, als umringten die Tiere dicht gedrängt den ganzen See. Ihr Rufen schwillt an, es ist ein langes Klagen, ein weicher, zermürbender Ton. Ein Ton, der der Einsamkeit hier draußen entspricht, dem eigenen ungesicherten Körper auf dem Wasser, das wie flüssiges Metall aussieht. Der Ton ist tröstlich und schwer und menschenfern und hallt im Schlafsack lange nach.

Morgens beim Aufstehen, wenn die Zelthaut feucht ist und das Gras bleich von der Nacht, scheint das Rufen der Elche nur die Erinnerung an einen Traum zu sein, die langsam zerfällt. Die Asche in der Feuerstelle ist zusammengesackt, ein Emaillebecher, der gestern in der Dunkelheit verloren gegangen war, liegt umgekippt daneben. Die Zweige der Bäume glitzern. Am Ufer ist das unverkennbare Glucksen zu hören, mit dem ein schlecht vertäutes Kanu an ins Wasser ragende Steine schlägt. Von den Elchen fehlt jede Spur.

Statt ihrer rappeln sich in den Wäldern Kanuten mit schmerzenden Rücken von den Isomatten hoch. Trotz sorgsamster Vorkehrungen beim Zeltaufbau haben sie doch wieder auf einer Wurzel oder auf Kienäpfeln gelegen oder das Zelt so unglücklich am Hang platziert, dass sie beim Schlafen mit dem Kopf bergab lagen. Mit dem Blut stauen sich die seltsamsten Träume im Schädel. Träume, die so aufgeheizt sind vom nördlichen Licht, dass sogar Funktionshosen, karierte Hemden und nach Rauch riechender Fleece aufreizend wirken. Träume, in denen sich die Mitpaddlerin, von der den ganzen Tag nur der breite Rücken in der Spitze des Kanus zu sehen war, überraschend einem Kuss in den Blaubeeren hingibt. Albträume auch, in denen aus dem Lüftchen vom Vortag ein kräftiger Gegenwind wird, der das Kanu des Schläfers keinen Zentimeter vorankommen lässt.

Die Erwachten stapfen mit der Zahnbürste in Richtung See, über dem noch Morgennebel hängt. Höher am Himmel steht längst die Sonne. Dieses Schauspiel aus Wasserstaub und Licht sehen aber nur diejenigen unter den Wasserwanderern, die auf einem der wenigen Rastplätze übernachtet haben, die hoch oben auf einem Felsen liegen und meistens illegal sind.

Zu den Kanuten, die von Juni bis September die süd- und mittelschwedischen Seen befahren, gehören Vertreter der verschiedensten Berufsgruppen. Sie hängen den seltsamsten politischen Überzeugungen an und gehen den unterschiedlichsten Freizeitgepflogenheiten nach. Einmal auf dem Wasser gerät das alles jedoch in die Schwebe und löst sich bald auf. In der blendenden Stille, die nur vom gleichmäßigen Schlag der

Stechpaddel unterbrochen wird, gleichen sich auch die Gestalten in den Schwimmwesten einander an.

Egal, ob Lehrer, Bankerin, Postbeamtin oder Punk; wer ins Kanu steigt, wird zum Trapper, zum Indianer, zum mutigen Forschungsreisenden, je nachdem, in wessen Haut der jeweilige Kindheitstraum führt, der hier heraufbeschworen wird. Auffällig viele von ihnen kommen aus Ostdeutschland. Vielleicht ist für Ostdeutsche der Boden der Realität immer noch dünner, vielleicht ist man geübter darin, in Welten der Vorstellung, in Sehnsuchtsgebiete abzutreiben.

In Dalsland Nordmark, einem Seengebiet, das sich von der norwegischen Grenze bis zum Vänern erstreckt und die Provinzen Dalsland und Värmland einschließt, gibt es über 100 Lagerplätze für Kanuten. Im See Foxen mit seinen vielen Inseln ist die Dichte der Plätze am größten. Hier treffen die Seen Stora Le, Lelång, Töck, Övre und Nedre Blomsjön aufeinander. Der Stora Le ist mit 138 Metern einer der tiefsten schwedischen Seen und wie viele in Dalsland ein Zungenbeckensee, von steilen Hängen und Nadelwald umgeben. Er hat sich vor mehr als 10 000 Jahren gebildet, als Spalten und weichere Schichten im Gestein von eiszeitlichen Gletschern ausgehöhlt wurden. Am Grund soll es noch immer Tiere geben, die ihren Ursprung in der Eiszeit haben. Der Vierhörnige Seeskorpion etwa oder verschiedene Krebsarten sind Relikte einer Zeit, in der der See Teil eines den eiszeitlichen Gletschern vorgelagerten Meeres war.

Als ich hier paddelte, bin ich diesem Skorpion nicht begegnet, dafür aber unzähligen Ameisen. Die schwedisch-norwegische Grenze verläuft mitten durch den See, sodass ich mir das Land, in dem ich paddeln wollte, aussuchen konnte. Die Ameisen bevorzugten die norwegische Seite. Es war nicht ratsam, an Norwegens Ufern anzulanden. Die roten Killer bemächtigten sich sofort meiner Waden und erklommen von dort aus in Sekundenschnelle Bereiche, in denen ihre Bisse besonders fies waren. Dass die Ameisen Norwegen heimsuchen, kann zwar entsetzte Paddler wie mich, wird aber sicher keinen Schweden verwundern. Es bestätigt nur das Gefühl sanfter Überlegenheit, das die Schweden ihren skandinavischen Nachbarn gegenüber empfinden. Auch nachdem die Schweden 1909 in einem Akt der Großzügigkeit Norwegen freigegeben haben, das zuvor unter schwedischer Herrschaft stand, sind beide Länder noch aufs Engste durch eine Hassliebe verbunden, die sich immer mal wieder in Witzen Luft macht.

Die Norwegerwitze haben die Qualität von Ostfriesenwitzen. Das Besondere ist, dass die Rolle der Ostfriesen von Schweden aus gesehen die Norweger innehaben, von Norwegen aus gesehen jedoch die Schweden, wobei der Inhalt der Witze der gleiche bleibt. Das, so schreibt Peter Berlin in seinem »The Xenophobe's Guide To The Swedes«, würde aus Sicht der Schweden allerdings nur beweisen, wie ansteckend der schwedische Humor sei. Nehmen Sie beispielsweise den hier:

Ein Schwede fährt durch eine kleine norwegische Ortschaft. Plötzlich ist die Straße vor ihm verstopft von einer Beerdigungsprozession. Erstaunt, so viele Trauernde in diesem kleinen Ort zu sehen, kurbelt er das Fenster herunter und fragt einen Schaulustigen: »Wer ist denn gestorben?« Der Norweger antwortet: »Ich bin nicht sicher, aber ich denke, es ist der Typ im Sarg.«

Oder den: Ein Schwede und ein Norweger sitzen im Auto. Sagt der Schwede zum Norweger auf dem Beifahrersitz: »Geh doch mal raus und guck nach, ob das Blinklicht geht.« Also steigt der Norweger aus und stellt sich vors Auto. Der Schwede schaltet das Blinklicht ein und sagt: »Und?« Darauf der Norweger: »Geht. Geht nicht. Geht. Geht nicht. Geht. Geht nicht...«

Aber wer wollte auch in Norwegen paddeln, wo Motorjachten und Jetboote riesige Wellen aufwerfen und es nicht mehr nach Waldboden und Holz, sondern metallisch nach

Motoröl riecht? Auf schwedischer Seite geht es ruhiger zu. Nur selten knattert ein Kahn vorbei. Auch hier findet man entlang des Lelång oder am Foxen Wassergrundstücke, vor denen Boote vertäut liegen. Während es aber bei den Norwegern mitunter protzig aussieht und der ins Wasser ragende Steg nicht aus mürben Holzplanken, sondern aus Stahl besteht, handelt es sich bei den schwedischen Booten eher um kleine Segler, um Ruderboote oder Kanus. »Die Erde gehört uns nicht, wir haben sie nur von unseren Kindern geliehen«, lautet einer der Leitsprüche schwedischer Ökologen.

Teilweise begründet sich diese Liebe zur Natur aus Schwedens Geschichte als reiner Agrarstaat. Bis zur Mitte des 19. Jahrhunderts lebten die Menschen von dem, was der Boden hergab. Wer zwölf Stunden am Tag mit Holzegge und klapprigem Pferdefuhrwerk seinen Bauernhof bewirtschaftet, wird das Land zu schätzen wissen. Noch im 18. Jahrhundert wurden Bauernhöfe auf eine Weise betrieben, die sich kaum von der im Mittelalter unterschied. Die Dreifelderwirtschaft war üblich, die Äcker wurden mit altertümlichem Gerät bestellt. Mehrere Familien lebten auf einem Hof, dem ein Bauer vorstand, der abhängig war von einem Lehnsherrn. Seit dem Mittelalter lastete auf den Gehöften eine enorme Steuerlast, die König und Adel zu finanzieren hatte. Nach dem Ende der Großmachtzeit Schwedens mit dem Frieden von Nystad im Jahre 1721 traf die Periode des wirtschaftlichen Rückgangs wiederum die Bauern besonders hart. Anfang des 19. Jahrhunderts litt Schweden unter den Folgen der napoleonischen Kriege, der Kartoffelanbau half nur über die gröbsten Hungersnöte hinweg. Tagelöhner und Wanderarbeiter, die als Baumfäller oder Flößer hier und da arbeiteten, wurden oft nicht mit Geld, sondern mit billigem Schnaps entlohnt. Erst die Erzindustrie brachte die Wirtschaft ins Rollen. Heute kann das Erlebnis Armut in zu Museen umgestalteten Gehöften für ein paar Kronen erstanden werden; hier können sich die Besucher an den niedrigen Türrahmen authentisch die

Köpfe stoßen, den schimmeligen Geruch enger Holzkojen einatmen und etwas Ruß, der von den gusseisernen Töpfen an der Wand flockt, als Erinnerung an schlechte Zeiten mit nach Hause nehmen.

Noch immer gehören Land- und Forstwirtschaft zu den wichtigsten Wirtschaftszweigen. Schweden ist eines der waldreichsten Länder der Erde, etwa 50 Prozent der gesamten Staatsfläche sind mit Nadel- und Mischwäldern bedeckt. Der größte Anteil des Holzes wird in Zellulosefabriken verarbeitet, die die europäische Papierindustrie beliefern. Zwar sind nur noch Touristen und Manager auf Teamtraining mit selbst gebauten Flößen auf Flüssen wie dem Klaraälv unterwegs, aber für das Holz, das noch 1957 diesen Fluss hinuntergeflößt wurde, hätte man mehr als 20 000 Tieflader gebraucht. Auch der Göta-Kanal war ursprünglich als Wassertransportweg zwischen Göteborg und Stockholm gedacht. Bei Fertigstellung war er allerdings bereits veraltet. Heute befahren ihn nur noch wohlhabende Touristen in weißen Sommerhosen auf ebenso weißen Dampfern. In Süd- und Mittelschweden, wo weniger Wald ist, werden Kartoffeln, Getreide und Ölfrüchte angebaut. Je nördlicher man kommt, desto wichtiger wird die Viehwirtschaft, die immerhin die Hälfte der landwirtschaftlichen Produktion ausmacht.

Es mag den Anschein haben, dass sich in einem Land, das mittlerweile weltweit führend auf dem Markt hoch entwickelter Technologien ist, der bodennahe Pragmatismus von einst in ein vernunftbegründetes und ressourcenbewusstes Verhältnis zur Natur gewandelt hat. Der Anschein trügt nicht, enthält aber nur die halbe Wahrheit. Die andere Hälfte machen romantische Verklärung und liebevolle Bewunderung aus.

Schon die Nationalhymne ist eine Ode an die Natur. »Du altes, du freies Land«, heißt es darin, *Du gamla, Du fria*, und nach einer kurzen Anspielung auf Schwedens glorreiche Vergangenheit zwischen dem 17. und 18. Jahrhundert preist sie vor allem die Schönheit der Landschaft: »Ich grüße dich, lieblichstes Land der Erde, Deine Sonne, deine Himmel, deiner grünen Wiesen Lächeln.« Wie nüchtern klingt dagegen das deutsche Streben nach Einigkeit und Recht und Freiheit. Und während sich in Kontinentaleuropa die Großstädte langsam zu Orten entwickelt hatten, in deren Luft der Mensch frei und selbstbewusst atmen konnte, diente in Schweden gerade die Weite und Unberührtheit der Natur als Projektionsfläche des eigenen Freiheitsdrangs.

Natürlich spielt die Natur dort eine größere Rolle, wo Jahreszeiten und Wetter einen stärkeren Einfluss auf Gemütslagen und Bewegungsfreiheit der Menschen haben; dunkle Wintertage werden dunkler, je länger sie dauern. Umso heftiger bricht in den wenigen hellen Sommernächten das Leben auf. Trotz globaler Erwärmung sind die Temperaturunterschiede zwischen Winter und Sommer deutlich spürbar. Die Sonne ist immer flüchtig und unzuverlässig. Die Temperatur liegt aufgrund der Einflüsse des warmen Golfstroms um etwa acht Grad Celsius höher als in anderen Ländern desselben Breitengrads. Die Hauptrolle spielt das Tageslicht. Im Winter wird es selbst im einigermaßen südlich gelegenen Stockholm bereits um drei Uhr nachmittags dunkel; hell wird es erst wieder nach neun. Gegen die Winterdepression, die so verbreitet ist, dass man ihr den Fachbegriff *Seasonal Affective Disorder* verlieh, helfen außer selbst gebranntem Schnaps und Flugreisen in den Süden nur die Tageslichtlampen in ein paar versprengten Cafés in Göteborg oder Stockholm, um hin und wieder ein Lichtbad zu nehmen.

Das Wetter ist ein so existenzielles Thema, dass man sich darüber stundenlang unerschöpflich unterhalten kann, ohne dass jemand den Eindruck hat, es handle sich hier um Small Talk. Nur Briten und Norweger können da mithalten. Grundsätzlich gilt: »Es gibt kein schlechtes Wetter; du bist nur nicht passend gekleidet.«

Nicht zufällig hat ein Schwede die Temperaturmessung

erfunden. Anders Celsius definierte 1742 die nach ihm benannte Temperatureinteilung Grad Celsius, allerdings stand sie bei ihm noch auf dem Kopf: Er legte den Siedepunkt bei 0 Grad, den Gefrierpunkt bei 100 Grad fest. Erst sein Schüler Carl von Linné stellte diese Messung vom Kopf auf die Füße.

Zeigt sich die Sonne zum ersten Mal länger, bestätigt sich allerorten eines der unausrottbarsten Klischees, das über die Bewohner des Nordens kursiert: Sie werfen die Kleider vom Leib und halten diesen so lange in die Sonne, bis er rundum goldrot gefärbt ist. Bei knappen zwölf Grad werden in den Kleinstädten jugendliche Six-Pack-Bäuche, Nieren und Dekolletés, umrandet nur vom zartesten Tüllstöffchen, ins noch sehr dünnliche Licht gereckt. In Stockholm sind die Pontons und Uferpromenaden entlang der vielen Inseln dicht mit elegant hochsommerlich gekleideten Körpern bedeckt, obwohl die Weißweinschorle, die ein ebenfalls kurzärmeliger Kellner serviert, bald eine dünne Eisschicht ziert. Und auf der Fähre nach Göteborg sitzt man mit Bier und Alleinunterhaltermusik noch dann glücklich und nur mit Shorts, Hemdchen und Schlappen bekleidet an Deck, wenn vom offenen Meer schon eine derart scharfe Brise weht, dass sonnenverwöhntere Menschen längst ihre Windjacken hervorgeholt und die Kapuzen festgezurrt haben.

Wer das für Sonnenanbetung hält, liegt gar nicht so falsch. Für die eher unreligiösen oder postreligiösen oder jedenfalls nicht ernsthaft durch eine der Weltreligionen in ihrer Gemütsruhe gefährdeten Schweden scheint der einzige Anflug einer tiefen Spiritualität in ihrem Verhältnis zur Natur zu liegen. Die Natur ist der Ort, zu sich selbst zu kommen, der Ort, an dem man der Künstlichkeit und Schnelligkeit des alltäglichen Lebens entrinnt. Das naturnahe Dasein wird als eine Art seelischer Reinigung verstanden, ohne dass darüber viele Worte verloren werden. Darin ist man den norwegischen Nachbarn doch wieder sehr nahe, denen der Schriftsteller Per Petterson eine Sehnsucht »nach einer kleinen Waldhütte mit einem guten Feuer im Ofen, einer Handvoll Bücher und ein paar Tieren zur Gesellschaft« bescheinigt, als »norwegische Version des Zen-Buddhismus«. Die Schweden haben allerdings den Vorteil, dass ihre Landschaft nicht ganz so karstig ist und mehr Platz bietet fürs Alleinsein, weshalb die Ferienhütten weitaus billiger sind als im Nachbarland.

Jeder fünfte Schwede hat eine eigene *sommarstuga*, die möglichst abgelegen, fern von Nachbarn, Ortschaften und Straßen sein muss. Diese *stugor* sind äußerst spartanisch eingerichtet, fließend Wasser oder Strom sollte es auf keinen Fall geben, »sonst«, so hört man, »wäre es ja kein Urlaub mehr.« Urlaub bedeutet für viele der ohnehin umzugsfreudigen Schweden, für die Dauer ihres gesamten gesetzlich festgeschriebenen Jahresurlaubs von fünf Wochen aus der Stadtwohnung aus- und ins Sommerhaus einzuziehen. Und da die meisten den Urlaub im Juli nehmen, dem Monat mit der meisten Sonne, nennt man diese Zeit auch *industrisemester*. Die Industrie liegt lahm, Büros bleiben geschlossen.

Der Sommerurlaub ist so heilig, dass er sich für einen Aprilscherz in den Medien eignet. Die Zeitung *Dagens Nyheter* meldete am 1. April 2007, man müsse seinen Sommerurlaub noch heute anmelden, weil die EU Urlaub im Juli und August einschränken wolle. Aus ökonomischen Gründen sei es nicht länger vertretbar, dass ein europäisches Land im Sommer dicht mache, in einem Monat, der aufgrund des wärmeren Klimas in Zukunft sowieso für den Jahresurlaub ungeeignet sei...

Im Grunde könnte man auch die Städte im Juli abschließen, wären da nicht die Touristen, die mit ihren Rädern auf der Suche nach Eisdielen sind und noch nicht wissen, dass der Reiz des Urlaubs gerade in der Einfachheit, im Verzicht auf urbanen Schnickschnack liegt. Erst die Rückkehr zum Ursprünglichen ist erholsam, denkt sich der Urlaub machende Schwede, dieses Einswerden mit der von Holz- und Erdgerüchen aufgeladenen Luft. Mit diesem flachgestreckten Himmel. Mit diesen harschen abrupten Schatten, in die man taucht, wenn man einen der tannengesäumten Pfade nimmt. Mit Pilzen, Blaubeeren, Himbeeren, Moltebeeren, mit gegrilltem Lachs am Feuer. Man treibt selbstvergessen mit den Tagen dahin, und selbst bei miesestem Wetter schwimmt man tapfer im See. Ende August ist hier der Sommer vorbei. Bis dahin müssen die Körper von Hitze und Licht vollgesogen sein.

Auch im Winter zieht es viele in die verschneite Einsamkeit zum Skilanglauf über sonnenbeschienene Moore und durch endlose Wälder, wo die Kälte trocken ist und auf der Haut zwiebelt.

Eiswandern ist in Schweden ebenfalls beliebt. Auf Schlittschuhen und mit Rucksäcken bepackt ziehen vor allem im Februar ganze Gruppen über die zugefrorenen Seen. Wegen der vielen Huckel und Brüche im ungleichmäßig gefrorenen Eis haben die Schlittschuhe ungewöhnlich lange und stabile Kufen.

Ausländer glauben, dass die Schweden in ihren einsamen Hütten irgendwann unweigerlich doch die Langeweile überkommt. »Na ja«, antwortet der Mann, dem in einem Witz genau diese Frage gestellt wird, »im Sommer vermehren wir uns und fischen. Aber im Winter können wir nicht fischen.« Ausländer neigen ja auch zu dem irrigen Glauben, dass den Schweden jeder Sinn für Humor fehle. In Wirklichkeit verhält es sich so, dass Ausländer die Witze nur nicht mitbekommen. Sie werden mit todernster Miene und mit einem solchen Understatement vorgetragen, dass Nichteingeweihte die Stelle, an der sie lachen könnten, schlicht verpassen.

Schweden lieben das Absurde, was nicht nur die Norwegerwitze beweisen. Der Komiker, Schauspieler und Sänger Martin Ljung hat mit seinem trockenen Humor ganze Säle zum Toben gebracht; Monologe über *Ester* oder *Fingal Olsson* gehören zu den Klassikern schwedischer Komik. Ein Beispiel:

Zwei schwedische Herren essen in einem Restaurant zu Mittag. Einer von ihnen nickt in Richtung eines dritten Herrn, der allein am Nachbartisch sitzt.

»Ist das da drüben nicht Fingal Olsson?«
»Nein. Der ist tot.«
»Hm. – Aber ich habe doch gesehen, wie er sich gerade bewegt hat!«

Derselbe Humor begegnete mir auch auf einem Flug von Berlin nach Stockholm. Fast hätte ich das, was neben der Gangway auf der Außenhaut des Fliegers stand, übersehen. Dort gab die Fluggesellschaft *SAS* den sehr beruhigenden Hinweis: »The world is round. Your destination is unmissable.«

Ginge es nach den Bewohnern der Värmländischen und Dalsländer Seen, würden sie ihren Humor und auch ihre Natur lieber für sich behalten. Da der Tourismus aber nicht zu bremsen ist und die Kanuten häufig in einem Alter sind, in dem sie kurz davor stehen, Kinder zu kriegen, die sie bald zum Paddeln mitbringen werden, und so weiter, hat man einen vernünftigen Kompromiss gefunden. Man stellt den abenteuerhungrigen Stadtmenschen die Natur zur Verfügung, erzieht sie jedoch gleichzeitig zur Achtung vor ihr.

Campingplatzkomfort wird man auf den Kanurastplätzen vergeblich suchen. Die Zelte der Vorgänger haben zwar platte Stellen und manchmal einen Zelthering oder ein Taschenmesser auf dem Waldboden hinterlassen. Ansonsten sind die Rastplätze vom Wald kaum zu unterscheiden. Man bemerkt sie erst, wenn man direkt vor ihnen anlandet. Da sie nur in der Wasserwanderkarte gekennzeichnet sind, erfordert es Orientierungssinn, die richtige Bucht auf der richtigen Höhe des Sees anzusteuern, es sei denn, der vormals malerische Platz ist bereits von einer lärmenden Horde belegt. In diesem Fall kann man sich die Mühe sparen. Da stellt sich nur noch die Frage, ob man sich das Feuer mit zwanzig halbwüchsigen, tarzanesken Jungs teilen will oder doch lieber noch eine Stunde weiter paddelt, dafür aber dann einen der kleineren Plätze für sich allein hat. Feste Feuerstellen sind überall eingerichtet worden; mit Felssteinen gesicherte und mit Beton ausgegossene Urnen, viele haben mittlerweile sogar einen drehbaren Rost für die Kochtöpfe.

Für Pärchen findet sich auch abseits der Plätze immer ein Unterschlupf. Romantik gibt es frei Haus. Das Land entlang der Seen ist häufig in Privatbesitz. Dennoch nimmt man die Eigentümer weder wahr, noch muss man sie um Erlaubnis fragen. Das *Allemansrätt*, das »Jedermannsrecht«, erlaubt es, überall für eine Nacht das Zelt aufzuschlagen. Diesem uralten Recht, das es einzig in Schweden gibt, liegt das Prinzip zugrunde, dass jeder Mensch die Möglichkeit haben muss, für sein Überleben selbst zu sorgen. Wer also Blaubeeren sammelt oder Blumen pflückt, braucht nicht zu befürchten, dass der Eigentümer den Hund von der Leine lässt. Man kann sich dabei höchstens verlaufen. Wanderwege und gekennzeichnete Pfade sind nur etwas für Länder wie Deutschland, in denen der private Raum nicht öffentlich zugänglich ist und also abgegrenzt werden muss. Jeder Kiesel gehört da gekennzeichnet, die kleinste Abzweigung trägt einen Namen, noch der letzte Trampelpfad ist markiert. Während deutsche Landschaften oft einen gekämmten, zu Tode gestriegelten Eindruck machen, lässt sich in Schweden nicht immer sagen, ob man gerade durch einen privaten Garten läuft oder ob die Wildnis nur so aussieht wie ein Garten. Tierspuren oder aufgewühlte Fahrrinnen von Forstfahrzeugen erleichtern das Vorankommen; hilfreich, um sich zurechtzufinden, sind sie nicht. Am sichersten ist es, auf einer Wanderung den hellen Schotterpisten zu folgen. Diese Pisten ziehen sich oft kilometerlang durch den Wald und verbinden kleine Ortschaften oder Gehöfte miteinander. Nicht selten stand ich allerdings auf einem Gehöft, an dem die Piste plötzlich zu Ende war. Aber immer gab es einen rasenmähenden Mann, der unter Androhung, seine Rasenmäh-Leidenschaft seiner Frau zu enthüllen, gern bereit war, eine Auskunft zur Marschroute zu geben...

Für die offiziellen Kanurastplätze im Seengebiet Nordmark

hat das staatliche Amt für Umweltschutz ein ausgeklügeltes System entworfen. Man gibt den Touristen das Gefühl, allein in weiter Natur zu sein, und lässt sie trotzdem nicht aus den Augen. Speziell ausgebildete Naturwächter vom »DANO Ranger Service« sind den ganzen Sommer in Autos und Booten unterwegs, um die Lagerplätze für Kanuten zu warten. Die Ranger schaffen Holzstämme heran, damit die Abenteuerwilligen nicht den Wald abholzen. Sie bauen neue Schutzhütten und kontrollieren den Zustand der umweltverträglichen Trockentoiletten, die abseits und diskret im Wald versteckt eingerichtet worden sind. Möglich, dass sie manchmal dem dilettantisch erbauten Steinbackofen, in dem eine Gruppe Kanuten versucht hatte, Pizza zu backen, einen Tritt geben.

Angeblich sollen die Ranger auch die Naturpflegekarten kontrollieren, die jeder Kanute kaufen muss, damit die Wartung der Plätze finanziert werden kann. Ich wurde nie kontrolliert. Mir ist noch nicht einmal ein Ranger begegnet. Ich hatte eher den Eindruck, das System wäre mittlerweile so perfektioniert, dass man vom Wasserwandern in Schweden zurückkommen kann, ohne einen einzigen Schweden getroffen zu haben. Ich habe nur von einer einzigen Kollision mit Einheimischen gehört. Eine Gruppe Kanutinnen hatte an einer Stelle, an der Feuermachen verboten war, ein kleines Indianerfeuer gezündet, von dem beinahe kein Rauch aufstieg, und schon kam ein stämmiger Schwede in Gummistiefeln aus dem Wald und zertrat das dünne Flämmchen im Sand. Bis heute ist es den Damen ein Rätsel, wo der Schwede so schnell hergekommen sein konnte. Weit und breit gab es nur Felsen, Wasser und Wald. Vermutet wird, dass ein Nachbar von der anderen Seite des Sees das Flackern mit einem Feldstecher gesehen und den Besitzer des diesseitigen Waldes sofort über Handy alarmiert hatte. Der wiederum musste gerade auf einem abendlichen Kontrollgang gewesen sein, um anhand der neu in seinem Privatbesitz errichteten Ameisenhügel zu überprüfen, wie hoch die Einwanderungsquote norwegischer Ameisen lag.

Damit die Möchtegernindianer die Landschaft nicht versauen, gibt es außer dem Feuerverbot auf inoffiziellen Plätzen noch weitere Regeln. Haare, Körper und Geschirr werden mit biologisch abbaubarer Seife gewaschen, die zwar nicht schäumt, die aber dafür sorgt, dass man das frische Wasser aus dem See auch weiterhin unbedenklich trinken kann. Wer sich die Zähne putzt, spuckt die scharfe Paste nicht als fetten Klecks ins Gras, sondern spült den Mund mit Wasser und speit das Gemisch dann in einem weiten Bogen aus. Sonst würde in halb Schweden schon kein Grashalm mehr wachsen. Kippen dürfen ins Feuer, der Biomüll in ein extra angelegtes Essensloch, der Rest wird in großen Plastiktüten wieder mit zurückgenommen.

Gruppendynamisch besonders interessant wird es auf Plätzen, auf denen es keine Toilettenhäuschen gibt. Wo keine Toiletten sind, müssen Klolöcher gebuddelt werden, in jeder Kanuausrüstung findet sich zu diesem Zweck ein Zeltspaten. Natürlich darf jede Gruppe nur ein gemeinsames Kloloch buddeln, damit die nachfolgenden Camper nicht das Gefühl haben, auf einem frisch gedüngten Rieselfeld gelandet zu sein. In der Gruppe bricht nun ein Schamgefühl aus, das nur dürftig kaschiert wird und sich sehr variantenreich äußert. (Bei Familien und Pärchen dürften die Probleme da entschieden geringer sein.) Raue Kerle und robuste Damen werden lautstark Zoten reißen und insgeheim beschließen, sich die Notdurft so lange wie möglich zu verkneifen. Romantiker werden sich spätestens jetzt dafür hassen, auf die Sonnenuntergänge in der Kanu-Broschüre hereingefallen zu sein (hätten sie doch bloß die Komforthütte im Allgäu gebucht!), die Schüchternen werden noch schüchterner und vergessen völlig, worum es geht, während sie sich auf ihre Sandalen konzentrieren.

Es kommt nun ganz auf das Geschick der Scouts an, das

Freiluftloch zur natürlichsten und gesündesten Sache der Welt zu erklären, um zu verhindern, dass die Gruppe in den nächsten zwei Wochen geschlossen an Verstopfung leidet. Erfahrene Scouts werden das Vorhaben von der praktischen Seite angehen. Sie werden einen Schnellkurs daraus machen. Beherzt greifen sie zum Spaten und schlagen sich, die schweigende Gruppe im Schlepptau, mehrere hundert Meter von der Lagerfeuerstelle entfernt in die Büsche. Um die Stille zu brechen, werden sie Tipps geben, und zwar sportlich, als ginge es darum, die Leistung zu optimieren. »Grabt immer tief genug, sonst ist es bald voll, und ihr müsst noch einmal anfangen«, werden sie sagen. Und: »Sucht euch eine Stelle, an der keine Felsen sind. Ihr macht euch sonst bloß das Spatenblatt kaputt.« Oder: »Grabt nicht vor einem Gestrüpp, das euch dann in den nackten Hintern piekt, und auf keinen Fall in den Blaubeeren.« Befindet sich der Lagerplatz an einem Hang, wird die grandiose Aussicht besprochen, die man sogar in der Hocke hat. Ein Hang ist gut geeignet, über der Fachsimpelei das Schamgefühl zu vergessen. An einem Hang muss mit der Schräglage gearbeitet werden, und wer geschickt ist, bringt es sogar zu einer Lehne. Ist das Loch angelegt, sorgt der in die Erde gerammte Spaten mit einer in eine Plastiktüte gehüllten, leuchtenden Klopapierrolle dafür, dass das Versteck auch wiedergefunden werden kann. An diesem Punkt der Unternehmung lässt sich nun beobachten, mit welcher Vehemenz sich die Zivilisation in die menschliche Psyche eingeschrieben hat. Einige Gruppenmitglieder fangen sofort an, technische Verbesserungen und Verfeinerungen des Komforts auszutüfteln. Sie stellen fest, dass eine Plane, die man von Kiefer zu Kiefer spannt, prima die Tür ersetzt und eine Fahne, aus einem T-Shirt gebastelt, in gehisstem Zustand das »Besetzt!«-Zeichen darstellt. Aber letztendlich künden diese zivilisatorischen Maßnahmen nur davon, dass der Scout das Schamgefühl aller erfolgreich überwunden hat.

Das ist schon deshalb eine große Leistung, weil sich die

Gruppenteilnehmer selten bereits vor der Kanutour kennen. Häufig finden sie erst an der Kanuverleihstation zueinander. Nur die Jugendlichen, die der Verleiher *Scandtrack* auf die Seen schickt, werden in Doppelstockbussen aus Berlin herangeschafft. Erwachsene Urlauber lehnen den Bus voller Verachtung ab. Sie halten noch an dem fest, was sie für erstrebenswert zu halten gelernt haben: Sie benutzen als Individualreisende das Auto. Diese städtische Extravaganz wird sich spätestens dann geben, wenn sie im Sturm im Kanu sitzen.

Scandtrack ist einer der unzähligen Bootsverleiher, die es in allen Seengebieten gibt. Die schwedischen Verleiher sind gewöhnlich gelassener, die deutschen sind besser organisiert. *Scandtrack* bietet eine gute Komplett-Ausrüstung (bei anderen Anbietern muss man für jede Schwimmweste, jeden Kochtopf extra zahlen). Auch die Verpflegung ist hier inklusive. Da dieser Verleiher auf Gruppenreisen spezialisiert ist, kann man sich darauf verlassen, eine Woche unterwegs zu sein, ohne zweimal dasselbe essen zu müssen. Salami, Büchsenbohnen, Kaffee, Kohl und haltbares Obst werden mit einem Speiseplan und der Kochanleitung in blaue Sechzig-Liter-Tonnen gepackt, jedes Kanu transportiert eine Tonne. Die Kochanleitung ist wichtig. Auch wenn es sich nur um Nudeln mit Tomatensoße handelt, haben doch die wenigsten dieses Gericht in ihrem Leben schon mal für zwölf Leute auf offenem Feuer gekocht. Der Haken an der Sache sind nicht das Abschmecken oder die richtige Menge der Nudeln. Der Haken an der Sache lässt sogar die Schlaumeier mit ihren Kommentaren (»Da rechnet man einfach die Portion für zwei auf zwölf hoch!«) verstummen. Der Haken an der Sache ist der fehlende Rost. Wie soll man die Kochtöpfe aufs Feuer stellen, wenn es keinen Rost gibt? Zwei dicke Stämme müssen her. Die Stämme werden auf die Steinumrandung quer über das Feuer gelegt. Das klingt einfach, macht das Kochen aber zu einem Wettlauf gegen die Zeit. Wenn die Stämme eher als die Nudeln durch sind und zu Asche zerfallen, stürzt der Topf voll Wasser ins Feuer, die Flammen verlöschen unter zwei Kilo halbgaren Nudeln. Anfänger neigen dazu, diese Gefahr zu unterschätzen. Auf meiner ersten Tour als Scout hatte ich nach einem prüfenden Blick auf die Hölzer mit großer Souveränität verkündet, dass die Stämme halten. Das geschah exakt fünfzehn Sekunden, bevor sich das Abendessen ins Feuer ergoss. Da sind die richtige Menge der Nudeln und das Abschmecken der Soße geradezu lächerliche Kleinigkeiten.

Die Frage, ob das Kochen Frauen- oder Männersache ist, tritt auch in freier Wildbahn nicht in den Hintergrund. Im Gegenteil. Ich habe auf solchen Touren die schreiendsten Ungerechtigkeiten gesehen. Da schleifen die einen, die im normalen Leben längst im Vaterschaftsurlaub und Wäschemachen geschult sind und die Phasen der Schwangerschaft gemeinsam mit ihrer Frau hautnah durchlaufen haben, gewaltige Stämme aus dem Wald und grölen wie die Wikinger bei der Entdeckung Neufundlands, während die anderen brav auf den Knien Crepes-Teig anrühren oder die Möhrchen schnipseln. Und nicht selten sieht man die Frauen an den See hinunter zum Abwaschen traben, während die Männer die verantwortungsvolle Aufgabe übernehmen, das Feuer zu hüten. Im Kanu ist es nicht besser. Auch hier sind steinzeitliche Muster angesagt.

Blauäugig oder vorsichtig, wie *sie* anfangs noch in Bezug auf Paddeltechnik und Sitzverteilung in den Booten ist, wird sie keinen Einspruch erheben, wenn ihr wassersportbewehrter Gatte während der zwei Wochen selbstverständlich hinten Platz nimmt. *Sie* muss nach vorn. *Sie* wird zwei Wochen lang monoton denselben Paddelschlag machen und von den erratischen Manövern abhängig sein, denen er sich hinten in völliger Selbstvergessenheit hingibt. *Er* dagegen hat jede ihrer Bewegungen im Blick. Er sieht, wenn sie schlapp macht, während sie noch nicht einmal feststellen kann, ob ihr Gatte hinter ihrem Rücken überhaupt paddelt oder nur deshalb abends am Feuer so munter ist, weil er den ganzen Tag bloß steuert. Hat eine der Frauen doch irgendwann das Bedürfnis, im Kanu mal hinten zu sitzen, und äußert dies auch, könnte es heißen: »Wieso? Das haben wir doch die ganze Zeit so gemacht...« Hat sie aus purer Zurückhaltung und weil sie ihn nicht kränken will, den Zeitpunkt zu fragen gänzlich verpasst, wird nach zwei Wochen aus ihr eine von jenen, die für den Rest ihres Lebens automatisch auf den Beifahrersitz klettern. Natürlich gibt es auch solche, die sich niemals freiwillig nach hinten setzen würden; vorn lässt sich besser träumen, vorn muss nicht ständig die Karte gelesen und die Richtung bestimmt werden. Aber denen beschert der pure Zufall ihr Glück.

Für das Glück der anderen sorgt in der Gruppe der Scout. Der Scout weiß, dass die beste Möglichkeit, ausgleichende Gerechtigkeit herzustellen, darin besteht, die Städter das Kentern zu lehren. Die sind zwar in der Lage, völlig angstfrei mit hundert Sachen über die Autobahn zu brettern, aber angesichts einer schmalen, wackligen Schale aus Aluminium, die kaum mehr als zehn Stundenkilometer bringen dürfte, befällt sie auf einem sturmgepeitschten See doch hin und wieder ein mulmiges Gefühl. Und hier greift die zweite Stufe bei der Herstellung einer echten Gemeinschaft: Wer sich in einem voll gelaufenen Kanu, das permanent zu kippen droht, verzweifelt an die Bordwand klammert, nur um festzustellen, dass das Boot jeder Gewichtsverlagerung sofort nachgibt, sich bauchoben dreht und die Insassen unter Wasser drückt, wird begreifen, was das Gerede von der Not, die zusammenschweißt, bedeutet. Egal, wer vorn und wer hinten sitzt; beide ereilt das gleiche Geschick. Sie werden zu hilflosen Expaddlern, die neben ihrem havarierten Kanu im See strampeln und vergeblich versuchen, wenigstens ihre davontreibenden Paddel zu retten. Die einzige positive Nachricht in dieser Lage: Ein Kanu kann nicht sinken.

Gäbe es die Gruppe nicht, müssten sie jetzt wohl oder übel

das gekenterte Kanu ins Schlepptau nehmen und ans Ufer schwimmen. So aber naht auf offener See das Rettungsboot. Ein fahrtüchtiges Kanu steuert auf die Gekenterten zu. Das gekenterte Boot wird bauchoben mit der Spitze voran quer auf das Rettungskanu gelegt, sodass das Wasser herausfließen kann, umgedreht und auf der anderen Seite wieder hinabgelassen. Jetzt benötigen die Havarierten nur noch etwas Armkraft, um sich mit Schwung und einem Bauchklatscher wieder in ihr Kanu zu hieven. Blaue Flecken an den Hüftknochen sind die Folge. Aber das macht nichts; je größer die Flecken, desto größer ist abends am Lagerfeuer auch die Verklärung der eigenen Heldentat.

Glücklicherweise ist während meiner ganzen Zeit als Scout niemand auf die Idee gekommen zu fragen, was eigentlich passiert, wenn die Kanus beladen sind. Die Kenterübung wird in Schwimmbekleidung oder nackt und vor allem mit leeren Kanus durchgeführt. Aber was, wenn Essenstonnen, Zeltspaten, Schlafsäcke und der Müll in den Tüten sich fröhlich im See verteilen und die vollgesaugte Jeans den Körper wie an Gewichten nach unten zieht? Zur Beruhigung sagte ich mir, dass sicher ein Schwede das Malheur im Visier seines Feldstechers hat und per Handy bei einem der Ranger Alarm schlägt, der zufällig gerade in der Nähe ist...

Am Beispiel von *Scandtrack* zeigt sich übrigens, wie falsch es sein kann, altes, sozialistisches Ferienlager-Know-how auf den ideologischen Schrotthaufen zu werfen. Mit liberalen Wirtschaftsmethoden aufgepeppt und an die klare Luft umweltorientierter schwedischer Sozialpolitik versetzt, lässt sich mit den alten Methoden ordentlich Umsatz machen. Die Kanuvermietung gehört einem ostdeutschen Reiseanbieter, der sich auf Abenteuerurlaube in Skandinavien spezialisiert hat. Nachdem man einen großen Grasplatz aus dem Wald am Lelång geschlagen und festgestellt hatte, dass der Platz für ein Abenteuercamp für Jugendliche wie geschaffen war, stattete man den Platz mit Küchenzelt, Materialschuppen, Waschzelle, Toilettenhäuschen und selbst gebauten, vier Meter hohen Tipis aus, bis alles wie ein Ferienlager wirkte. Das Waldstück hatte man zuvor von einem jungen, schwedischen Familienvater gepachtet, der in Höglund einen kleinen Zeltplatz betreibt. Abendliche Fahnenappelle, Lagerwache und Frühsport gibt es nicht, die Gruppenleiter heißen heute Teamer, aber die straffe Organisation und der frotzelnde Ton, die von der NVA ausrangierten Planen, der Knüppelkuchen am Feuer und der kollektive Geist sind alte Vertraute. Das Kollektiv kommt beim Camp-Personal sogar noch vor dem Geldverdienen, was nicht selten zur Selbstausbeutung führt. Aber man weiß sich Abhilfe zu schaffen. Aus Deutschland wird kistenweise deutscher Schnaps herangeschafft, der dann an die norwegischen und schwedischen Dauercamper auf dem Zeltplatz nebenan verhökert wird.

Die Dauercamper sind verlorene Gestalten, *outcasts*, arme Verwandte, bei denen es für die *sommarstuga* nicht gereicht hat. Jeden Juni kommen sie wieder und umgeben ihre Zeltparks in völlig unskandinavischer Schrebergartenmentalität mit kleinen, blendend weißen Zäunen und ziehen Alpenveilchen in den Fenstern ihrer Wohnwagen groß. Sie scheinen sich durch wuchernden Kleinbürgerkitsch von ihren naturerhobenen Landsleuten absetzen zu wollen; ein Stückchen Reststolz, das sich im grinsenden Gartenzwerg manifestiert. Aber vielleicht irre ich mich. Vielleicht kommen diese Camper jedes Jahr wieder, weil sie nur hier im Suff großartige Visionen haben. Außerzeitliche Visionen, Visionen jener ersten Siedler etwa, die die Landschaft am Foxen und am Stora Le schon seit der Eisenzeit bewohnten. Vielleicht erleben sie auch gegenwartsverloren den Feldzug König Carls XII. zu Beginn des 18. Jahrhunderts noch einmal mit. Dieser schwedische Soldatenkönig zog von der Landenge am Ende des Stora Le gegen die Festung Fredriksten ins damals von den Dänen regierte Norwegen. Vielleicht sehen die Camper fiebernd volltrunken das Schlachtgetümmel und sind sogar bei der Sterbeszene dabei; es war Carls letzter Feldzug. Er wurde bei der Belagerung der Festung in den Kopf geschossen; bis heute ist nicht klar, ob eventuell sogar von den eigenen Leuten. Zu Beginn seiner Regentschaft 1697 war er fünfzehn Jahre alt. Mit achtzehn hatte er das schwedische Ostseeimperium gegen die Russen, die Polen und die dänisch-deutschen Truppen erfolgreich verteidigt. Mit 35 geriet er in osmanische Gefangenschaft. Wenig später hatten sich seine Gegner erneut formiert, und nach einer Reihe wütender Verteidigungsschlachten hinterließ er nach seinem Tod ein zerschlagenes Imperium. Am Ende des Großen Nordischen Krieges hatte Schweden sämtliche Besitzungen außerhalb des Mutterlandes verloren. Die Alleinherrschaft des Königs wurde daraufhin von den Ständen abgeschafft. Die politische Macht ging für die kommenden fünfzig Jahre an Regierungsbehörden und Staatsbeamte über, die vom Reichstag beaufsichtigt wurden; eine Zeit, in der die Grundlage für das Parteiwesen in Schweden geschaffen wurde.

Vielleicht macht die Camper das so verloren. Vielleicht tauchen jede Nacht die gleichen blutigen Nebelschwaden in Träumen wieder auf, und vielleicht sind sie es, die diesen Abschnitt der schwedischen Geschichte zwanghaft in der Erinnerung bewahren, weil er diesem Landstrich eingeschrieben ist. Und so ein Schlachtgetümmel im Kopf hält man wahrscheinlich nur mit Blümchengardinen und pinken Partylichtern am Zeltzaun aus. Andere, nationalistisch gesinnte Landsleute ziehen jährlich am 30. November, dem Todestag Carls XII., zu den Denkmälern dieses blutrünstigen Königs. Dass es ein zu einer Gewehrkugel umfunktionierter Knopf von der königlichen Uniform war, der den Herrscher im Laufgraben der Festung Fredriksten in die Schläfe traf, was auf ein Attentat aus den eigenen Reihen schließen lässt, scheint sie in ihrer Geschichtsverherrlichung nicht zu stören. Carl XII. hatte auf Friedensangebote, die für alle Seiten akzeptabel waren, nicht eingehen wollen.

Von all dem scheinen die ahnungslosen Deutschen nebenan, die ihre eigene schräge Variante einer verlorenen Zeit nachleben, nichts zu wissen. Man hat sich auf ein höfliches Miteinander am Ufer des Lelång geeinigt und bleibt sich fremd.

Was am Ende noch zu sagen wäre?

Wer die Nase endgültig voll hat vom Wassersport, kann auch Draisine fahren. Auf der stillgelegten Eisenbahnlinie zwischen Bengtsfors und Årjäng ist eine 52 Kilometer lange Strecke für diese handgetriebenen Freizeitgefährte eingerichtet, die aussehen wie jene Loren, die die Goldgräber in Wildwestfilmen aus den Fünfzigerjahren benutzen...

Künstler, Unternehmer, Schnaps

Kunstliebhaber, Menschen, die ihren Urlaub gern in Galerien und Museen, in Schlössern und Gärten verbringen und sich am Anblick architektonischer Weltwunder und mittelalterlicher Fresken erfrischen, stellen sich selten in die Schlange vor den Fähren nach Schweden. Man findet sie in der Hitze Roms, im Staub Kairos oder im hektischen Paris, sie buchen Trips nach Mekka, Athen, nach St. Petersburg oder ins versinkende Venedig. Und wenn sie dort alles gesehen haben, würden sie eher ins zerfaserte und zusammengestoppelte Berlin fahren als nach Göteborg oder Malmö. Nur die, die mutig genug oder verzweifelt genug sind, lassen sich zu einem Ausflug nach Stockholm überreden mit einer Stippvisite ins gotländische Visby. Natürlich werden sie mit einem völlig verklärten Blick zurückkommen, mit diesem andächtigen Schweigen, das die Erfahrung unerwarteten Glücks auslösen kann. Schwedenfahrer haben dafür nur Schulterzucken und den Kommentar übrig: »Hab ich doch gleich gesagt«, selbst wenn sie noch nie eines der Museen auf Stockholms Insel der Museen betreten haben. Der Eintritt hier ist frei, und wenn man Glück hat, spiegelt sich das Neueste vom Neuen der

Kunstszene von morgen leuchtend im smaragdgrünen Meer. Bei jenen, die nicht zu überreden sind, hält sich hartnäckig der Eindruck, dass Schweden sich kunsthistorisch nicht unbedingt hervorgetan hat.

Ein Eindruck, der nicht ganz ungerechtfertigt ist.

Während selbst den Laien zu Italien die lichtgeschwollene Renaissancemalerei einfällt, zu Frankreich die exaltierten Poeten der Zwanziger- und Dreißigerjahre, zu Deutschland die melancholischen Streifzüge der Romantiker und zu Finnland immerhin der schleppende Tango, hätte ich, zu Schweden befragt, vor einigen Jahren noch nicht viel zu sagen gewusst.

Mit Astrid Lindgrens »Pippi Langstrumpf« wäre mir vielleicht eine freche Identifikationsfigur für Kinder eingefallen, die ihren Weg in die Welt fand. August Strindberg hat dafür gesorgt, dass Ehen nicht mehr leichtfertig geschlossen werden, was sich viele Schweden zu Herzen genommen haben; die Ehe wird als Lebensform immer unpopulärer und um spielerische Varianten ergänzt. Der Film »Die Brüder Mozart« von Suzanne Osten, der bekanntesten schwedischen Regisseurin, hat traurige Berühmtheit erlangt, weil es der Film war, den Olof Palme mit seiner Frau im Kino gesehen hatte, bevor er auf dem Heimweg ermordet wurde.

Selma Lagerlöfs »Nils Holgersson« hat das Land literarisch kartographiert, Carl Michael Bellman und Evert Taube haben das musikalisch getan. Beide gelten als Nationaldichter und Nationalsänger Schwedens. Der eine gab sich zur Zeit des Rokoko Wein, Weib und Gesang hin und schwankte nicht nur, wenn er seine improvisierten Lieder zum Citrinchen, einer Art Laute, sang, zwischen Fröja, der nordischen Erotikgöttin, und Charon, dem Todesboten. Auch sein Leben verlief als schiefe Kurve zwischen den Koordinaten Alkoholexzess / Liebesaffären und Armut / Schuldgefängnis. Nachdem sein Gönner König Gustaf III. 1792 einem Attentat zum Opfer fiel, starb der Dichter der Fredmans-Gesänge, die heute noch jedes Schulkind kennt, in solcher Armut, dass selbst sein Grab auf dem Stockholmer Carla-Friedhof nicht mehr auffindbar ist. Der Troubadour Evert Taube machte es ihm als Bohemien der Zwanzigerjahre nach, auch er dichtete Lieder, in denen erfundene Figuren die Natur, die Tragik vom Leben im Suff und die Sehnsucht nach Schönheit besingen. Um eine progressive Art der Lebensgestaltung geht es Carl Jonas Love Almqvist, einem Schriftsteller und Komponisten, der bereits zu Beginn des 19. Jahrhunderts derart feministisch und sozialreformerisch war, dass ihn die Kirche als gefährlichen Revolutionär verdammte (nicht zu verwechseln mit Pelle Almqvist, dem Sänger der in schwarz-weißen Anzügen auftretenden Alternativrockband *The Hives*, die Singles mit so bewegenden Titeln produziert wie *Walk Idiot Walk*). Almqvists Roman »Die Woche mit Sara« erzählt von einer Frau, die sich nicht wie ihre fiktiven Kolleginnen aus England ins Dachstübchen sperren ließ, sondern allein reiste und gut anderthalb Jahrhunderte vor den Hippies liebte, wie es kam und wie und wen sie wollte.

Kunst und Baudenkmäler der ferneren Vergangenheit sind die Steinritzungen Sigurdsristning und Tanumshede, das Kammergrab Kivik, jede Menge Schiffssetzungen wie die in Ales stenar, wo bis zu vier Meter hohe Findlinge in Form eines Schiffsrundes angeordnet sind, der typische Friedhof der Bronze- und Eisenzeit, Burgruinen wie die von Bohus und natürlich Wikingerkunst auf Wikingergräbern, und das war es dann so in etwa.

Jedenfalls scheinen sich schwedische Künstler in den Jahrhunderten, die andere Länder nutzten, um neue literarische Gattungen hervorzubringen oder den Stil in der Bildhauerei zu revolutionieren, damit begnügt zu haben, sich die Entwicklungen im Ausland abzuschauen. Ende des 19. Jahrhunderts gingen einige Maler an die Kunstakademie in Düsseldorf, auch in Frankreich bildete sich in der Nähe von Fontainebleau zeitweise eine expatriierte schwedische Künstlerkolonie, unter ihnen die Maler Carl Larsson oder Anders Zorn. Zu Hause haben sie dann schwedische Motive auf Gemälde im Stil der deutschen Romantik gebannt, italienische Renaissancebilder mit schwedischem Licht gefüllt, vom Expressionismus beeinflusste Poesie und Oden an die Natur auf Schwedisch verfasst.

Man kann ihnen die Bescheidenheit nicht vorwerfen. Ihre Ausgangsposition war vielfach schlechter als die der Kollegen auf dem Kontinent, wo Grafen, Prinzen und Fürsten dichter gesät waren und es sich leisten konnten, zur Auflockerung ihres Müßiggangs an Schlössern und Höfen ein paar delirierende Künstler durchzufüttern. In Schweden herrschte Adelmangel. Es gab eine starke Bauernschaft und reiche Kaufleute, aber die Vertreter beider Sparten scheinen wohl anderweitig beschäftigt gewesen zu sein.

Außerdem lebten die schwedischen Künstler in einer Gesellschaft, die untergründig regiert wurde vom *Jantelag*, dem Jante-Gesetz. Ob es den Künstlern gefiel oder nicht, es war verpönt, wenn nicht sogar verboten, sich hervorzutun oder besser sein zu wollen als die anderen.

Während die Künstler in Deutschland, Italien oder Frankreich bereits im 18. Jahrhundert damit beschäftigt waren, sich zu Genies zu erklären und Pamphlete zu verfassen, in denen sie wiederum erklärten, was sie damit meinten, nämlich Einzigartigkeit, Originalität und Gleichstellung mit dem Schöpfer, hatten sich schwedische Künstler mit der Nachahmung des Vorhandenen zu begnügen. Denn nachahmen konnte theoretisch jeder. Oder konnte es wenigstens lernen. Anderswo verströmten Künstlergenies ihren exklusiven Odem. In Schweden verkniffen sich Dichter und Maler besser jedes exzentrische Luftholen. Ihre Gebote lauteten stattdessen:

Du sollst nicht glauben, du seiest jemand besonderes.
Du sollst nicht glauben, du seiest so gut wie wir.
Du sollst nicht glauben, du seiest weiser als wir.

Und als kleine Steigerung:

Du sollst nicht glauben, du würdest etwas bedeuten.
Dir steht es nicht zu, über uns zu lachen.
Du sollst niemals annehmen, jemand sorge sich um dich.
Du sollst nicht denken, du könntest uns irgendetwas beibringen.

Aus: Aksel Sandemose »Ein Flüchtling kreuzt seine Spur.«

Wem da nicht die Feder in der Hand zu zittern beginnt oder der Pinsel ausrutscht!

Während man in Deutschland, wo der Geniekult besonders wild aufflammte, Angst hatte, die Arbeitsmoral ginge über den Egotrips flöten, und Sprüche erfand wie: »Ohne Fleiß kein Preis«, »Viele Hände bereiten der Arbeit ein schnelles Ende« und »Was du heute kannst besorgen, das verschiebe nicht auf morgen«, implantierte man in Schweden den Gleichheitsgedanken in die Köpfe. »Wir«, das ist die große Gemeinschaft, und in dieser Gemeinschaft wird schon der leiseste Anflug von Eitelkeit oder Egozentrik eingedampft. Demütig sein und Selbstbeherrschung üben, das gehörte zum sozialen Gehorsam, den die Gebote des *Jantelag* jahrhundertelang forderten.

Aber erst der dänisch-norwegische Autor Aksel Sandemose, der als Begründer des modernen skandinavischen Romans gilt, hat den bis dahin namenlos im kollektiven Unbewussten geisternden zehn Geboten 1933 ihren jetzigen Namen verliehen. Er siedelte einen Roman, in dem er einen bösen Blick auf eine Kleinstadtmentalität aus Engstirnigkeit, Niedertracht und Eifersüchtelei wirft, in einem fiktiven Ort namens Jante an.

Seither erkennen sich nicht nur die Schweden, sondern auch die Dänen und die Norweger als Janteländer wieder.

In Deutschland ertrug man die eher festgezurrten Hierarchien nur, in dem man nach unten trat und nach oben buckelte; in Schweden tröstet man sich, sobald sich einer doch für etwas Besseres hält, damit, dass es keine Hierarchien gibt. Gleichzeitig liegt man besessen auf der Lauer, um sich zu überzeugen, dass keiner besser ist, denn wo keiner besser sein darf, darf auch keiner besser werden, schon gar nicht besser als man selbst, wo man insgeheim doch selbst der Beste ist, logisch.

Deshalb sind Komplimente für die Schweden auch so furchtbar. Komplimente würden ja denen, die auf der Lauer liegen, zeigen, dass man, wenn schon nicht besser, doch wenigstens gut ist und also auf dem besten Weg, besser zu werden. Die Reaktion auf ein Kompliment unterscheidet sich jedenfalls kaum von der, die eintreten würde, hätte man eine Vogelspinne ausgepackt. Schafft man es dennoch, das Kompliment glücklich zu Ende zu bringen, sei es, weil man ein elefantisches Gemüt besitzt und nicht das Geringste mitbekommt, sei es, weil man unter dem inneren Zwang steht, einen begonnenen Satz abschließen zu müssen, ist aus dem Gegenüber längst eine Wand geworden.

Als ich beispielsweise meinen Nachbarn darum bat, sich meine Wasserrohre anzusehen, weil nur noch schwarzes Wasser aus den Hähnen floss, und er mit seinen Allweg- und Wetterstiefeln gegen die Rohre trat, dass sie sich bogen, was so zwar nicht mehr schön aussah, aber zur Folge hatte, dass das Wasser heller wurde, dankte ich ihm und wollte sein Können von Herzen bewundern. Er unterbrach mich. Er murmelte ohne aufzusehen, beinahe panisch: »Ich habe nur meine Arbeit gemacht«, und war verschwunden.

Er schien einen höllischen Respekt vor dem *kungliga svenska avundsjukan* zu haben, obwohl außer uns beiden niemand Zeuge war. Wie sehr muss dann erst, sagen wir, die Fahrerin eines blitzenden Jaguar oder neuesten Roadster diesen »königlichen Neid der Schweden« fürchten, deren Kollege nur in einem verbeulten Volvo zur Arbeit kommt? Denn dem Kollegen im Volvo gibt *Jantelagen* auch das Recht, seinen Neid freien und lautstarken Lauf zu lassen; schließlich ist so ein protziger Wagen die pure Arroganz, und da er die volle Unterstützung der Belegschaft hat, wird sie ihn nicht sehr lange fahren. – Königlich ist an dem Neid übrigens nur das Alter; er soll schon so lange zu Schweden gehören wie das Königshaus.

Jantelagen kann aber durchaus einen Zauber haben, nur eben nicht für die, die allzu erfolgreich sind. Ingmar Bergman beispielsweise wird vor allem entzaubert gewesen sein, als man ihn 1976 wegen Steuerhinterziehung gleich aus dem Theater heraus verhaftete. (Wie sich zeigte, hatte einer seiner Finanzberater ein Konto in der Schweiz eingerichtet.) Gerade hatte er noch die Screwballcomedy »Lächeln einer Sommernacht« bis zum Bildrand mit Paranoia ausgestattet, was ihn international als Regisseur bekannt machte, der dem beklemmenden Gefühl der Fünfzigerjahre eine originelle Bildsprache verlieh. Und schon löste der »königliche Neid der Schweden« auf seinen Erfolg, der mit einem beträchtlichen Anwachsen seines Vermögens einherging, in ihm die reinste und – wie sich herausstellte – auch begründete Paranoia aus. Trotz Nachzahlungen ans Finanzamt war sein Ruf in der Öffentlichkeit so geschädigt, dass er sich genötigt sah, ins Ausland zu gehen. Sein Exilantenleben verbrachte er vor allem in München, und erst nach mehr als einem Jahrzehnt kehrte er nach Schweden zurück.

Auch Greta Garbo war nicht etwa deshalb so verschlossen, weil sie schüchtern gewesen wäre. Weit gefehlt! Sie hatte ein Problem, sich selbst darzustellen, weil sie wusste, mit welcher Häme das in ihrer Heimat bedacht würde. »In meiner Heimat schreiben die Zeitungen über den König, die Königin, über die königliche Familie. Oder sie schreiben über Verbrecher«, sagte Garbo. »Ich will nichts über mich abgedruckt sehen, weil ich weder zu den einen noch zu den anderen gehöre.« Ein Zugeständnis hat sie Hollywood allerdings gemacht, indem sie ihren Namen von Greta Gustafsson in Garbo änderte.

Genies, Stars und eine Kunstelite? Da sei Jante vor! Man könnte es aber auch so sehen:

Jante ermöglicht einen unschuldigen Zauber, den es im korrupten und korrumpierbaren Kunstgeschäft sonst nirgendwo gibt. Schweden ist eine der wenigen Schutzzonen, in denen man nicht von *name-droppings* und Wichtigtuern belästigt wird, in denen Kulturbeamte manchmal mehr tun, als die in den Medien dauerpräsenten Stars durch ihre Institutionen zu schleusen und sich mit ihnen zu brüsten.

Und in welchem Land würden Menschen auf die Straße gehen, wenn sie der Meinung sind, dass ein Kunstobjekt völlig übertreuert und nur noch Spekulationsgegenstand des Marktes ist? – In Schweden!

Die Stadt Karlstad kaufte eine dem Marktwert entsprechend hochpreisige Installation von Jenny Holzer. Die Karlstader beeindruckte das wenig. Sie fanden die auf buntes Kopierpapier gedruckten Textfragmente zwar schön, aber völlig übertreuert. Da gerade Wahlen bevorstanden, traf der Protest die Stadtoberen an empfindsamer Stelle. Sie trauten sich nicht, das Kunstwerk auszustellen und suchten jemanden, dem sie es unauffällig weitervermitteln konnten. So kommt es, dass Jenny Holzers Textfragmente heute an einer Scheunenwand hängen und Holzers Kunst damit ihre eigentliche Bestimmung zurückgewonnen hat: Ihre gesellschaftskritischen *Truisms* brachte die Künstlerin ursprünglich an Telefonhäuschen, Parkuhren und Häuserwänden an, als subversive Botschaften mitten im Leben.

Die Scheune steht auf einer Wiese. Die Tür ist offen, nur nachts wird sie mit einem einfachen Schloss verriegelt. Alarmanlagen und Museumswärter gibt es nicht. Holzer gegenüber steht ein Tresen, ein Kühlschrank mit Getränken, gezahlt wird in die Kasse des Vertrauens. In dieser Scheune war ich allein mit Holzer. Durch die Ritzen drang der Duft der Wiesen, das Rauschen der Birken. In einer Sitzecke mit Sesseln der letzten Jahrhundertwende überfiel mich ein leichter, entrückter Schlaf, den das mechanische Orchester, eine Installation aus Schrott und leeren Flaschen von Jan Cardell, mit einem Depeche-Mode-Lied begleitete. Abends fing der Himmel über dem nahe gelegenen See das Leuchten des Wassers ein, das von der untergehenden Sonne rot überflutet wurde.

Abends traf ich auf der Wiese Marc. Marc Broos ist der Besitzer der Scheune. Er hat sie vor zwei Jahren einem Bauern abgekauft und ausgemistet. Jetzt sind auf zwei Etagen Ausstellungen zu sehen. Die Scheune gehört zum Alma Löv Museum; eine Galerie der Gegenwartskunst in Värmland, für die der Name Galerie ungefähr so treffend ist, als würde man die Sandpiste, die dort hinführt, als Autobahn bezeichnen.

»Toll, oder?«, sagte Marc Broos auf seiner Wiese. »Jenny Holzer hängt in der Londoner Tate Gallery, im Guggenheim und hier.«

Hier, das ist ein Kunstgehöft, das zusammen mit drei Häusern, einem schiefen Bootssteg und den vier Ferienhäuschen, die jemand für Sommerurlauber an den Waldrand gesetzt hat, den Ort Smedsby ergeben. Hier ist da, wo man nichts vermuten würde. Versuchen Sie mal, Smedsby auf einer normalen Straßenkarte zu finden! Auf einer regionalen Karte werden Sie mehr Glück haben, aber auch da ist es unbedingt ratsam, eine Lupe zu benutzen. Trotzdem kommen jeden Sommer Busse voller Neugieriger auf den kleinen ausgefahrenen Parkplatz geschwankt, auch wenn sie häufig erst einmal am tannengesäumten Abzweig zum Museum vorbeischießen und dann gefährliche Wendemanöver auf der schmalen, gewundenen Straße vollführen. Wenn man Glück hat, sieht man hier Künstler bei der Arbeit. In einem Streifen Birkenwald stehen siebzehn Pavillons, alle selbst gebaut, alle in einem anderen Design. Manche sehen aus wie Tempel oder ausrangierte Schlafwagen, andere ähneln Glockentürmen. Mit dem Namen Alma Löv und einem Glashaus hatte alles angefangen. Bei einem Ausflug nach Åland im Jahr 1995 begegnete das

Künstlerpaar Broos dem Direktor des Ålandsmuseet, der so glühend von dem Namen *Alma Löv* begeistert war, dass er ihn für eine Straße vorgeschlagen hatte, die auf Åland benannt werden sollte. Aber weil man auch im uneitlen Norden nicht ganz gegen das Einsickern des Prestigedenkens gefeit ist und sich hinter dem Namen nur eine einfache Frau mit sechs Kindern verbarg, wurde der kühne Vorschlag abgewiesen. Aus purer Beschämung verkündete Marc Broos, er werde dann eben ein Museum unter diesem Namen gründen. Und als die Zeitung *Nya Åland* davon berichtete, war er im Zugzwang. Glücklicherweise wurde Stockholm 1998 europäische Kulturhauptstadt, und einige Gelder flossen auch ins Landesinnere, sodass die Broos ihre Pavillons bauen konnten und Alma Löv fortan von vielen für eine geheimnisvolle Künstlerin gehalten wird. Jeden Sommer werden Maler, Videokünstler, Bildhauer oder Designer eingeladen, einen Pavillon auszugestalten. Wenn man Pech hat, sind diese Künstler gerade schwimmen gegangen, füttern die Islandpferde auf der Koppel neben der Kunst oder helfen Marc, das Holz für den Winter zu hacken.

Karin Broos hat ihr Atelier im Wohnhaus, einem alten Schulhaus mit blau gestreiften Markisen. Ihre großformatigen Ölgemälde füllen den Flur, die Küche, die Zimmer im Haus. Ihre Frauen, die in matten Farben aus dem Bildhintergrund hervortreten, scheinen das Negativbild der modernen, gelassenen, gleichberechtigten Schwedin zu sein. Die Gesichter sind von Wut, Enttäuschung, Erschöpfung gezeichnet; Zeichen dafür, dass es auch in diesem Land bis in die Siebzigerjahre hinein dauerte, ehe ein Politiker mit großer Selbstverständlichkeit von sich sagen konnte: *Ich bin Feminist*, weil er begriff, dass das weniger mit Geschlechterkrieg als vielmehr mit demokratischer Politik zu tun hat.

Eine Serie fesselnder Selbstbildnisse zeigt Karin Broos in einem sich entziehenden Grau-Blau dabei, wie sie ihr Gesicht schminkt; ein unbewegtes Gesicht, das mit Make-up zum

Leben erweckt werden soll. – An diesem scheinbar so naturnahen, so »echten« Ort, in dieser augenscheinlich so ursprünglichen Landschaft wirkt das Spiel mit der Frage nach Authentizität besonders stark: die Künstlerin malt sich beim Malen ihres Gesichts, weil es das »echte«, das »natürliche« möglicherweise nicht gibt.

Alma Löv, dieses Museum im Nichts, ist für Schweden typisch und untypisch zugleich. Werbung wird mit jantescher Zurückhaltung betrieben. Wer sich nicht auskennt, findet nicht hin. Es gibt eine schmale Broschüre, es gibt mittlerweile Informationen im Internet, aber sowohl Karin als auch Marc lächeln beim Wort *Marketing*. »Ende August machen wir zu. Dann trinken wir unseren Kaffee wieder allein auf der Veranda und schauen auf den See.«

Aus Prestigegründen kommt hier sicherlich kein Künstler her, und keiner wird aus Prestigegründen eingeladen. Die Optimisten führen ihre Eitelkeit anfangs noch den Rehen vor, aber auch sie begreifen schnell, dass der Show-Effekt verloren ist an die Gleichgültigkeit von Lupinen und Balsaminel, an vom Regen aufgeweichte Pfade, bemooste Stege und weiß umhüllte Heuballen, die die Feldränder säumen wie Backenzähne.

Typisch scheint auch der vergebliche Versuch zu sein, mit Karin Broos ein längeres Gespräch über ihre Malerei zu führen:

Frage: »Wie arbeiten Sie?« – Antwort: »Ich male zuerst viel und nehme dann wieder viel weg.«

Frage: »Was hat Sie bewogen, von ihrer abstrakten Malerei abzukommen und diese eindrücklichen Studien verletzter oder im Leeren geisternder Frauen zu schaffen?« – Antwort: »Sie sehen zum Fürchten aus, nicht?«

Frage: »Was hat Sie an den Hundeporträts interessiert?« – Antwort: »Niemand wollte die Hunde.«

Typisch ist es, wenn die Malerin auf einem ihrer Islandpferde ins Abendlicht reitet, während Marc Broos den Stecker für die Beleuchtung der Pavillons aus dem Verteilerkasten am schiefen Zaunpfosten zieht und sich mit denen, die gerade da sind, und mit einem Aquavit auf die Veranda setzt. Und das Typischste ist, dass das hier niemand außer mir für romantisch hält.

Ganz und gar untypisch, geradezu blasphemisch und nichts als Spucke auf dem Asphalt Jantes ist die virtuell ins Leben gerufene und nur auf dem Papier existierende Kunstakademie »East Water Art Academy«, diese schrille Behauptung des Aktionskünstlers Broos. Um nicht wegen allzu großer Exzentrik in die Jante-Schranke gewiesen zu werden, beruft sich der Künstler, sobald er von dieser subversiven Aktion berichtet, auf Joseph Beuys. Der hat mit seinem Ausspruch »Jeder ist ein Künstler« immerhin einen absolut demokratischen Zugang zur Kunst geschaffen. Dass es sich da auch um einen Aufruf zur hemmungslosen Selbstdarstellung handelt, vergaß man gern, wenn man dafür im Alma Löv Museum für das Anfertigen einer kleinen Figur ein Diplom bekam, das dem der Stockholmer Kunsthochschule verteufelt ähnlich sah, und einen Studentenausweis, mit dem auch ich noch eine Theatervorstellung zum halben Preis besuchte.

Die Tatsache, dass Alma Löv und die siebzehn Pavillons nicht längst von amerikanischen und französischen Kunststudenten überrannt werden, scheint das im Ausland kursierende Bild vom Kunstmuffel Schweden zu bestätigen.

Das Bild kann heute allerdings nur noch Resultat einer wirklich tragischen Wahrnehmungsverzerrung sein, tragisch auch, weil es die besten schwedischen Künstler auf schlimmste Abwege führt, was die Wahrnehmung noch stärker verzerrt, da auf diesen Abwegen niemand die schwedischen Künstler mehr als schwedische Künstler erkennt.

Da ziehen sie los mit einem untrüglichen Blick auf gesellschaftliche Phänomene, haben oft einen originellen ästhetischen Zugriff und den subtil ironischen Blick des Außenseiters, und dann? Dann lassen sie mit fliegenden Fahnen alle guten Vorsätze und das komplette *Jantelag* sausen und verwandeln sich dem globalen Kunstmarkt dermaßen an, dass sie nicht mehr unterscheidbar sind. Auch ihre Namen verweisen auf nichts, da in der Kunstszene viele Namen Pseudonyme sind.

Nehmen wir Mats Bigert und Lars Bergström, zwei Absolventen der Königlichen Kunsthochschule in Stockholm. Sie zeichnen in ihrem wirklich sehenswerten und sensiblen Film »Last Supper« die Geschichte und Bedeutung der Henkersmahlzeit nach und fragen, welche Rolle Rituale und soziale Gebote noch spielen, wenn ihre Verbindung zur Vergangenheit gelockert ist. Und was sieht man? – Keinen einzigen Schweden. Im ganzen Film nicht. Da kommen buddhistische Mönche vor und Gerichte aus aller Welt in den schönsten Farben, und das Allerschlimmste: ein Amerikaner in der Hauptrolle!

Gut, könnte man jetzt entschuldigend sagen, die Jungs haben in Ermangelung einer schwedischen Todesstrafe nicht unbedingt die besten Voraussetzungen gehabt, einen schwedischen Todeskoch vor die Kamera zu bekommen. Da mussten sie eben auf den Amerikaner zurückgreifen, der, während er seinen Todeskandidaten die letzte Mahlzeit kocht, den Zuschauern erzählt, wie er das mit seinem Gewissen vereinbart. Aber bei Ola Pehrson, ebenfalls Absolvent der Königlichen Kunsthochschule in Stockholm, gibt es dann wirklich keine Entschuldigung mehr. Der hätte nicht notwendigerweise ausgerechnet einen amerikanischen Attentäter, der zwanzig Jahre unerkannt Universitäten und Flugzeuge bedrohte, zum Gegenstand einer Installation machen müssen. Mag ja sein, dass Pehrson mit seinem Projekt *Hunt for the Unabomber* einen blank liegenden Nerv unserer vom Terror aufgeriebenen Gegenwart trifft und mit seiner fiktiven Dokumentation über eine »authentische« Dokumentation über den Briefbombenattentäter Theodore Kaczynski die Frage nach der medialen Aufbereitung von Verbrechen ganz neu stellt. Aber bloß, weil es in Schweden keine Todesstrafe gibt und kein Mensch zu Hause abschließt, heißt das doch nicht, dass es keine Verbrecher gäbe! Was ist denn beispielsweise mit dem Mörder von Olof Palme? Der Mann, der den damals 58-jährigen Sozialdemokratischen Präsidenten 1986 aus nächster Nähe erschoss, geistert noch immer als Schattengestalt in den Köpfen, weil er bis heute nicht gefasst wurde. Provoziert das keine künstlerische Auseinandersetzung? Sehen Sie, was ich meine? Die Abwege führen die Künstler so leuchtend und zielstrebig in amerikanische Galerien, dass am Ende alle denken, es handele sich hier um amerikanische Kunst!

Die tragische Wahrnehmungsverzerrung im Ausland hat auch auf literarischem Boden ihre Spuren hinterlassen. Sie ist vermutlich verantwortlich dafür, dass es in Schweden bald keine Schriftsteller, sondern nur noch Krimifabriken geben wird. Die Flut von Detektivgeschichten, die mittlerweile ein eigenes Genre begründen, den *Schwedenkrimi*, lässt sich nur folgendermaßen erklären: Ein paar Schriftsteller hatten es satt, auf Lesungen im Ausland ständig nach den besten Lachsfanggebieten gefragt zu werden anstatt nach ihren literarischen Wurzeln. Sie wollten ihr Land endlich auch einmal als Katalysator einer bedeutenden Kunstströmung sehen und eine ernst zu nehmende Literaturgeschichte haben, die jenseits der immergleichen Giganten Strindberg, Lagerlöf und Lindgren zu finden war. Ihre Unzufriedenheit führte schließlich zu einem geheimen Treffen, auf dem beschlossen wurde, dass jeder von ihnen so lange so viele Krimis zu schreiben hätte, bis der Begriff Krimi mit dem Begriff Schweden für immer untrennbar verschmolzen wäre. Wer konnte da schon ahnen, dass es einer von ihnen gleich übertreiben und der Gemeinde Ystad einen Tourismusstrom verschaffen würde, der keinen der Anwohner heute mehr Abendbrot essen lässt, ohne dass eine Busladung eifriger Hobbykriminologen ihm von draußen aufs Knäckebrot glotzt. Mittlerweile hat Kommissar Kurt Wallander sogar ein eigenes Filmstudio, wo er in Ruhe seine Fälle aufklären kann, während es draußen im echten Ystad summt und brummt wie in Disneyland. Seit die letzten Truppen 2004 aus dem alten Kasernengelände am Stadtrand abzogen, werden hier Krimis gedreht, und Führungen zeigen, wie das geht.

Die anderen Geheimbündler konnten Henning Mankell natürlich unmöglich zur Räson bringen. Erstens sitzt der meistens in einem von ihm gegründeten Theater in Mosambique, zweitens war ihnen Jante ja selbst zuwider, und drittens hatte er mit seinem Kommissar das geschafft, was ein Jahrhundert schwedische Literatur trotz Per Olov Enquist oder Lars Gustafsson und trotz eines Astrid-Lindgren-Gedächtnispreises für anspruchsvolle Kinderbücher nicht hatte erreichen können. Der Gedächtnispreis wurde anlässlich des Todes von Lindgren im Jahr 2002 von der schwedischen Regierung in der jährlichen Höhe von fünf Millionen schwedischen Kronen (ca. 532 000 Euro) gestiftet, um das Andenken der Autorin zu wahren und die Welt, die offenbar Schwierigkeiten damit hat, das zu verstehen, daran zu erinnern, dass Kinder ein Recht darauf haben, Bücher zu lesen.

Aber erst die Mordfälle in Schonen machten Schweden zum Literaturreiseland. Ausgerechnet in *Skåne*, diesem Mecklenburg Schwedens, in dem den Menschen eine gewisse Schwerfälligkeit und Dickschädeligkeit nachgesagt wird, wo ein stark vom Schwedischen abweichender Dialekt gesprochen wird und die ohnehin quadratisch-praktisch-guten Kleinstädte Schwedens noch quadratischer, praktischer und besser sind, ausgerechnet in diesem landschaftlich homogenen, von Gerstenfeldern durchwehten Landstrich entlang der südlichen Ostseeküste, der noch bis ins 17. Jahrhundert zu Dänemark gehörte, ausgerechnet durch einen Melancholiker wie Wallander mit schlechter Haut und schlechter Laune hat die schwedische Literatur so viel Sex-Appeal bekommen, dass man sich außerhalb Schwedens die Augen gerieben und schleunigst Übersetzungen in Auftrag gegeben hat. Würde man sie am Verkaufserfolg der Bücher beteiligen, müssten Übersetzer aus dem Schwedischen in Deutschland mittlerweile gemachte Leute sein. Hart trifft es nur diejenigen unter ihnen, die Krimis nicht leiden können oder ihren Anspruch an Literatur durch sie untergraben sehen und jetzt trotzdem immerzu nur für Liza Marklund, Håkan Nesser oder Arne Dahl gebucht werden. Letzterer hat mit Romanen, die er unter seinem bürgerlichen Namen Jan Arnald schreibt, weitaus weniger Erfolg. Seine Krimis dagegen haben ihn zum Millionär gemacht.

Der eine oder die andere flieht dann vielleicht dahin, wo Literatur etwas leiser auftritt: ins *Baltic Centre for Writers and Translators* in Visby auf Gotland. Das Zentrum befindet sich in einem blendend weißen Gebäude auf einer Hügelkuppe, von der aus das Meer zu sehen ist. Es ist still hier oben. Das Haus liegt nahe der Stadtmauer. Katzen streifen übers Kopfsteinpflaster. Ein unscheinbares Schild weist darauf hin, dass seit 1993 Schriftsteller und Übersetzer aus baltischen Staaten hier einen Monat lang wohnen und ungestört an dem arbeiten können, was die Massen fern hält: Sie versuchen zu verstehen, was die anderen zu sagen haben. Das fetzt nicht, das brummt nicht, das kann man nicht abfotografieren, und T-Shirts gibt es auch keine zu kaufen.

»Die Dichter sind die schlimmsten«, schreibt Wislawa Szymborska, die auch schon Gast im *Baltic Centre* war. »Ihre Arbeit ist hoffnungslos unfotogen. Jemand sitzt an einem Tisch oder liegt auf dem Sofa und starrt reglos die Wand oder die Zimmerdecke an. Hin und wieder schreibt diese Person sieben Zeilen auf, nur um eine davon nach fünfzehn Minuten wieder zu streichen, und eine weitere Stunde vergeht, in der nichts passiert... Wer könnte es ertragen, sich so etwas anzusehen?«

Auch Schwedens derzeit berühmtester Poet, Tomas Tranströmer, hat schon hier gesessen und die Wand angestarrt und sieben seiner Zen-ähnlichen Zeilen notiert und eine wieder gestrichen.

Entstanden ist das Zentrum, weil auch die Schweden zur Zeit des Kalten Krieges eine gewisse Sehnsucht verspürt haben müssen. Wenn die Ostsee an Schwedens östliche Ufer schlug, haben die Menschen vielleicht im Rauschen der Wellen das leise Klirren der Minen gehört, die russische Truppen versenkt hatten, um ihre Meinung auch unter Wasser kundzutun. Die Sehnsucht mag sich darauf gerichtet haben, dass das Klirren eines Tages verstummen möge und sie ungehindert mit Schiffen und Segelbooten den östlichen Horizont ansteuern könnten. Und als das Klirren tatsächlich verstummte, wurde sofort ein Schiff klargemacht, das mit 300 Schriftstellern und Übersetzern aus dem baltischen Raum in Leningrad ablegte und die Städte Tallin, Gdansk, Lübeck, Kopenhagen, Visby, Stockholm und Helsinki anfuhr. In jeder Stadt wurde gelesen und über das ehemalige Klirren so lange diskutiert, bis es schließlich als erinnertes Klirren Teil einer gemeinsamen Erfahrung wurde, die jetzt in einem ehemaligen Schulgebäude und unter der Schirmherrschaft der UNESCO immer neu übersetzt werden kann.

Egal, ob das Ausland ihre heimischen Autoren hofiert oder ignoriert; die Schweden lesen sie. Und sie lesen viel. Während deutsche Verlage die Anzahl der Neuerscheinungen mittlerweile reduzieren, steigen in Schweden seit Ende der Neunzigerjahre wieder die Verkaufszahlen. In vielen Stadtvierteln machen Buchläden auf, Bücher sind wie Zeitschriften und Eintrittskarten für Konzerte nur mit 6% statt mit 25% Mehrwertsteuer belastet. Schriftsteller und Verleger sind also gut gelaunt, wenn sie sich treffen, und Stars wie Mankell, Gustafsson oder Enquist ziehen es vor, ins Ausland zu gehen, weil sie nur dort die gute Laune noch ungeteilt allein genießen. Per Olof Enquist ist nach achtzehn Jahren in Paris, Los Angeles und Berlin offenbar ausreichend damit versorgt nach Stockholm zurückgekehrt. Lars Gustafsson dagegen hat sich, wie es scheint, für immer in Austin / Texas niedergelassen.

Sollte eine Autorin an der guten Laune doch nicht teilhaben, weil sie an einem so komplexen Thema tüftelt, dass es sich selbst im lesefreudigen Schweden nicht so leicht verkaufen lässt, sorgt der Staat mit Stipendien dafür, dass die Vielfalt dennoch erhalten bleibt.

Als ich in einem der vielen Bücher, die ich über Schweden las, entdeckte, dass die Arbeiterliteratur seit den Dreißigerjahren den literarischen Stil schwedischer Schriftsteller entscheidend geprägt und sogar zwei Nobelpreisträger hervorgebracht hat, dämpfte das meine Sympathien. Arbeiterliteratur hat für mich immer einen bitteren Beigeschmack.

Arbeiterliteratur bedeutet, dass junge, talentierte Schriftsteller von dumpfen Parteiköpfen den Befehl erhalten, von nun an an der Trasse zu stehen und ihre Zeit damit zu verschwenden, Schweißgeräte zu bedienen und sich mit Bohrmilch zu bekleckern, und das nur, weil in den Parteiköpfen der von Schweiß durchtränkte Glaube herrscht, das echte Leben bestehe in körperlicher Schwerstarbeit, und allein, wenn sie von diesem echten Leben handele, sei Literatur zu etwas nütze. Natürlich, Sie werden es ahnen, führten meine Recherchen über die schwedische Arbeiterliteratur zu einer Revision meiner Einstellung. Wenn schwedische Schriftsteller das einfache Leben und die Arbeitswelt besingen, hat das mehr mit den Wurzeln der Gesellschaft im Bauerntum zu tun als damit, die Klassenverhältnisse auf den Kopf zu stellen. Es hat mehr im janteschen Sinne damit zu tun, die sozialen Klassen einander anzugleichen als sie gegeneinander auszuspielen. Die Philosophie von Jante ist im Grunde schon immer im Bauerntum verankert gewesen. Man pries die Armut nach dem Motto: Lieber die Armut als Tugend verklären als zu beklagen, dass man nicht reich geworden ist. Wenn alle arm sind, ist das Armsein halb so schlimm. Carl Jonas Love Almqvist erklärte sie bereits im frühen neunzehnten Jahrhundert in seinem Essay »Die Bedeutung der schwedischen Armut« zu einem Wesensmerkmal der Nation: Wenn man das, von dem am meisten vorhanden ist, zur Tugend erklärt, haben alle teil an einer nationalen Gemeinschaft. Almqvist war allerdings gewitzt genug, das mit der Nation nicht allzu verbissen zu sehen: Seiner Ansicht nach zeichnet sich die schwedische Nation dadurch aus, dass eben nur in Schweden schwedische Stachelbeeren wachsen.

Als das Bauerntum sich zwischen den beiden Weltkriegen rapide ins Industriezeitalter hinein auflöste und die Grundlagen für den schwedischen Wohlfahrtsstaat geschaffen wurden, wurde Arbeit zu einem zentralen Thema. Sie galt als das sicherste Mittel, der Armut beizukommen, also wurde sie idealisiert. Kaum ein anderes europäisches Land mit Ausnahme von Norwegen hat sich so spät und so schnell industrialisiert und wurde ebenso ad hoc mit einer Arbeitermentalität konfrontiert, die es zuvor nicht gegeben hatte. Und da die Literatur immer auch ein Sensorium für Verschiebungen, Veränderungen und Umbrüche in der Gesellschaft ist, entstand in den Dreißigerjahren ein Genre, das Aufsteigermentalitäten schilderte, aber auch den Mangel heroisierte, das rechtlose Landarbeiter (Lo-Johannsson), Fabrikarbeiterinnen, unfreie Hausfrauen (Moa Martinson) und berufstätige Frauen (Elin Wägner) beschrieb, und immer wieder entstanden Entwicklungsromane, die in Kindheit und Pubertät meistens von Jungen die rasante Entwicklung der skandinavischen Gesellschaft anschaulich machten. Es scheint kein Zufall zu sein, dass der Augustpreis, der höchstdotierte Literaturpreis in Schweden, in den letzten Jahren mehrfach für eher traditionell erzählte Adoleszenzschilderungen verliehen wurde.

Ich kann zwar immer noch nicht sagen, dass ich Ölgeruch, Fabrikhallenlärm und ewig schmutzige Fingernägel, auf die ich früher bei unseren Schülereinsätzen in der Produktion gern verzichtet hätte, in der Literatur besonders reizvoll finde. Aber mir scheint es doch bemerkenswert, dass das, was sich der Sozialismus so leuchtend auf das Rot seiner Fahnen geschrieben hatte, ganz nebenbei und undogmatisch auch das kapitalistische Feindesland prägte.

In Wirtschaftskreisen werden die zehn Bescheidenheitsgebote seit Längerem als extrem hinderlich empfunden. »*Jantelagen* ist eine Möglichkeit der kleinen Leute, ihre Nachbarn in die Schranken zu weisen«, schrieb zornerfüllt der Ökonom Bengt Valdemarsson 1997. Er ersetzte das »wir« der Gemeinschaft kurzerhand durch den Staat und fügte angesichts der hohen Steuern den zehn Geboten ein elftes an: »Du sollst nicht glauben, dein Einkommen gehöre dir.« Unternehmer fürchten, die nicht-elitäre Einstellung führe dazu, dass ihre Leute keine Führungsrollen übernehmen wollen, sie fürchten, dass unter der Maxime, jedem die gleiche Chance zu geben, nur das Mittelmaß gefördert wird; alles nicht gerade vorteilhaft, um auf dem globalen Markt wettbewerbsfähig zu bleiben. Bisher hatte Schweden vor allem auf die Qualität seiner Produkte gesetzt und weniger auf Marketing und Werbung. Seit Innovation das neue Schlagwort ist, scheint man äußerst empfindlich darauf zu reagieren, sollte jemand jantegläubig immer noch denken, nicht gut genug zu sein.

Besonders gewitzte Berufsbewerber spielen damit, wie Christina Johansson Robinowitz und Lisa Werner Carr in ihrem Buch »Modern-Day Vikings. A Practial Guide To Interacting With The Swedes« beobachten. »*Jantelagen* verbietet es den Schweden, ihre besonderen Qualifikationen hervorzuheben«, schrieb ein junger Computerspezialist in seiner Online-Bewerbung. »Das Folgende ist eine brutale Verletzung dieses Gesetzes. Interessierte Arbeitgeber sind aufgefordert, eine angemessene Bestrafung festzulegen.«

Der allgemeine Wunsch, den Einfluss der scheinbar unausrottbaren Gebote auf das Verhalten der Leute wenigstens zu lockern, soll sogar zu einer Anti-Jante-Bewegung geführt haben, die teilweise recht drastisch geriet: Einmal hat man in einer Kleinstadt im Norden eine symbolische Jante-Figur auf ein Rafting-Boot gebunden und einen Fluss hinuntergestürzt, ein anderes Mal wurde *Jantelagen* vor Gericht gestellt und zum Tode verurteilt, woraufhin ein mit Heu ausgestopfter alter »Jante-Mann« auf dem Scheiterhaufen in Flammen aufging.

Gegenüber diesen mittelalterlich anmutenden Maßnahmen wirkt der Preis »Anti-Jante des Jahres«, den die Firma Kairos Future stiftete, beinahe brav. Mit diesem Preis soll eine Leistung ausgezeichnet werden, mit der Jante augenfällig überwunden wurde. Unter denen, die den Preis in den letzten Jahren verliehen bekommen haben, war einer, der das Antijanteschste getan hatte, was überhaupt vorstellbar war: Er hatte sich selbst nominiert.

Sieht man sich allerdings an, welchen Erfolg schwedische Unternehmen wie Volvo, SKF, H&M, Samsun oder Ericsson in den letzten Jahrzehnten hatten, kann man nicht gerade behaupten, *Jantelagen* hätte ihnen im Weg gestanden. Die Krise, die die schwedische Wirtschaft in den Neunzigerjahren durchlaufen hat, scheint aufgeholt; Stockholm wird wegen seiner hohen Dichte an Firmen der Telekommunikationsindustrie mittlerweile in Anspielung auf Silicon Valley schon »Wireless Valley« genannt. Auch viele Internetfirmen haben sich in und um die Hauptstadt angesiedelt. Wer sich heute in der Computerbranche bewirbt, erlegt sich die Selbstbeschränkungen des *Jantelag* kaum noch auf. Vergessen sind Bewerbungen, in denen trocken die Fähigkeiten und Ausbildungsstationen aufgezählt werden. In schwedischen Firmen wird mittlerweile Selbstdarstellung trainiert, nicht selten unter Anleitung extra eingeflogener, professioneller Selbstdarsteller; und dreimal dürfen Sie raten, woher die *coaches* kommen – natürlich aus den USA. Die paar amerikanischen Trainingsstunden fürs Ego werden aber wohl kaum dazu geführt haben, dass Schweden momentan laut Statistik eines der Länder sein soll, das die kreativsten und talentiertesten Geschäftsfrauen und -männer hat.

Ich glaube eher, dass hier die gleiche Ursache zugrunde liegt, die auch für dieses unverschämt erholte Aussehen vieler Schweden verantwortlich ist. Egal, ob Geschäftsleute, Universitätsangestellte oder Staatsbeamte, sie wirken alle so, als hätten sie gerade einen langen Sommerurlaub mit Entspannungsmassagen, frisch gepressten Säften und Rund-um-die-Uhr-Schlaf hinter sich. Und das kommt nicht etwa daher, dass sie weniger arbeiten würden. Es liegt vermutlich an der Struktur von Unternehmen, Universitäten und Staatsbetrieben. Während es in Deutschland klare Hierarchien gibt, in denen die eigene Position oft auf Kosten anderer erkämpft werden muss, sind die Hierarchien in Schweden stark gedämpft. Während in Deutschland ein Titel häufig verbirgt, dass nur ein Luftikus dahintersteckt, sieht man umgekehrt dem zurückhaltend auftretenden schwedischen Herrn im Westover nicht unbedingt an, dass er als Manager einer Firma eine Machtposition innehat. Und nur in Deutschland würde es befremdlich wirken, wenn die Chefin sich auf einmal darum kümmern würde, dass die Mitarbeiter auf der Besprechung ihren Kaffee haben. In Schweden nicht. In schwedischen Firmen schiebt häufig nicht die Sekretärin dröge Kaffeedienst, sondern es füllt auch mal der Ranghöchste Wasser in die Maschine. Das fällt aber niemandem weiter auf, weil Manager und Mitarbeiter sowieso auf derselben Etage sitzen, ganz nach Jantes Prinzip: »Du sollst nicht glauben, du seiest wichtiger als wir!« Manager haben eine beratende, unterstützende Funktion innerhalb eines Teams inne. Tonangebende Leithengste sind hier nicht so gefragt. Der ehemalige schwedische Ministerpräsident Göran Persson bekam wegen seines dominanten Führungsstils nicht von ungefähr sofort den Spitznamen HSB, *han som bestämmer*: der, der sagt, wo es langgeht.

Auch Kontrollmaßnahmen wie Abhandlungen über »Zielvereinbarungen« oder ein Ranking der Mitarbeiter, die deutsche Arbeitnehmer Nerven, Zeit und Schlaf kosten, sind selten. Die Schweden legen ihren Arbeitsverhältnissen ein aus heutiger Sicht beinahe archaisches Prinzip zugrunde: Es gilt gewissermaßen das Wort. Wer sich für einen Job qualifiziert hat, von dem wird selbstverständlich angenommen, dass er in der Lage ist, ihn auch verantwortungsbewusst auszuführen, ohne einerseits überwacht zu werden und ohne sich andererseits ständig lauthals beweisen zu müssen. Diese sogenannte »Freiheit mit Verantwortung« reduziert extrem den inneren Stress, was auch dem äußeren Erscheinungsbild guttut. Niemand muss fürchten, dass ein Kollege ihm den Rang abläuft; Autorität und eine höhere Position können nur durch Fachwissen und Erfahrung gewonnen werden, und ansonsten sitzen »alle in einem Boot«, wie Aris Fioretos sagt. »Unser Land ist eine recht junge Nation, die den Begriff der ›Klassenreise‹ kennt. Man kann innerhalb einer Generation den Aufstieg von einer Etage der Gesellschaft in die nächste machen. Heutzutage wird die Führungsschicht nicht aus der Belétage der Nation rekrutiert. Das prägt unsere Verhaltensformen. Wir ertragen blanke Autorität nur schwer. Ein kleines Beispiel: Der schwedische Ministerpräsident spricht seine Minister öffentlich mit Vornamen an, manchmal sogar mit Kosenamen.«

Eine Freundin, die zwanzig Jahre ihres Arbeitslebens in einem DDR-Kollektiv zugebracht hat, sagte mir, sie würde einen Betrieb der Planwirtschaft einem freien Wirtschaftsunternehmen zwar nicht gleichsetzen wollen, ziehe aber die schwedische Ethik des flachen Managements der roher werdenden westdeutschen Variante auf jeden Fall vor.

Ich bin mir im Klaren darüber, dass hier eine unverschämt positive Sicht dargestellt wird. Schwedische Bekannte teilten mir mit, dass meine idealen Menschen am nächstbesten Rendezvous in einem Café im Stockholmer Södermalm mit hoher Wahrscheinlichkeit gerade nicht beteiligt sein würden. Da stellten beide Seiten vielmehr relativ schnell klar, in welcher Liga sie spielten, und wenn die Gehaltsklasse zu niedrig wäre, blieben auch die Gefühle im Keller. Und nicht jeder gefällt, dass ihr Manager-Gehalt im internationalen Vergleich lächerlich gering ist und dass sie das, was sie hat, nicht für ein teures Auto ausgeben kann, sondern heimlich verprassen muss, weil Luxus noch immer ein Tabu ist. Außerdem gibt es Unternehmen, die schon so globalisiert sind, dass ihre Mitarbeiter das, was ich hier schreibe, höchstens noch an graue Vorzeiten erinnern mag. Aber da ich an Schweden unbeirrbar immer wieder mein Herz hänge, bringt mich das nicht aus der Ruhe. Auch Wodka nicht. Absolut nicht. *Absolut Vodka* schon gar nicht.

Wussten Sie, dass die hochschultrigen, kurzhalsigen Flaschen, deren Beschriftung direkt auf dem Glaskörper sitzt, aus Schweden stammen? Das Marketing jedenfalls scheint auf eine solche Identifizierung keinen großen Wert zu legen; man gibt sich global. Die Homepage ist selbstverständlich in Englisch. Die Künstler, die der Konzern als einer der ersten überhaupt für die Gestaltung ihrer Werbekampagnen gewann, sind absolut nicht schwedisch. Andy Warhol sagte in den Achtzigerjahren allen, die es hören wollten, und den anderen auch, dass dieser Wodka so hipp sei wie er selbst und alle Leute, die ihn trinken, noch viel hipper. Herb Ritts, Keith Haring und viele andere machten damit weiter, und mittlerweile ist nicht mehr zu unterscheiden, ob die Künstler den Wodka oder der Wodka die Künstler berühmt gemacht hat. Klar sind nur zwei Dinge. Erstens: Man wird in jedem Fall betrunken. Zweitens: Von *Jantelagen* ist hier nichts mehr zu spüren.

Dabei könnte *Absolut Vodka* kaum schwedischer sein. Der Konzern ist ein Staatsunternehmen, eine Tochterfirma von *Vin & Sprit*, dem Alkoholproduzenten, der zu 100 Prozent dem schwedischen Staat gehört. Derzeit laufen Verkaufsverhandlungen, aber auch danach wird ein Großteil der schwedischen Alkoholproduktion immer noch staatlich sein. Gebrannt wird der Wodka mit südschwedischem Weizen im kleinen Ostseestädtchen Åhus. Schwedische Apothekenflaschen haben der Flaschenform des Wodkas Modell gestanden. Lars Olsson Smith erfand 1879 eine neue Destilliermethode, mit der keine der vielen anderen Schnapsbrennereien in Schweden mithalten konnte. Sein Spezialgebräu nannte er *Absolut Renat Brännvin*.

Weil *Absolut Renat Brännvin* absolut nicht sexy klang, war die Marke in den wilden Siebzigerjahren vollkommen unpopulär geworden. Gekauft wurde ohnehin wenig, da die Abstinenzbewegung seit Beginn des 20. Jahrhunderts für ein ausgeklügeltes System der Alkoholrationierung gesorgt hatte. Die Abstinenzler hatten in Schweden eine ebenso große Durchschlagskraft wie die Arbeiterbewegung. Und so mussten bis 1955 alle, die überhaupt trinken durften, und das waren nur erwachsene Männer und unverheiratete Frauen (war die Frauenbewegung von Abstinenzlern unterwandert?), ihren Alkoholkonsum in einem Heftchen notieren, dem sogenannten *motbok*. War die erlaubte Menge von drei Litern Branntwein pro Person erreicht, gab es für diesen Monat keinen Tropfen mehr. Wer eine Party feiern wollte, musste vorher ansparen. Um das Verbotene noch verlockender zu machen, wurde der Alkohol auch nach 1955 nur in staatlichen Läden zugeteilt. Dieses *Systembolag* hatte natürlich am Wochenende nicht geöffnet und auch sonst Öffnungszeiten, zu denen Normalsterbliche nicht einkaufen konnten oder Schlange stehen mussten. »Schnaps gab es nur zu bestimmten Stunden«, schrieb Tucholsky, »wodurch wir unbändig gereizt wurden, welchen zu trinken – er war klar und rein und tat keinem etwas, solange man nüchtern blieb.«

Wer Freitag spät dran war und noch eine Flasche Wein fürs Wochenende ergattern wollte, fühlte sich einem DDR-Bürger, der Südfrüchte kaufen wollte, sicherlich sehr nah. Das zeichnet sich auch in der treffenden Formulierung »das System« ab, wie *Systembolaget* liebevoll im Volksmund heißt; ein Spitzname von beinahe orwellscher Dimension.

Und es freut mich an dieser Stelle ungemein, feststellen zu können, dass die DDR in einer Sache Schweden doch voraus war; wir hatten zwar keine große Auswahl an Alkohol, davon aber jede Menge. (Eine Begründung, warum diese Läden am Sonnabend geschlossen hatten, lautet übrigens: wenn die Männer am Sonnabend nicht nachtanken können, werden die Frauen einen Tag weniger geschlagen...)

Heute haben sich die Regeln erheblich gelockert. *Systembolaget* hat länger geöffnet, man darf sich selbst bedienen, und die Preise sind nicht mehr ganz so astronomisch. Aber das geschah keineswegs freiwillig. Während es der Türkei zum EU-Beitritt immer noch an der Einhaltung von Menschenrechten mangelt, mussten Schwedens Hüter der menschlichen Leber 1995 den EU-Einfuhrbestimmungen Tribut zollen; die Preise sanken.

Die Auswirkungen dieser langen Leidensgeschichte kann man allerdings auch heute noch gut an lebenden Beispielen beobachten. Ein Freund, der seit einiger Zeit mit einer Stockholmerin verbandelt ist, erzählte mir, dass er jetzt ein ganz neues Verhältnis zur Kälte entwickelt habe.

»Wenn mir früher auf einem Spaziergang kalt wurde, dann habe ich, um mich aufzuwärmen, gern irgendwo einen Kaffee oder einen heißen Tee getrunken. Wenn ich jetzt mit ihr unterwegs bin und sie fröstelt, dann will sie auch sofort etwas trinken, aber sie meint jedes Mal Wodka.«

Auch der Klein-Samstag hat sich hartnäckig gehalten: Im Gegensatz zu Deutschland, wo nicht weniger, nur regelmäßiger getrunken wird, hat man hier das Wochenende zum Termin fürs Komasaufen erklärt, und weil ein Wochenende vom anderen eine Ewigkeit entfernt ist, wurde der Mittwoch ein kleiner Samstag, an dem ebenfalls gebechert wird.

Noch in den Siebzigern waren die Voraussetzungen, mit Alkohol legal gute Geschäfte zu machen, jedenfalls denkbar ungünstig. Um nicht halb Åhus in die Arbeitslosigkeit zu stürzen, kam den Chefs von *Vin & Sprit* das gelobte Land

Amerika in den Sinn. Natürlich tranken die Amerikaner bloß ihren eigenen Wodka, den sie mit russischen Namen versahen, damit er echter, und zwar nach dem schmeckte, was man sich unter der russischen Seele vorstellte. Aber wenn nur ein verschwindend kleiner Teil der amerikanischen Bevölkerung auf schwedischen Wodka umsteigen würde, so die Logik schlauer Unternehmer bei *Vin & Sprit*, müsste der Åhuser Weizen schon schneller wachsen. Die erste große Werbekampagne wurde in den USA entwickelt, dann kam Warhol, und heute trinken nur noch Russen amerikanischen Wodka.

Seither versuchen schwedische Manager, ihren amerikanischen Kollegen beizubringen, dass sie nicht immerzu wie die Dompteure herumlaufen müssen, und amerikanische Manager erklären den schwedischen Kompagnons, dass jemand aber doch sagen müsse, wo es langgeht.

Jantelagen hängt irgendwo dazwischen. Ich hoffe, dass es am Ende nicht verdunstet wie Alkohol. Amerikanische Angestellte sehen im Gegensatz zu den schwedischen nämlich nur deshalb gut aus, weil sie sich ständig Kosmetikbehandlungen, Aromatherapien und Schönheitsoperationen unterziehen.

Außerdem wecken diese zehn strengen Gebote eine gesunde Skepsis Menschen gegenüber, die auf irgendeine Weise Macht über andere auszuüben versuchen.

Kleiner Nachtrag:

Mittlerweile ist ein neues Alkoholproblem aufgetaucht. Der »Wodkagürtel«, der sich laut Anitra Steen, der Chefin von *Systembolaget*, »aus dem tiefsten Sibirien bis hinunter zum Öresund zieht«, sitzt durch neue EU-Bestimmungen mittlerweile lockerer. Bisher durfte Wodka in Europa nur aus Kartoffeln und Getreide gebrannt werden. Laut der neuen Bestimmungen dürfen die Hersteller künftig alles benutzen, was ihnen in die Finger kommt, also aus Gärrückständen der Weinherstellung oder Testern so eine Art flüssige *Pytt i Panna* machen, so lange sie es auf der Flasche ausweisen. Das veranlasste wiederum den Chef des finnischen Wodka-Imperiums zu der Bemerkung, die neuen Kollegen aus Frankreich oder Großbritannien sollten dann bitte auf ihren Etiketten vermerken: »Hergestellt aus Abfall.«

So trotten wir gemach und fromm | von Bacchi Trubel und Tumult. | Und wenn der Tod ruft »Nachbar, komm, | dein Stundenglas ist voll!« | dann, Alter, wirf die Krücke fort, | und Jüngling, höre mein Gesetz: | Die Nymphe, die dir lächelt dort, | nimm in die Arme jetzt! | Dünkt dir zu tief der Grund des Grabs, | nun wohlan, so nimm getrost 'nen Schnaps | trink noch ein oder zwei oder drei hinterher | dann stirbst du fröhlicher!

Erste Strophe des Tischliedes *Måltids Sång*
von Carl Michael Bellman.
Übersetzung von Klaus-Rüdiger Utschik

Skiwachs, Muskel, Sportart

Wenn Sie bis zu dieser Stelle im Buch vorgedrungen sind, müssen Sie den Eindruck bekommen haben, Schweden sei ein Land, in dem immer Sommer ist. Das stimmt zwar mit dem Eindruck überein, den echte Schweden haben, wenn sie sich an ihre Kindheit erinnern – immer war es Sommer, immer war es heiß, das Gras stand hoch, der Wind ging leicht über das Gras, es roch nach Pilzen und warmer Erde, die Lippen waren blau von Heidelbeeren, und die Tage nahmen kein Ende –, entspricht aber nicht der Wahrheit. Ich kann Ihnen versprechen, dieses wird ein Winterkapitel. Ein einziges eisiges, verfrorenes Zwischenspiel. Eine verschneite Landschaft. Eine stille, vom Krachen im Eis durchdrungene, dunkel leuchtende Welt. Eine Welt im Winter, in der »der nächste Nachbar, das ferne, blinkende Licht eines Fensters sechs Kilometer weiter weg ist, auf der anderen Seite des Sees«, wie Lars Gustafsson schreibt. Zweige und ganze Äste hat ein nächtlicher Sturm von den Tannen gerissen und auf die Dorfstraßen geschleudert. Die Straßen werden geschoben, aber nicht gestreut, und auf der festgefahrenen Schneedecke liegt ein rutschiger Film aus Eis. In den Schneewehen Spuren von

Füchsen, Rehen, vielleicht ein Elch. Nur langsam wird es hell. Der Mond steht bleich und verloren noch immer am Himmel. In der Ferne kreuzt jemand insektenhaft auf Skiern das Feld. Der Atem steht hinter ihm in der Luft. Die Bommel schlägt aus. Der Schal klebt gefroren am Mund, tief sinkt er in die brüchige Schneedecke.

Das ist mein Vater. Während ich in aller Frühe am Fenster stehe und die Scheibe vom Dampf des Kaffees beschlägt, läuft er Ski durch die schwedischen Felder, um fit zu werden für den Vasalauf. Mein Vater hat Sport studiert. Da ich seine Tochter bin, kann man davon ausgehen, dass mir als sehr junger Mensch zwei mögliche Richtungen vor Augen standen, in die mein Leben gehen konnte: Entweder werde ich ein blasses Mädchen mit Kniestrümpfen, das sich beim Lesen die Augen verdirbt, beim Zwei-Felder-Ball den Ball immer voll gegen den Kopf kriegt und mit vierzehn an Bleichsucht erkrankt; entweder also die Totalverweigerung, oder ich laufe mit. Gewöhnlich laufe ich mit. Schon weil mir lange Kniestrümpfe ein Gräuel sind. Aber neunzig Kilometer durch den Wald zu spurten scheint mir angesichts dieser dampfenden Tasse Milchkaffee und der Aussicht, einem langsamen Sonnenaufgang bleichsuchtfrei und in Decken gehüllt auf der Veranda beizuwohnen, heute nicht ganz so reizvoll.

Mein Vater hat davon geträumt, diesen Königslauf aller Skiangläufe mitzumachen, seit er in den Sechzigerjahren als Student mit Stoppuhr durch den matschigen Schnee von Jena gerannt ist und sich nur danach sehnen konnte. Dass 1975 ein DDR-Athlet den *Vasalopp* gewann, brachte ihn dem Traum nicht näher; teilnehmen durften ausschließlich Hochleistungssportler mit astreiner Kaderakte.

Heute braucht er dafür nur eine astreine Kondition, weshalb er sich im Sommer bei Laufwettbewerben durch Wälder und Burgen und seit Einbruch des Winters in den Loipen deutscher Mittelgebirge mit steigendem Schwierigkeitsgrad vorbereitet hat. Er braucht 158 Euro für die Startgebühr und eine Anmeldung, die man besser schon ein Jahr im Voraus erledigt. Nachdem am ersten Vasalauf am 19. März 1922 nur 119 Läufer teilnahmen, hat man die Zahl mittlerweile aufgrund der großen Nachfrage auf schlappe 15 000 begrenzen müssen.

Als die Sonne an diesem Morgen hochsteigt und das vereiste Feld flutet, kehrt mein Vater von seiner Morgenrunde zurück, schwitzend unter der Oberfläche, blau gefroren darüber, und wieder dampft Kaffee, diesmal auf den blau-rot-karierten robusten Deckchen unserer kleinen, robusten holzgetäfelten Küche.

Wir sind in Mora. Ich weiß nicht wie, aber wir haben eine der vielen Hütten auf dem Campingplatz ergattert, die auf Jahre hinaus gebucht und selbst im Hochsommer nicht so überlaufen sind wie von Ende Februar bis Anfang März. Im Minutentakt treffen neue Autos ein. Auf dem Dach tragen sie Ski, bis unters Dach sind sie beladen mit Kraftnahrung: Bananenstauden, Müsliriegel, Schokoladentafeln, Trinkjoghurts. An den Felsen hinter den Hütten hängen wuchtige Eiszapfen. Vor den Hütten dehnen Menschen ihre Muskeln. Vor den Hütten rennt immer mal einer im Kniehebelauf, im Wechselsprung oder in einem kurzen Sprint vorbei; das Lauf-ABC. Rote Gesichter beugen sich über Landkarten, und alle tragen diese windschnittigen, hautgleichen Anzüge, in denen auch muskulöse Beine immer dürr aussehen. Viele sind gleich im Verein angereist, wie an den Aufschriften der Fleecepullis, der schweißaufsaugenden Kunstfaserhemden, Anoraks und Laufjacken zu erkennen ist. Die Skihasen kommen aus Tschechien, Deutschland, Norwegen und Holland, was sie morgen auf dem Lauf mit einer entsprechenden Beflaggung neben ihrer Startnummer kenntlich machen werden und womit sie den Zuschauern an der Strecke längst verloren geglaubte Fremdsprachenkenntnisse entlocken, feurig herausgeschrien.

Das Aufgebot an schwedischen Vereinen ist allerdings nicht zu überbieten; Schweden ist das Land, das schon für den ersten Lebensschrei und noch für den letzten Lebensseufzer einen Verein zu bieten hat, in dem jeweils das eine oder das andere organisiert geäußert werden kann; auch Ski fährt man gern in der ganzen Belegschaft. Langlauf dürfte eine der Sportarten sein, die der schwedischen Mischung aus Kollektivgeist und Selbstbestimmung voll entspricht: Man trifft sich in der Gruppe, um dann mit sich allein durch den Wald zu laufen. Momentan kann vom Alleinsein allerdings nicht die Rede sein. Trotz der Vielsprachigkeit auf dem Campingplatz verstehen sich alle prima, denn immer geht es um Steig- oder Gleitwachs, um Kleister und Grundierungen der Laufsohlen, um Harsch und Mulch, Schneearten, für die man jeweils anderes Steig- und Gleitwachs, andere Grundierungen benutzt, und alle haben von den Mützen plattgedrückte Frisuren und dieses Fieber in den Augen, schon zwei Tage vor dem Start.

Man nimmt noch einmal die Zeit auf zehn Kilometern, rechnet sie auf neunzig hoch und addiert eine grobe Stunde für die Pausen. Das Hochrechnen ist eine Strategie, um verfrühte Adrenalinausschüttungen unter Kontrolle zu halten, und es hält auch eine der größten Ängste in Schach: Man könnte das Zeitlimit pro Streckenabschnitt nicht einhalten und vor dem Ende des Rennens aus dem Rennen sein. Niemand möchte vor dem dicken, deprimierenden Seil stehen, das über die Loipe gespannt wird und anzeigt, dass man zu langsam ist. Allerdings ist das Zeitlimit großzügig berechnet. Jeder hat zwölf Stunden. Schließlich wollen die Veranstalter die Verpflegung nicht umsonst herangeschleppt haben. An den Stationen auf der Strecke gibt es so viel Blaubeersuppe (35 000 Liter), so viel Milchsuppe (3000 Liter), Kaffee (5500 Liter) und Vasalauf-Hefestücke (65 000), dass die Läufer länger pausieren als nötig und am Ende keine Vorausberechnung mehr stimmt, es sei denn bei den Profis. Die Profis laufen die Strecke in circa vier Stunden wie etwa Nils Karlsson, der in den Fünfzigerjahren neunmal hintereinander gewann. Wenn die große Volksfütterung beginnt, sind sie längst auf und davon.

Wie schnell Gustav Eriksson Vasa war, ist in den Falten der Geschichte versunken. Viel zu sich genommen hat er unterwegs sicher nicht. Als er 1521 nach Mora kam, war er auf der Flucht vor seinen dänischen Feinden. Er gehörte zu denen, die keine Lust mehr hatten, von Dänemark aus regiert zu werden, und versuchten einen Aufstand anzuzetteln. Vasa wurde gefangen genommen und entkam. In Mora bemühte er sich erfolglos, die Bauern zum Widerstand zu mobilisieren. Die hatten keine Lust, ihre Höfe zu verlassen, und so rannte er weiter gen Westen, weg von Stockholm. Dort hatte Christian II., dänischer König und Regent der Kalmarer Union, die drei skandinavische Reiche unter einer gemeinsamen Verwaltung vereinte und mit dänischen und deutschen Vögten besetzt war, gerade 82 Widersacher niedergemetzelt, darunter Vater und Bruder Gustav Vasas. Die angeblichen schwedischen Widersacher hatten sich allerdings im Stockholmer Schloss versammelt, um den dänischen König mit einer Party zu begrüßen. Offenbar fühlte der sich aber in seiner Herrschaft so ungesichert, dass er sie in einem Gewaltakt, wie man ihn heute vor allem von Putin kennt, mit dem Schrecken des »Stockholmer Blutbads« aufzuwerten gedachte. Was er dabei nicht einkalkulierte, war der auf ungewachsten, stumpfen Holzski und wie damals üblich mit nur einem Skistock voranhetzende Vasa, der den Stock wie ein Stechpaddel quer vor dem Körper in den aufpeitschenden Schnee hieb und nicht so aussah, als wollte er aufgeben. Was der Däne nicht bedachte, war, dass ihn das bis heute für die Schweden zu »Christian, dem Tyrannen« machen würde. Oder es war ihm egal. Für die Dänen blieb er schließlich immer »Christian, der Gute«.

Als die Bauern in Mora den Blutgeruch aus Stockholm endlich auch witterten, besannen sie sich und schickten Vasa zwei ihrer schnellsten Skiläufer hinterher, die den Adligen in Sälen einholten und ihn der Unterstützung der Bauernschaft versicherten, sodass Vasa schließlich mit zusätzlicher Hilfe aus Lübeck die Hauptstadt einnehmen und Schweden von Dänemark unabhängig machen konnte. Er verwandelte katholische Klöster in königliche Lehen und ließ in seiner Begeisterung für die Ideen der lutherischen Reformation die erste Bibel ins Schwedische übersetzen, die folgerichtig heute nicht Luther-, sondern Vasa-Bibel heißt. Um die Zentralmacht zu stärken, ersetzte er das Wahlkönigtum durch das Erbkönigtum, wodurch ein paar Jahrhunderte lang die Familie Vasa an der Macht blieb, bevor die Bernadottes importiert wurden, die heute noch den König und demnächst auch die Königin stellen.

Als Schweden sich in den Umbruchjahren des frühen zwanzigsten Jahrhunderts ein neues Image gab, wollte auch der Journalist Anders Per nicht zurückstehen und brachte den Gedanken ein, dass man in Erinnerung an Vasas Heldentat doch alljährlich in die Loipe steigen könnte. Weshalb Mora und Sälen jetzt regelmäßig überschwemmt und alle verfügbaren Leute aus der näheren und weiteren Umgebung abgezogen werden, damit sich jemand um die einfallenden Massen kümmert. Allein an den Verpflegungsstellen auf der Strecke arbeiten 800 Menschen. Köche werden gebraucht, die 3000 Kilo Kartoffeln, 2000 Kilo Fleischklöße, 2000 Kilo Gemüse und 2000 Kilo Soße zu etwas verarbeiten, das den Läufern nach ihrer Mammut-Tour serviert werden kann, und jemand muss es servieren, und aus 165 Kilo Butter, 245 Kilo Käse, 400 Brotlaiben und 1200 Kilo Gurken Schnittchen zu schmieren ist auch nicht gerade die Sache eines Einzelnen.

Und dann muss noch jemand die zwanzig LKWs fahren, die die 30000 Rucksäcke und Beutel mit der Wechselkleidung der Läufer vom Startpunkt zum Zielort schaffen, und jemand muss sie dort sortieren und an die erschöpften Glücklichen wieder austeilen, womit noch mal 240 Menschen beschäftigt sind. Und ein paar sollten schließlich noch als Zuschauer verfügbar sein, um die Läufer anzufeuern, angeblich soll es sich da um 50000 handeln. Das kann, selbst unter Berücksichtigung der Angehörigen der Läufer, nur funktionieren, wenn das Einzugsgebiet für Schaulustige und Helfer nicht nur Göteborg und Stockholm einschließt, sondern sich gleich bis Lappland erstreckt. Mora und Sälen sind gewöhnlich stille Orte mit kleinen Gärten vor ihren Kirchen und mit äußerst überschaubaren Fußgängerzonen.

Jetzt ist nichts überschaubar, aber jeder ist gelassen. Obwohl alle Dachkammern, alle freien Kinderzimmer, alle Isomatten und Keller ausgebucht sind, von den regulären Unterkünften ganz zu schweigen, ist jeder von etwas beseelt, das sich in Deutschland einfach Sportsgeist nennen würde, hier aber angesichts der endlosen Weite der verschneiten Wälder, die gleich hinter den Menschenmengen beginnt, ein sanftere Ausprägung hat. Man scheint ergriffen davon, hier zu sein.

Unter den Köchen, die nach Mora beordert werden, wird man keinen aus der Nationalmannschaft finden, auch wenn die im Schnellkochen geübt sind. Während sich die Langläufer durch Schneestürme und Schneewehen kämpfen, bereiten sich die Köche des *kocklandslag* am 300 Kilometer entfernten Mälarsee, gegenüber von Schloss Gripsholm, auf den nächsten Weltcup vor. Ihr Trainingslager ist im Keller des »Gripsholms Värdshus & Hotell« untergebracht, einem lichten Restaurant. Eine kleine Bahn hält vor der Tür. Gewöhnlich steigt hier die Tucholsky-Fangemeinde ab. Manchmal sind auch Theaterfans darunter, die sich für das kleine, überraschend gut ausgestattete Schlosstheater interessieren, oder Architekturliebhaber, die wissen wollen, wie das aussieht, wenn Schlossherren, wie jene von Gripsholm, echte Backsteine für zu wenig echt befinden und sie künstlich echter machen. An einer der Schlossfassaden, die rot über den Mälaren leuchtet, wurden Fugen und Steine noch einmal in der Farbe von Fugen und Steinen bemalt.

Die Zubereitung der Gerichte, die die Koch-Nationalspieler in den verchromten Töpfen ihrer unterirdischen, weißgekachelten Großküche fabrizieren, ist entweder zu kapriziös oder – im Falle der kalten Küche – dauert schlicht zu lange, um sie an Tausende erschöpfter Athleten zu verfüttern. Die Zubereitung einer Nachspeise kann sich in dieser internationalen Disziplin über mehrere Tage hinziehen. Immer wieder wird mit dem Lineal nachgemessen, immer wieder ausgebessert, bis aus einer einfachen Creme ein minimalistisches Kunstwerk geworden ist. In der zweiten Disziplin, der warmen Küche, wird auf internationalen Wettkämpfen im Zeitraffer gekocht. Innerhalb von fünf, sechs Minuten sollte das Drei-Gänge-Menü für hundert Personen schon auf dem Tisch stehen, um in die Nähe einer Medaille zu kommen. Kochen dürfte übrigens die einzige Sportart sein, in der es gemischte Teams gibt; der schwedischen »Mannschaft« gehört die sagenhafte Menge von zwei Frauen an. Für ihre Kreationen ist das »Swedish Culinary Team« schon dreimal Olympiasieger geworden und straft als Weltklasse-Küche alle Reden Lügen, die, wie ich im Lappland-Kapitel, behaupten, Schweden wäre ein Land des radikal schlichten Geschmacks.

Im normalen Leben arbeiten die Koch-Olympioniken in Fünf-Sterne-Restaurants in Stockholm oder Göteborg. Es könnte allerdings noch eine Weile dauern, ehe das exklusive Kochen auf das alltägliche Kochen abfärbt und auch der Rest des Landes aus seiner kulinarischen Starre erwacht. Im kleinen Restaurant *Målkull Ann's* in Mora ist man jedoch auf bestem Wege. Zum Vasalauf wurde ein Vasalopps-Menu entworfen; zwei Ski auf dem Cover sind zu einem Blumenstrauß arrangiert. Als Startspeise gibt es nicht näher ausgeführte Köstlichkeiten aus dem Wald. Der *Lopp* wird mit Pasta, Risotto oder Lachs durchgeführt, als Highlight gibt es Blaubeergrappa.

Mein Vater rechnet damit, dass er als Acht- bis Zehntausendster ins Ziel kommt. Würde er später noch auf der Vätternrunde 300 Kilometer Fahrrad fahren, drei Kilometer auf dem *Vansbrosimning* schwimmen und dreißig Kilometer den

Lidingolöpp laufen, dann könnte er neben das Vasalopp-Diplom noch das »Klassikerdiplom« an die heimische Wand hängen, aber erst einmal sind wir hier.

Und hier wird ein Plan entworfen. Geplant wird, wer wann wo an der Loipe zu stehen hat, um ihn mit Schokolade zu versorgen oder den Bananenproviant zu erneuern, vielleicht muss er irgendwann das durchgeschwitzte Shirt wechseln. Er rechnet damit, dass er die ersten zehn Kilometer in fünfzig Minuten schafft, die zweiten auch, bei jeden weiteren zehn rechnet er schon mit über einer Stunde. Meine Mutter hat sich die Straße angesehen, die neben der Strecke verläuft. Über Nacht hat es erneut geschneit, es gibt Spurrillen an den Kreuzungen, sie fürchtet, dass wir ins Schlittern geraten, dass die Parkplätze nicht reichen, dass wir nicht rechtzeitig zum Start durchkommen, dass wir meinen Vater an der Strecke nicht finden, dass er sich was bricht, dass.

Auch ich habe jetzt Angst um meinen Vater, eine Angst, die mit dem Fieber auf dem Campingplatz steigt. Und weil es vor dem Fieber kein Entrinnen gibt, mache ich die zweite Trainingsrunde, die er am Nachmittag einlegt, mit. Zwischendurch denke ich, ich hätte mich vielleicht, um ihn nicht ganz zu enttäuschen, für den *Halv-Vasa*, die Halbe Strecke, oder den *Tjejvasa*, den Mädchenlauf, anmelden sollen; Läufe, die während des sechstägigen Vasa-Spektakels ebenfalls stattfinden. Es wäre eine Art Kompromiss gewesen zwischen langen Kniestrümpfen und Extremsportlerin, aber dafür ist es zu spät, und ich zockele auf meinen nachlässig gewachsten Ski hinter ihm her über die super glatt zurechtgefräste Trainingsloipe, die über eine Hochebene, ein vereistes Moor, an Feldrainen und Seeufern entlangführt, und, wie mir scheint, hauptsächlich Anstiege hat.

Auf dem Moor liegt der Schnee glitzernd und glatt, nur an den wenigen, niedrigen Bäumen ist er eingesunken, dort bilden sich Mulden, schattige Höfe, an deren Rändern der Schnee in Eis übergeht.

Die Wintersonne wirft ein beinahe unirdisches Licht. Sie steht tief, lange scharfe Schatten schälen sich aus der Landschaft. Jenseits der Schatten sind Schneisen in blendende Helligkeit getaucht, die Zweige der kleinwüchsigen Kiefern und das vereiste Gestrüpp schimmern kristallen. Die Beleuchtung scheint von unten zu kommen, die eigene Silhouette wandert als riesenhafter Doppelgänger nebenher, und weit über der Fläche liegt kobaltblau der Schnee.

Die Luft ist so klar und frostig, dass in den Abdrücken, die die Skistöcke meines Vaters neben der Spur hinterlassen haben, einzelne filigrane Schneekristalle zu erkennen sind.

Käme ein Schneesturm auf oder Nebel, könnte man kaum bis zu den eigenen Skispitzen sehen. Dann wären nur der eigene Atem und das Zischen der Laufsohlen noch Orientierung im bleiernen Nichts und manchmal das Geräusch, wenn eine Schneelast zu Boden fällt. Es soll Jahre geben, in denen den Vasaläufern auf dem windigen Plateau, das sie zu Beginn des Laufs überqueren müssen, am Gesicht Eiszapfen wachsen.

Wir haben eine Trainingsstrecke mit blauer, roter oder grüner Markierung gewählt, die Farben zeigen die Schwierigkeitsgrade an, aber ich weiß nicht mehr, um welche es sich handelt. Auf jeden Fall sind wir auf einem Fjäll. Im Zweifelsfall ist man immer auf einem Fjäll. Die meisten Skigebiete, die nördlich von Vänern und Vätternsee beginnen, haben einen Namen, in dem vorn oder hinten das Wort *Fjäll* vorkommt. Auf unserem Fjäll gibt es nicht nur Langlaufschleifen, sondern auch mit Liften übersäte Hänge für die Abfahrer, die diese zur Not hochlaufen könnten, denn die Berge erreichen kaum die Tausend-Meter-Grenze. Die Abfahrten scheinen für Anfänger, Sonntagsskifahrer und Verliebte gemacht. An jedem Lift gibt es eine Feuerstelle, ein Lagerfeuer brennt, jemand grillt Würstchen oder Schaschlik. Es riecht sandig mild nach Feuerholz. Trotz der geringen Höhe ist es eisig; nur ein paar Meter Höhenunterschied, und schon ist das Gesicht in die Kälte gesperrt wie in Glas. Wahrscheinlich sind die Abfahrten deshalb so kurz. Wären sie länger, würde das Gesicht zerspringen, bevor man die nächste Feuerstelle erreichte.

Meine Langlaufloipe führt an keinem der Lagerfeuer vorbei. Die schwedischen Läufer, die immer dann locker und beinahe geräuschlos an mir vorüberschwingen, wenn es besonders steil wird, tragen blau verspiegelte, am Gesicht festgesaugte Sonnenbrillen, als wären sie an der Cote d'Azur, und manchmal sind sie sogar ohne Handschuhe unterwegs.

In Wintern wie diesen liegen die Schneetunnel verwaist. Bei Torsby ist vor kurzem eine dieser überirdischen Pipelines eröffnet wurden. Sie schlängelt sich durch die Landschaft und ist besonders im Sommer stark frequentiert: Glitzernde, gespurte Loipen ziehen sich im Inneren der Röhre durch die außen mit Butterblumen und Brennnesseln übersäte Wiese, den pilzbestandenen Wald. Dann trainieren hier auch schon mal Weltklasse-Biathleten wie Anna Carin Olofsson, Carl Johan Bergman oder Helena Jonsson auf den Spuren von Magdalena Forsberg. Die Schneetunnel werden dringend gebraucht. Im Spezialanglauf waren die Schweden mit Gunde Swan oder Sixten Jernberg einst richtig gut. Mittlerweile kommen die Läufer geschlagen ins Ziel nach dem aussichtslosen Bemühen, die Norweger in der Loipe abzuhängen. Die Norweger geben heute die Zeiten vor, und die Schweden hecheln hinterher, was aus bereits genannten Gründen empfindlich schmerzt. Eine ähnliche Empfindlichkeit gibt es ansonsten nur noch gegenüber den Finnen. Da messen sich beide Länder allerdings in der Leichtathletik. Zwischen Schweden und Finnland gibt es einen Wettkampf, deren dpa-Siegermeldungen jeder deutsche Sportredakteur sofort in die Ablage legen würde: Der *Finnkamp* ist ein Zwei-Länder-Kräfte-Vergleich, der jährlich für die Entlüftung ansonsten still gehegter Ressentiments sorgt. Die Ressentiments gehen noch auf eine Zeit zurück, in der Finnland zu Schweden gehörte. Erst 1809 verlor der schwedische König Gustaf IV. Adolf im Frieden von Fredrikshamn die

Åland-Inseln und Finnland. Und vielleicht, weil der Nachbar einem selbst so nah und gleichzeitig doch anders ist, will man jedes Jahr wissen, wer besser abschneidet. In der Leichtathletik brauchen sich die Schweden im Moment allerdings keine Sorgen zu machen. Mit der Hürdenläuferin Susanne Kallur, dem Dreisprung-Star Christian Olsson, den Hochspringern Stefan Holm und Kajsa Bergqvist und dem Sprinter Johan Wissman können finnische Athleten kaum mithalten.

Neben dem *Finnkamp* ist der *Tiomila* eine echte Merkwürdigkeit des schwedischen Sports. Dieser Marathon im freien Gelände scheint wie der Vasalauf anzudeuten, dass es den Schweden offenbar vor allem die Durchhaltedisziplinen angetan haben. Ein Läufer beschreibt seine Erfahrungen bei diesem Tag-und-Nacht-Hindernisrennen so:

»Während man mit einer Horde wilder, adrenalingetriebener Verrückter durch die dunklen, tropfenden schwedischen Wälder hetzt, in die Karte und eine uralte Landschaft vertieft, ist die wirkliche Welt weiter weg als je zuvor. Die Lungen pumpen, die Beine schmerzen, das Gehirn arbeitet, die Augen brennen. In einer zehnbeinigen Staffel und über zehn Meilen (die schwedische Meile, also ungefähr 10 Kilometer) rennt man durch eine Frühlingsnacht, auf dem berühmtesten aller Staffelläufe, das ist Tiomila.«

Man scheint sich hier gern ausführlich zu erschöpfen. Auch wer tanzt, macht das möglichst mit Ausdauer. Auf dem Hälsingehambo-Festival in Bollnäs beispielsweise werden jedes Jahr im Juli auf einer siebzig Kilometer langen Tanzstrecke die Weltmeisterschaften im traditionellen Hambo-Tanz ausgetragen; eine Art Extrem-Schuhplattler, bei dem in schweren Folklore-Kostümen Straßen und Fußballplätze betanzt werden.

Schon an diesen wenigen Beispielen wird deutlich, wie abwechslungsreich der schwedische Sport im Vergleich zum deutschen ist, erst recht in den Medien, wo deutsche Sportredakteure in ihrem Angebot die Vielfalt eindeutig vermissen lassen. Deutsche Sportredaktionen sind entweder fußballverseucht oder radrennsportverseucht; ein Seuchencocktail, der direkt aus den Vorstandsetagen kommt, wo ordentlich Geld in die Seuchenverbreitung gepumpt wird, was wiederum so viel Geld produziert, dass die Geldgeber am Ende selber glauben, nicht ihr künstliches Anheizen der Seuche, sondern der freie Wille führte die Zuschauer dazu, nur noch überbezahlten Fußball und scheinheiligen Radsport zu gucken. Ich möchte an dieser Stelle nur mal die harmlose Frage äußern, ob diese Redakteure bereit wären, freiwillig jeden Tag in den Nachrichten zu hören, welcher Lektor für wie viel Geld wieder den Verlag gewechselt hat? Und wenn Ihnen das vorkommt wie »Pillepalle«, dann ließe sich das Gleiche für den Damenfußball fragen, der so seuchenfrei ist, dass die Deutsche Nationalmannschaft schon Weltmeister werden muss, damit der Name der Nationaltrainerin überhaupt erwähnt wird. Während Pokalrunden der Männer ihren Platz in der Tagesschau finden, kann man die Spitzenspiele der Frauen auf dritten Programmen nach Mitternacht suchen. Hoffnung macht allein die Austragung der nächsten Damen-Fußballweltmeisterschaft in Deutschland...

In Schweden scheint man eine Verteilung gefunden zu haben, die dem Zuschauerinteresse gerechter wird. Die Kickerstars der Fußball-Ladys sind Werbe-Ikonen, ihre Vereine werden von großen Firmen gesponsert. Dass es sich im Falle der Frauenmannschaft von Umeå um VW handelt, sagt noch nichts über deutsches Engagement. Die Entscheidung, bei Umeå IK einzusteigen, traf der lokale VW-Händler Motorcentralen.

Ich hätte einen Vorschlag zur Verbesserung der Lage: In Anlehnung an das Malmö-Projekt sollte eine Aktion gestartet werden, bei der sich die deutsche Presse und deutsche Unternehmer Sportler und Sportlerinnen jener interessanten Disziplinen ausleihen können, von denen man schon fast nichts mehr weiß, damit auch da an den Vorurteilen gearbeitet werden kann.

Am Morgen des Vasalaufs ist der Campingplatz in Aufruhr. Es ist vier Uhr früh. Geschlafen hat kaum jemand, und als die Ersten in schneedurchleuchteter Dunkelheit in die Autos steigen, ist in den Körpern schon helllichter Tag, die Stimmung ist aufgekratzt. Windschutzscheibe und Rückspiegel müssen vom Eis frei geschabt werden. Scheinwerfer gehen an, wischen über die Hütten, über die Läufer, die ihre Schuhe schnüren und dicke Anoraks über ihre Ganzkörperanzüge werfen. Start ist in Sälen um acht. Um sechs wird die Straße nach Sälen gesperrt, dann kommen nur noch die Pendlerbusse durch, und ab acht werden sich die Begleitfahrzeuge (wie das meiner Mutter und mir) parallel zur Strecke wieder in die andere Richtung bewegen. Meine Mutter hat die Karte aufgefaltet und den Proviant zuoberst im Rucksack verpackt, ich trage den Skisack meines Vaters. Wir sind heute Nationaltrainer, die einen ihrer besten Läufer ins Weltmeisterschaftsrennen schicken. Sälen liegt im fahlgrauen Morgen; ein riesiges, beschneites Feld, das durch starke Netze in Sektionen aufgeteilt wurde. Mein Vater ist in der letzten Sektion, im Startblock 10, wo die Neulinge starten. Noch vor Sonnenaufgang werden die Tore zu den Sektionen geöffnet, die Läufer drängen hinein, die Ski ragen wie Ausrufezeichen über ihre Köpfe, beleuchtet vom blaugrauen Flimmern des Schnees. Da niemand bei minus 17 Grad zwei Stunden lang auf dem Feld ausharren will, werden Ski und Stöcke als Markierung der eigenen Startposition aufgebaut, dann flüchtet man wieder in Autos und Busse. Die Scheiben beschlagen. Mein Vater ist still. Das Radio läuft, die Live-Übertragung hat bereits begonnen. Die Moderatorenstimmen durchzieht dasselbe Fieber, das zuvor den Campingplatz beherrschte. Sie klingen, als wäre das hier kein Volksfest, sondern ein Wimbledon-Spiel und Björn Borg stünde kurz vor seinem fünften Sieg.

Um sechs besteigen rot gekleidete Vorturner Holzpodeste

und wärmen die Massen zu Pop aus den Lautsprechern auf. Es wird eng auf dem Feld. Als um acht Uhr endlich der Startschuss fällt, ist in Sektion 10 davon nichts zu bemerken. Erst Minuten später kommt Bewegung in die Reihen. Wie Insekten, die ihre Fühler nacheinander ausstrecken, stakst und schiebt sich die Menge über das Feld, aber kaum einer strauchelt. Langsam geht es in Richtung Startbanner. Hinterher wird mein Vater sagen, es dauerte eine Stunde, ehe er über die Startlinie lief. Eine weitere halbe dauerte es, ehe aus der zwölfspurigen Loipe eine vierspurige wurde und er nicht mehr darauf achten musste, dem Vordermann nicht auf die Ski zu treten. Lange geht es bergan. Im Wald am Rand der Strecke haben Familien Feuer gemacht und sitzen mit Thermoskannen und Würstchen beim Picknick. Ob ihre durchdringenden Anfeuerrufe wirklich den Skiläufern oder nicht doch der Erwärmung des eigenen Körpers gelten, ist nicht zu sagen, aber sie treiben die Skiläufer voran. Als mein Vater das Plateau erreicht, steigt die Sonne glutrot über der vereisten Fläche auf.

Für die ersten zehn Kilometer braucht er fünfzig Minuten, für die nächsten schon wenig mehr, aber auch an der dritten Verpflegungsstelle wirkt er nicht erschöpft. Er trinkt Blaubeersuppe und rennt sofort weiter, und erst bei Kilometer 48 in Evertsberg ist Zeit für ein Schwätzchen. Manche Läufer lassen sich mehr Zeit. Sie schnallen ihre Ski ab und lassen sie an einer der sieben Wachsstationen noch einmal aufmöbeln in der Hoffnung, sie liefen dann von selbst. Nie entsteht der Eindruck, in einer Massenveranstaltung zu sein. Niemand muss warten, jeder hat Platz, die Becher, die zu Boden fallen, werden sofort zusammengeharkt. Ab Kilometer siebzig werden die Gesichter der Läufer härter, sie wirken zusammengezogen, konzentriert auf das Wesentliche, auf den gleichmäßigen Rhythmus der Schritte, das Atmen, den sparsamen Energieverbrauch. Die Zuschauer dagegen geben, was sie haben; Babyrasseln, Stimmbänder, Trillerpfeifen. Manchem Läufer mag es scheinen, als seien es die Zurufe allein, die ihn den Berg hochtragen und auch den nächsten noch und den übernächsten.

Die Profis sind lange weg. »Die gehen die ganze Zeit mit Doppelstockschub«, sagt mein Vater hinterher, als er nach neuneinhalb Stunden ins Ziel gekommen ist, geduscht und etwas gegessen hat und wieder gleichmäßig atmet, »Läufer wie Bengt Hassis, der 1986 mit 3,48 Stunden einen Rekord aufstellte, oder Sofia Lind, die dieses Jahr gewann, gehen gar nicht mehr im Diagonalschritt. Die schieben die ganze Zeit.«

Als die letzten Läufer mit Stirnlampen ins Ziel kommen, sind wir bereits beim Blaubeergrappa. Auch im Dunkeln stehen die Zuschauer noch dicht gedrängt. Auch im Dunkeln haben ihre Anfeuerungsrufe nichts an Glut verloren.

Am nächsten Morgen, als mein Vater im Sonnenaufgang seine schmerzenden Beine massiert, ziehe ich los und leihe mir auf unserem Fjäll Telemarkski aus.

Es heißt, die Schweden haben das Know-how dieser Massenveranstaltung jetzt an die Chinesen verkauft.

Volk, Gender, Emotion

Morgens gegen neun und abends nach Büroschluss bietet die Kungsgatan das, wofür Soziologen gewöhnlich viel Zeit aufwenden: Sie bietet einen Querschnitt der schwedischen Bevölkerung, die jede Umfrage zu einer repräsentativen machen würde. Von zwei belebten Seiten strebt die Kungsgatan auf einen Marktplatz und das *Konserthus* zu, das 1926 im Stil des nordischen Klassizismus errichtete Konzerthaus der Stockholmer Philharmoniker, in dem die Nobelpreise verliehen werden. »Zu dem riesigen ›Haus der Musik‹ fließt ein so dichter und endloser Strom von Automobilen, dass unser Fahrer, ein junger Gigant mit zottiger Fellmütze, nur mit äußerster Mühe vorwärtskommt: Uns rettet nur die Polizei, die beim Anblick des Cortège der Preisträger, die in solchen Fällen immer einer hinter dem anderen fahren, den gesamten Verkehr zum Stehen bringt«, schrieb der russische Schriftsteller Iwan Bunin über seine Erlebnisse, als er 1933 den Nobelpreis erhielt. Der Saal sei »wahrhaft erstaunlich durch seine Höhe und Weite.... Hunderte von Abendkleidern, geschmückt mit Perlen und Brillanten. Hunderte von Fräcken, Ordenssternen, Orden... Zehn Minuten vor fünf erscheinen das gesamte schwedische Ministerkabinett, das Diplomatische Corps, die Schwedische Akademie, die Mitglieder des Nobelpreiskomitees. Punkt fünf verkünden die Fanfaren das Eintreffen des Monarchen.... Gewöhnlich schmücken die Bühne die Fahnen der Länder, aus denen die Preisträger kommen, aber welche Fahne gehört zu mir, dem Emigranten? Die Unmöglichkeit, mir zu Ehren die sowjetische Fahne zu hissen, brachte die Veranstalter auf die Idee, sich meinetwegen auf eine einzige Fahne zu beschränken, die schwedische. Ein wahrhaft vornehmer Gedanke«, heißt es in »Nobelpreis-Tage«.

An dem Vormittag, an dem ich mit den Menschen auf der Kungsgatan mitstrebte, bot sich mir ein repräsentativer Anblick. Unter den Leuten, die einkaufen gingen, die zur Arbeit oder zur Schule unterwegs waren, unter denen, die beim Frühstück saßen oder nur auf die Schnelle einen Kaffee tranken, unter denen, die sich in Ruhe eines der ältesten Warenhäuser Stockholms von 1886 ansahen oder die beiden *skyskrapor*, Mitte der Zwanzigerjahre erbaute Hochhäuser, zwischen Geschäftsleuten, Blumenverkäufern und Studenten bemerkte ich ein Grüppchen von vier Männern, das mir ungewöhnlich erschien, vielleicht vor allem deshalb, weil es niemandem sonst auffiel.

Zwei von ihnen waren nicht übermäßig, dafür aber elegant gekleidet und posierten eng beieinander; ein kahlköpfiger, sehniger Tänzertyp, der lüstern auf der Schulter eines schwarzhäutigen, feurigen Matadors lehnte, als wollte er gleich mit den Lippen an dessen Ohrläppchen zuppeln. Die beiden anderen Männer standen gelassen daneben, trugen Shorts, luftige T-Shirts und waren jeder mit einem doppelsitzigen Kinderwagen ausgestattet. Sie bissen in grüne Äpfel und plauderten. Bei den zurückhaltend Bekleideten handelte es sich um eine Werbung von Dolce & Gabbana, die überlebensgroß an einer Hauswand prangte, bei den beiden mit Kinderwagen um eine lebendige Werbung für schwedische Familienpolitik.

Nach diesem Erlebnis sah ich überhaupt nur noch Männer mit Kinderwagen. Sie saßen lesend im Park, während das Kind schlief oder spielte. Sie standen in Gruppen an Springbrunnen, sie schlenderten mit den Kinderwagen am Ufer entlang, sie genossen die Sonne und vor allem: sie *genossen* es. In Deutschland waren mir bisher, wenn überhaupt, dann häufig Väter begegnet, die sich tief über den Kinderwagen beugten, wenn ich an ihnen vorüberging, und so taten, als suchten sie etwas, oder den Wagen an einem einzigen abgespreizten Finger vor sich herführten, als wäre der Kinderwagengriff zufällig dort kleben geblieben, Kind und Wagen hätten aber eigentlich nichts mit ihnen zu tun. Oder sie rannten. Dann stießen sie stromlinienförmige Gefährte in einem Tempo vor sich her, das nur eines bedeuten konnte: Sie wollten nicht erkannt werden (ich glaube, dass viele Väter auf diese Weise überhaupt erst zum Joggen gefunden haben – und viele Kinder es seitdem hassen).

Deutsche Väter haben vielleicht deshalb noch Schwierigkeiten mit dem Genießen, weil es zu wenig Bilder gibt, die zeigen, wie das geht. Wie man es genießt, mit dem Sohn sonntags ins Stadion zu gehen, ist klar, auch, wie man angeln geht oder Fußball spielt; zur Not geht das sogar mit einer Tochter. Aber Bilder davon, wie die ersten zwei Babyjahre genießerisch zu erleben sind, sind rar. Wenn sich doch einer am Windeln und Breichen-Warmmachen versucht, kann das schnell anstrengend werden, nicht wegen des Breichens, sondern wegen des Erklärungszwangs vor anderen, der dem einer Frau entsprechen mag, die Pfeife raucht oder boxt. Vielleicht kommen deshalb so viele so glücklich aus Schweden zurück; sie haben endlich einen Ansatz.

Da sich Deutschland 2007 unter Höllenqualen dazu durchgerungen hat, das schwedische Modell der Elternteilzeit zu übernehmen, könnte sich die Lage in Zukunft verbessern; allerdings so schön langsam, wie das bei Bewusstseinserweiterungen gemeinhin der Fall ist. Unterwegs müssen die Frauen mit ihren Karriereansprüchen noch einmal kurz die Schuld an der niedrigen Geburtenrate auf sich nehmen; ungeachtet der Umfragen, die belegen, dass es häufig die Männer sind, die sich lieber gut verdienend kinderlos vergnügen.

Die Schweden hatten seit 1974 Zeit, an ihrem Bewusstsein zu arbeiten. Mittlerweile übernehmen Väter immerhin ein Fünftel der Elternzeittage, und wer will, kann im Anschluss selbstverständlich Teilzeit arbeiten. Aris Fioretos sagte nach drei Monaten Vaterzeit:

»Es ist keine Schwächung des eigenen Stands, zu Hause zu bleiben. Heutzutage bringt ein Adelstitel kaum Privilegien. Aber mit etwas Spaghettisoße auf der Schulter des Vaters, als kleines Epaulett...«

Auch in Schweden ist nicht alles perfekt. Bei den kinderwagenschiebenden Vätern handelt es sich oft um Besserverdienende; bei Familien mit geringem Einkommen bleibt weiterhin die meiste Zeit die Frau zu Hause, weil sie im Durchschnitt immer noch zwanzig Prozent weniger verdient als ihr Mann. In börsennotierten Unternehmen sind Frauen trotz Gleichstellungsgesetz und Ombudsleuten rar. Das norwegische Vorbild einer Vierzig-Prozent-Quote für Managerinnen in den Vorständen hält der Schwedische Wirtschaftsverband für Gängelung, und die bürgerliche Regierung hatte bei Amtsantritt erst einmal nichts Besseres zu tun, als einen entsprechenden Vorschlag vom Beratungstisch zu wischen. Unter schwedischen Geschäftsfrauen kursiert der bittere Witz, dass »IT« für *Inga Tjejer* stünde, zu Deutsch: keine Mädchen.

Aber da mit Karl Marx auch nach dem Ende des Sozialismus immer noch das Sein das Bewusstsein bestimmt, sind kleine Veränderungen im Alltag für die Erweiterung desselben schon von erheblicher Bedeutung, wie beispielsweise die Idee, in öffentlichen Toiletten auch bei den Männern Wickeltische aufzustellen. Na also. Geht doch.

Ein Parlament mit weltweit der größten Gleichberechtigung (47,3 Prozent der Parlamentarier sind weiblich), eine Feministische Partei, die sich mit Sicherheitsfragen und Steuerpolitik beschäftigt, eine Gesellschaft, in der 80 Prozent der Frauen berufstätig sind (im Gegensatz zu zwei Dritteln in Deutschland), in der Eltern, die ihre Kinder mit dem ersten oder zweiten Lebensjahr in eine Kindertagesstätte geben, nicht als Rabeneltern beschimpft und Kindertagesstätten nicht als Brutkästen späterer Traumata und Depression verunglimpft, sondern als Lernstätten sozialen Verhaltens geschätzt und flächendeckend angeboten werden, sind das eine. Das andere sind Friseure, bei denen ich für meinen Kurzhaarschnitt, der weder länger dauert noch anders aussieht als auf dem männlichen Kopf nebenan, keine schwedische Krone mehr bezahle als er, nur weil sich ein in den Tiefen meiner Kleidung verborgener Körperteil, der zu meinen Haaren noch nicht einmal eine besondere Beziehung unterhält, etwas anders ausgeformt hat.

Das andere ist ein im schwedischen Selbstverständnis verankertes Bedürfnis nach Selbstbestimmung, nach geradezu »radikaler Individualität im Land der sozialen Sicherheit«, wie der Wissenschaftler Lars Trägårdh und der Journalist Henrik Berggren feststellen. Das klingt erst einmal paradox: Wie lässt sich radikal individuell leben in einem Staat, in dessen straffem Sozialsystem jeder gleichermaßen aufgehoben und gefangen ist, dessen feinmaschiges Netz aus hohen Steuern und Sozialabgaben eher abhängig zu machen scheint als frei? Diese Interpretation hört und liest man immer wieder, und sie ist eine typisch deutsche. Deutschland regelt die Machtbeziehungen, die in modernen Wohlfahrtsstaaten zwischen den drei Größen Familie, Staat und Individuum existieren, anders als Schweden. In Schweden ist es möglich, unabhängig *und* Teil einer Gemeinschaft zu sein, weil es eine Allianz zwischen dem Individuum und dem Staat gibt, wie Trägardh und Berggren feststellen.

In Deutschland besteht eine Allianz zwischen Familie und

Staat; der deutsche Staat mischt sich in die Familienplanung ein, und die Familie entlastet wiederum den Staat, indem sie die Versorgung von Angehörigen regelt. Die Angehörigen bleiben damit abhängig von der Familie.

Der schwedische Staat dagegen schützt den Einzelnen. Er sorgt dafür, dass Kinder ihren Eltern mit Erreichen der Volljährigkeit nicht mehr auf der Tasche liegen. Staatliche Bezuschussung baut auf der Erwartung auf, dass die Kinder ausziehen und selbstständig leben und nicht wie in Deutschland bei ihren Eltern wohnen müssen, wenn sie keine Arbeit haben, und auch beim BAFÖG noch am Rockzipfel hängen. Werden die Eltern alt, stehen Kinder nicht in der Verantwortung, sich finanziell um sie zu kümmern, selbst die Beerdigung trägt der Staat. So wird jede Entscheidung, für Eltern oder Kinder zu sorgen, zu einer freiwilligen; finanziellen familiären Abhängigkeiten wird vorgebeugt. In der Ehe ist das Taschengeld-Prinzip ebenso unerwünscht. Schon lange wird in Schweden jeder einzeln besteuert, und zwar in einem unkomplizierten Verfahren, ein Ehegattensplitting gibt es nicht. Nach einer Scheidung ist der Besserverdienende nicht verpflichtet, den ehemaligen Partner weiterzuversorgen.

Diese Beispiele erhellen, warum sich in Deutschland sowohl die traditionellen Familien als auch der Staat so schwertun mit der Vorstellung alternativer Lebensentwürfe: Die Ehe ist nach wie vor als Feste des Staates heilig; Regenbogenfamilien dagegen stellen als frei gewählte Form des Zusammenlebens eine Gefährdung dieser Allianz dar. In Schweden, wo das Wohlfahrtssystem auf das Individuum ausgerichtet ist, werden solche individuellen Lebensentwürfe gefördert. Von den Bürgern wird verlangt, dass sie den Staat gestalten und mittragen; welche Formen des Zusammenlebens sie dann wählen ist die freie Entscheidung jedes Einzelnen. Das hat sich auch in der Sprache niedergeschlagen; ein Spiegel dessen, worauf eine Gesellschaft besonderen Wert legt oder nicht. Für unverheiratete Langzeitpaare, die längst die Realität sind, kennt die deutsche Sprache immer noch nur den Begriff der »wilden Ehe«, der als moralisch verwerfliche Form der echten Ehe daherkommt. Auf behördlichen Formularen kreuzen solche Paare dann den Status »ledig« an, der längst zu einer Art Lumpensammler geworden ist. Auch homosexuelle Lebenspartnerschaften firmieren häufig notgedrungen offiziell als ledig.

In Schweden wird sprachlich differenziert: Die Partner einer Langzeitbeziehung ohne Eheschließung heißen *sambo*. *Särbo* heißt, wer zwar lange zusammen ist, aber nicht zusammen wohnt. Beide Worte sind wiederum unabhängig von *gift*, dem verheirateten Zustand. Und auch für den, der, obwohl er schon neunzehn ist, sich noch immer nicht von zu Hause lösen kann, gibt es eine Bezeichnung; bei einem *mambo* fürchtet man, dass er nie auf eigenen Füßen steht.

Wenn überhaupt geheiratet wird, dann spät, aber stilvoll, und häufig sind die Kinder bei der Hochzeit dabei. Und sollten diese Kinder aus einer früheren Beziehung sein, nennt man sie *bonusbarn*, Bonuskinder, und nicht Stiefkind; dieses schon sprachlich verschmähte und gegenüber dem Nachwuchs aus klassischen Ehen abgewertete Kind.

Freiheit aus schwedischer Sicht bedeutet also nicht frei zu sein vom Staat, sondern frei zu sein durch den Staat. Der Staat bereitet den Boden für die Möglichkeit aller, voneinander unabhängig zu sein.

Zyniker werden jetzt wieder wahnsinnig mit den Schultern zucken und sagen: Gut und schön, aber trotzdem sind alle vom Staat abhängig, denn ohne ihn gäbe es keine persönliche Autonomie. Gut und schön, sage dann ich, aber nennen Sie mir ein System, in dem man nicht von irgendetwas abhängig ist. Mir jedenfalls ist eine gleichberechtigte Abhängigkeit aller von demokratisch beschlossenen Gesetzen lieber als eine ungerecht verteilte Abhängigkeit von diffusen, veralteten Traditionen oder, schlimmer, vom Geld. Das Argument, der Staat würde nun aber als Übervater auftreten und seine Schäfchen gängeln, kann mit dem Öffentlichkeitsprinzip entkräftet werden, das seit 1766 im Grundgesetz festgeschrieben ist. Nach dem Öffentlichkeitsprinzip hat jeder das Recht, alle Dokumente, die einer Behörde oder einem Amt vorliegen, einzusehen. Diese Dokumente sind öffentlich. Ausnahmen müssen begründet werden und sind nur zulässig, wenn die Privatsphäre bedroht ist oder Auskünfte unter das Geheimhaltungsgesetz fallen. Die Gehälter von Staatsbeamten, und was sie sonst so treiben, sind genauso überprüfbar wie das Gehalt von Managern oder des Nachbarn.

Das alles kommt nicht von ungefähr, sondern wie so oft aus der Geschichte. Es war Erik Gustaf Geijer, Philosoph und Schriftsteller, der sich zu Beginn des 19. Jahrhunderts und nachdem er sich von einem konservativen zu einem liberalen Denker gewandelt hatte, eine schwedische Nationalphilosophie ausdachte. Ihr Kern war der freie, unabhängige Mensch. Das klingt so, als wäre es dem amerikanischen Freiheitsideal abgeschaut, und ist doch genau die entgegengesetzte Herangehensweise. Geijer baute seine Philosophie nicht auf dem Pionier und Abenteurer auf, der sich allein durch- und andere dabei häufig aus dem Weg schlägt, sondern auf dem Bauern und der demokratischen Tradition des »Thing«, einem gemeinsamen Ratschluss freier Männer, den es seit dem Mittelalter in Schweden gegeben hatte. Die Bauern sind für ihn die Hauptakteure der Geschichte. Da dieses Vergnügen normalerweise Königen und Kriegsherren zukommt, war Geijer schwer begeistert, als Schwedens Herrschende ihre Macht in den Napoleonischen Kriegen verloren. Auf diese Weise fielen die Geschicke des Landes wieder stärker in die Hände der schwedischen Bauern. Und die verhielten sich ganz nach Geijers Geschmack. Sie waren selbstbewusst und relativ gleichrangig, und sie hatten nicht vor, sich anderen unterzuordnen. Also legte er ihnen folgenden Leitsatz in den Mund: »Gott und dem König gebe ich, was ihm gehört, das Übrige will ich frei genießen.«

Seiner Idee vom unabhängigen Bauern fügte Geijer ein

paar demokratische Ideale hinzu und entwickelte so ein Bild vom freien, gleichberechtigten Menschen, das Karl Marx zündende Ideen eingab und schließlich den Sozialdemokraten in den Dreißigerjahren des zwanzigsten Jahrhunderts den Weg ins »Volksheim« leichter machte. Nebenbei war Geijer ein großer Romantiker und gründete mit schreibenden Kollegen den Gotischen Bund, wo die Zeitschrift *Iduna* publiziert, aus Begeisterung für die nordische Geschichte aus Hörnern getrunken und die Grußformel *Hej* erfunden wurde, die heute noch alle benutzen.

Der Weg ins *folkhem* führte im Dezember 1938 Gewerkschaftsleute, Arbeitgeber und Sozialdemokraten nach Saltsjöbaden, ausgerechnet in einen der Nobelvororte von Stockholm. Im Grandhotel der Unternehmerdynastie Wallenberg wurde ein zukunftsweisender Pakt geschlossen. Arbeitgeber und Gewerkschaft verpflichteten sich im Gold des französischen Speisesaals, von nun an nicht mehr gegeneinander, sondern miteinander zu arbeiten, um die wirtschaftliche Misere zu beenden.

Das Erstaunliche an diesem Handschlag ist, dass hier nicht nur eine einmalige Einigung auf feste Tarife oder geregelte Arbeitszeiten getroffen wurde, sondern dass alle drei Seiten langfristig gemeinsam dafür sorgen wollten, jedem Schweden und bald auch jeder Schwedin Arbeit, eine *sommarstuga* mit Rasenmäher und vor allem gleiche Lebensbedingungen zu verschaffen. Die Arbeitgeber machten große Abstriche, die Regierung unter dem Präsidenten Hjalmar Brantning, einem Intellektuellen aus der Arbeiterbewegung, versprach Gesetze, die Krankheit, Elternurlaub und Versicherung regelten, die Arbeiter verzichteten auf revolutionären Straßenkampf. Unruhen und Streiks hatte es zuvor auch in Schweden gegeben. Auch hier waren in den Jahren vor dem Ersten Weltkrieg Armut und Unmut in der Bevölkerung benutzt worden, um Kriegshetze zu betreiben. Das hatte aber im Bewusstsein der Leute weniger Resonanz gefunden als die Aufrufe der

Reformsozialisten, die sich auf Geijer, das starke Bauerntum und die schwedische Idee vom autonomen Menschen berufen konnten. Und ich bin sicher, dass es vor allem diese langsame, sich durch die Geschichte ziehende Ausbildung des Bewusstseins war, die es überhaupt möglich machte, in einer aufgeriebenen Zeit, in einer Zeit wirtschaftlicher und sozialer Not tatsächlich in einem friedlichen Ideal mehr Sex-Appeal zu sehen als in schnellen Feindbildern und der viel einfacheren Verlockung von nationaler Macht, Herrschaft und Gefolgstreue, die in Deutschland so gut funktionierte. In Schweden machte man sich daran, langsam das zu schaffen, wovon Olof Palme später sagen würde:

»Diese Gesellschaft sollte weniger auf endlosen Konflikten und Konkurrenz beruhen als vielmehr auf Zusammenhalt und echter Gemeinschaft. Das ist die Idee des ›Volksheimes‹, die Vision von einer Gesellschaft als einem guten ›Heim‹, in dem wir uns umeinander kümmern und füreinander die Verantwortung übernehmen.«

Als ich ins Grandhotel nach Saltsjöbaden fahre, ist aus dem Speisesaal für alle eine Juniorsuite für wenige geworden, eine Nacht kostet zwischen fünfhundert und siebenhundert Euro, das Volksheim ist durch Privatisierung und Globalisierung aufgeweicht, die Farbe blättert. Die Telefongesellschaft Telia-Sonera, die Bankengruppe NORDEA und weitere staatliche Firmen stehen zum Verkauf, die Arbeitslosenversicherung, die mal dazu da war, Arbeitnehmer unabhängiger zu machen, weil sie bei schlechten Bedingungen leichter kündigen konnten, wurde gekürzt. Der Ort selbst scheint allerdings in eine Zeitschleife geraten zu sein. Er kreist noch immer in den Zwanziger- und den Dreißigerjahren, in der Zeit des Aufbruchs. Vor dem Hotel klingeln die Signale einer blauen Schmalspurbahn.

An den Zimmerdecken flackert das Meer. Mit dem Licht aus der Bucht vor den Fenstern dringt der Geruch nach Holz und gegrilltem Fisch herein. Segelboote liegen im Hafen. In der Ferne ist ein Badehaus zu sehen. Das Badehaus trägt noch die Originalfarben. Über den Anstrich scheinen die Jahrzehnte spurlos hinweggegangen zu sein. Auch die still im Licht liegende Hotelterrasse, die Damen mit Hut in der Hafenbar und ein auf einem Felsen erbautes Jugendstilhaus mit Blick über die Schären künden unberührt von früher. Das Jugendstilhaus mit einer Fassade, die aussieht wie Adlergefieder, gehörte einst einem Mann, der zehn Jahre lang der reichste Mann Schwedens gewesen war. Vielleicht hatte er von hier oben die Verhandlungen verfolgt, vielleicht wurde er sogar dazugebeten und hat am Ende all sein Geld ins Volksheim gepumpt, denn er soll arm gestorben sein. Enteignet wurde er sicherlich nicht, nur besteuert. Heute wachen in seiner Villa jeden Morgen fünf Familien mit dem grandiosen Ausblick über die Schären auf.

Die beiden Einlasser in der Männerabteilung des Badehauses, dem lila gestrichenen »Herrbad«, sind so alt, dass sie in den Zwanzigerjahren als Jungen hier gebadet haben könnten. Sie lassen mich nur auf die Holzveranda. Auf zwei Etagen verläuft die Veranda in einem Halbrund vor den Umkleidekabinen, sie hebt sich cremefarben von der lila Türbemalung ab, gestützt von Säulen, die verschwommene arabische Phantasien der Erbauer ahnen lassen. Im zitternden Schatten der Kiefer vor dem Ausgang zum Meer sammeln sich die Geräusche; helle Stimmen, das ferne Schlagen ins Wasser stürzender Körper, das Trappen nackter Füße auf Holz, ein Ball, der gegen eine Bootswand prallt. Das »Dambad« auf der linken Seite ist in Lindgrün gehalten. Eine niedrige Pforte führt auf Holzstege, die eine Bucht umranden. In einem weißen Turm läuft eine Treppe nach oben, aus der obersten Öffnung fallen Mädchen und kleine Jungs. In beiden Bädern sind die Menschen nackt. Nur die Teenager tragen Badebekleidung, als könnten sie auf diese Weise erwachsener wirken, während die ausgewachsenen dicken, die alten, die trockenen und schrumpeligen Häute bedenkenlos zu

Markte getragen werden; die Ältesten der Badenden sind die nacktesten.

In den Zwanzigerjahren badete man nicht nur getrennt, wie überall ordnete man auch hier die Intelligenz und den freien Zugang zur Bildung einer bestimmten Ausprägung der Genitalien zu; Gymnasialbildung für Mädchen beispielsweise kostete die Eltern Geld, Jungen dagegen bekamen sie umsonst. Hätte es die schwache Geburtenrate und die große Überalterung der Gesellschaft in der Zeit um die letzte Jahrhundertwende nicht gegeben, wäre es wohl fraglich, ob der zweite wichtige Herzschrittmacher des schwedischen Bewusstseins, Carl Jonas Love Almqvist, als solcher überhaupt zum Einsatz gekommen wäre. So jedoch dürfte seine Theorie der romantischen Liebe die Schweden in ihrer relativ entspannten Haltung gegenüber den emanzipatorischen Neuerungen im vormals rückschrittlichen Land unterstützt haben.

Almqvist hielt bereits 1839 autonome Beziehungen innerhalb einer Familie für die Voraussetzung von Liebe; eine Vorstellung, die bei uns bis heute noch öfter mal zu Weltuntergangsprognosen oder Spott führt. Oder was hätten Politiker auf deutschen Bühnen zu einem *hustrulön* gesagt, einem Einkommen, das Hausfrauen in den Sechzigerjahren von ihren Männern für ihre Arbeit zu Hause verlangen konnten, um sowohl finanziell unabhängig zu sein als auch gleich viel wert? Der *hustrulön* hielt sich so lange, bis genug Frauen Arbeit hatten und die Hausfrau nur noch eine exotische Randerscheinung war (woraufhin sich wiederum die übrig gebliebenen Hausfrauen benachteiligt fühlten, woran man sieht, dass es selten eine Wirkung ohne Nebenwirkungen gibt). Und wären deutsche Politiker jemals auf die Idee gekommen, sich zu fragen, ob die EU vielleicht eine Falle für berufstätige Frauen sein könnte? In Schweden wurde diese Frage vor dem Beitritt zur EU lebhaft diskutiert. Aber hier ließ sich auch nahtlos an Almqvist und die ersten emanzipatorischen Regungen der Zwanziger anknüpfen, während die 68er- und die Frauenbewegung in Westdeutschland wieder bei null anfangen mussten, nachdem der Faschismus alle Verbindungen gekappt hatte und man sich in den Fünfzigerjahren aufmachte, flott ins Kaiserreich zurückzumarschieren anstatt voran.

Zu Almqvists Zeiten konnte von so viel Mitdenken allerdings noch nicht die Rede sein; er musste wegen seiner aufrührerischen Ideen aus Schweden fliehen und starb 1866 in Bremen. Seine Kritik an festen Konventionen und besonders an der traditionellen Ehe hatte jedoch genug Zeit, nachhaltig ins gesellschaftliche Denken zu sickern. Es ist eben etwas anderes, ob ein suizidaler Werther und seine mütterliche Lotte und ein Egomane wie Faust und sein naives Gretchen die Übermodelle für das allgemeine Paarverständnis sind oder zwei Liebende wie Albert und Sara. In Almqvists Roman »Die Woche mit Sara« verliebt sich der Sergeant Albert auf einer Schiffsreise über den Mälaren in die allein reisende Tochter eines Glasermeisters, die die Werkstatt nach dem Tod ihres Vaters weiterführt. Sara hat unzeitgemäße Ansichten. Statt sich freien und aushalten zu lassen, bezahlt sie die Rechnung ihres ersten Rendezvous erst einmal selbst. »Ich werde mich behaupten, wie ich bin«, lässt sie Albert wissen, und dass sie ihn zwar liebe und mit ihm leben wolle, aber in getrennten Zimmern, ohne Verpflichtungen und unverheiratet. Romantische Liebe ist für sie nicht vereinbar mit einer ungleichen Zweckgemeinschaft.

I want someone who will take me just as I am, I need a man, who is in rhyme with his time, reimen knapp 200 Jahre später ABBA.

She says, hello, you fool, I love you, singen noch etwas später Roxette. Und es ist kein Zufall, dass ausgerechnet die Popmusik zu einem der größten schwedischen Erfolgsprodukte wurde. Das begann 1970 mit ABBA, und als sich ABBA nach dem Verkauf von 250 Millionen Schallplatten 1982 zur Ruhe setzten, begannen Roxette gerade richtig loszulegen.

Popmusik spiegelt die gleichberechtigte, autonome Entscheidungsfindung, die Almqvist sich für die Liebe erträumte, auf gesellschaftlicher Ebene wider. Popmusik beruht ebenso wie das moderne, schwedische Design auf Konsens. Jeder findet sich wieder. Man muss, um mitsingen oder das Design verstehen zu können, keine herausragenden Fertigkeiten besitzen, exzentrische Einstellungen sind ebenfalls nicht nötig. An einem Sonnabend im August steht ganz Stockholm Kopf, wenn Rix FM, der schwedische Popsender, zwölf europäische Bands einlädt, auf dem Kungsträdgård im Zentrum von Stockholm aufzutreten. Dann stehen Jungs mit wildroten Haaren und Mädchen mit tiefschwarzem Lidstrich neben älteren pastellgetönten Herrschaften, Kleinkinder klatschen in ihre unfertigen Hände, Pärchen schmiegen sich im Takt aneinander, und die Einzigen, die nicht direkt beteiligt sind, sind etwa fünfzig Männer zwischen vierzehn und achtzig, die unter topfgleichen Helmen auf winzigen, knatternden, heuschreckenartigen Mopeds wie angestochen die Szenerie umkurven. Kurz: Popmusik scheint die demokratischste aller Musikrichtungen zu sein; sie sucht für die größte Spannbreite des Publikums den kleinsten gemeinsamen Nenner des Schönen.

Beim schwedischen Design verhält es sich ähnlich. Der Bauhausstil dürfte den Schweden in den Zwanzigerjahren gerade recht gekommen sein. Diese auf Funktionalität und äußerste Kargheit ausgerichtete Ästhetik entsprach ihrer Lebenseinstellung. Sie griffen sie auf und schmirgelten, feilten und schliffen fortan so lange an Möbeln und Haushaltsgegenständen herum, bis kein verschwiemelter Schnörkel, kein verspieltes Detail oder kryptisches Zeichen mehr übrig war und sich alle damit identifizieren konnten. Wer will sich schon angesichts der schlichten Glas-, Stahl-, Holz- & Plastikkonstruktionen die Haare raufen? Diese Ästhetik kann einem zwar gleichgültig sein, man kann sie als kühl, als angenehm oder unangenehm nüchtern empfinden. Aber heftige Gefühlsaufwallungen wird sie kaum provozieren. Das klare Design ist auf Ausgleich angelegt. »Es ist wie Nebel«, sagt

Ingegerd Råman, eine der berühmtesten Designerinnen, die für die Firma Orrefors Vasen, Gläser und Lampenschirme entwirft. »Man kann es nicht fangen.«

Liebende können häuslicher oder emotionaler Gefangenschaft nur durch finanzielle Unabhängigkeit entgehen, befand Almqvist und schlug vor, dass der Staat den Frauen, solange sie kein eigenes Einkommen haben, die Hälfte seines Geldes zukommen lassen sollte, die damit wiederum die Kinder versorgen könnten. Der Reformpädagoge war auch der Erste, der auf die Idee kam, eine Agentur einzurichten, die die Rechte von Kindern vertritt. Heute werden die Rechte der Kinder vom Staat geschützt, seit 1993 gibt es eine Kinder-Ombudsstelle, über die Kinder ihre Rechte vertreten können. Sie gelten als gleichwertig, wobei sie nicht etwa zu kleinen Erwachsenen mit ernsten Gesichtern gemacht, sondern eher wie Wesen behandelt werden, die nach anderen Gesetzen leben. Egal, ob auf Fähren oder beim Arzt, irgendwo gibt es immer eine Kinderecke, und in jedem Supermarkt stehen kindgerechte Einkaufswagen oder an Einkaufswagen angehängte Spielzeugautos, in denen die Kinder zwischen den Regalen hindurch und in ihr Phantasieland hineinkurven können.

Hin und wieder hatte die grundsätzliche Gleichbehandlung aller jedoch skurrile Auswüchse. Ab den Sechziger- bis hinein in die Neunzigerjahre gab es an den Schulen ein relatives Notensystem. Jede Klasse sollte eine Durchschnittsnote erreichen, die dem Durchschnitt der Schüler Schwedens entsprach. Lag der ermittelte schwedische Durchschnitt beispielsweise bei 3,1, mussten die Lehrer die Schüler ihrer Klasse so benoten, dass der Klassendurchschnitt am Ende ebenfalls bei 3,1 lag. Bekam einer also eine bessere Note, musste zum Ausgleich ein anderer eine schlechtere bekommen, auch wenn er vielleicht eine bessere verdient hatte. Dem gerechten Lehrer blieb wahrscheinlich nur die Möglichkeit, alle in einem ungefähren Mittelfeld zu platzieren. War das nun Konformitätsdruck? Oder war es die frühe Bekanntschaft mit einer Lebensweisheit, die besagt: Am Ende gleicht sich alles aus?

Ausgerechnet Jan Myrdal, Sohn der Sozialreformer Alva und Gunnar Myrdal, scheint aus seinem Phantasieland brutal herausgerissen worden zu sein. Statt mit seinem Spielzeugauto in der Sicherheit einer mütterlichen Daueraufmerksamkeit herumkurven zu können, wurde er als Kind hin und wieder zu den Großeltern gegeben, weil Alva und Gunnar am Volksheim werkelten und besonders Alva schon in den Vierzigerjahren auf tiefschürfende Änderungen in der Sozial- und Familienpolitik drang. 1934 veröffentlichte die Wissenschaftlerin eine Untersuchung zur »Bevölkerungsfrage«, eine der Grundlagenschriften für den schwedischen Wohlfahrtsstaat. Die Tochter aus kleinen Verhältnissen hatte ihren Vater davon überzeugt, sie studieren zu lassen, und sollte daraufhin eine der schillerndsten Figuren des 20. Jahrhunderts in Schweden werden. Sie kritisierte die mangelhafte Betreuung der Kinder erwerbstätiger Mütter, regte Elternkurse an, gründete in Stockholm das erste Seminar zur Ausbildung von Kindergärtnerinnen und beschäftigte sich mit der »Doppelrolle der Frau in Familie und Beruf.« Die hat sie selbst zu spüren bekommen, zweimal sagte sie wegen der Familie verlockende berufliche Angebote ab, und als Gunnar 1947 in Genf einen Posten in der UNO erhielt, musste sie ihre Laufbahn bei der schwedischen Sozialdemokratie abbrechen. Als begleitende Ehefrau erhielt sie in der konservativen Schweiz Berufsverbot. Erst mit 47 Jahren betrat sie internationales Parkett, zuerst bei der UN in New York, dann als schwedische Botschafterin in Indien, wo sie begann, sich für den Frieden zu engagieren. In den Sechzigerjahren saß sie als erste und einzige Frau in der Genfer Abrüstungskonferenz. »Es gelang mir nie wieder, die Suche nach dem Warum und Wie eines so sinnlosen Phänomens wie des Wettrüstens loszuwerden«, sagte sie später als schwedische Ministerin für Abrüstungsfragen, ein Engagement, für das sie 1982 den Friedensnobelpreis erhielt.

Der Sohn aber fühlte sich vernachlässigt. Während er seine Mutter zeit ihres Lebens anklagte – nicht den Vater wohlgemerkt, der ebenfalls ständig wissenschaftlich und politisch auf Achse war – und ihr in einem Roman eine glücklose, kalte Kindheit vorwirft, scheinen die beiden Töchter jedoch mit der gesellschaftsverändernden Kraft der Mutter klargekommen zu sein; Sisselar würdigte sie in ihrem Buch »Alva – ein Frauenleben«.

Das alles spielte sich im leuchtenden, blau-gelben Schatten der schwedischen Fahne ab. Wo sich überhaupt einiges abspielt. Denn selbst dort, wo nur ein kleiner Schwede auftaucht, gibt es immer eine große Fahne, und die Siebenkämpferin Carolina Klüft hat sogar ihre sportlichen Fingernägel mit blau-gelbem Lack geflaggt.

Auch am Badehaus in Saltsjöbaden weht klares Blau-Gelb. Vor dem Grandhotel schlagen blau-gelbe Flaggen im Wind, im Hafen und an den Booten sind die Fahnen gehisst, und hoch oben vor dem Jugendstilhaus knattert ebenfalls blau-gelber Stoff. Sollte das bei Ihnen unangenehme Erinnerungen wecken, oder sollten Sie den Verdacht haben, dass sich hier ein besonders engstirniger Nationalstolz ausdrückt, liegen Sie falsch. Es scheint eher so, als würden die Schweden ihre Fahnen deshalb so begeistert noch vor der kleinsten Hundehütte aufbauen, weil sie nur dann sicher sein können, dass die Sonne das ganze Jahr über vor blauem Himmel scheint.

In den Sechzigerjahren nutzte Vilgot Sjömann das leuchtende Gelb allerdings zu einem provokanten Film mit dem Titel »Ich bin neugierig – gelb.« Womit er sagen wollte, dass er sexuell farbig war, aber so schwedisch wie alle anderen. Weil das damals jedoch nicht alle so sahen, sondern Homosexualität auch im fortschrittlichen Schweden immer noch als Krankheit galt, sorgte der Film für einen solchen Aufruhr, dass einige schwule Schweden den Mut fassten, bei ihren Krankenversicherungen frech Krankengeld zu beantragen. Die Anträge wurden natürlich abgelehnt. Das verursachte nun aber eine gewisse Schieflage in der Beurteilung von Homosexualität und führte mit Unterstützung der kommunistischen Partei 1979 zu der allgemeinen Erklärung, dass Homosexuelle mittlerweile genesen und vollwertig anzuerkennen waren. Daraufhin entsannen sich die Schweden auch bei diesem Thema ihrer Vorreiterrolle in Sachen Gleichberechtigung und Autonomie und vielleicht sogar der Tatsache, dass homosexuellem Begehren jene Gleichberechtigung, an der beim heterosexuellen Pendant hart gearbeitet werden muss, von vornherein leichter fällt.

Seit 1995 darf eine Frau ihre Liebe zu einer Frau und ein Mann seine Liebe zu einem Mann öffentlich anerkennen lassen, wobei das Paar unter Umständen für Dolce & Gabbana abgelichtet wird, auf jeden Fall aber dieselbe Rechtsstellung wie Eheleute erhält. 2003 war Schweden das erste europäische Land, das homosexuellen Paaren gestattete, Kinder zu adoptieren, und mittlerweile möchte auch die Kirche nicht mehr außen vor bleiben. Ein Seelenhirte fand kürzlich die erlösende Erklärung: »Ich denke, dass alle Menschen vor Gott gleich sind. Als Gott den Menschen schuf, schuf er auch Homosexuelle, wir sollen auch sie entgegennehmen und segnen.« Was ab Januar 2008 geschehen, die schwedischen Kirchen aber sicher auch nicht an den Rand ihrer Belastbarkeit bringen wird.

In der Hafenbar von Saltsjöbaden steht eine blau-gelbe Papierfahne auf dem Tisch der Damen mit Hut. Sie feiern einen runden Geburtstag. Es ist ein bisschen kindisch, aber ich muss sie fragen, warum sie sich eine Landesfahne auf den Kaffeetisch stellen.

»Das gehört zum Feiern dazu«, sagt eine.

»Dann feiern Sie mit jedem Geburtstag ihre Nation?« – Es folgt mitleidiges Lächeln. Schließlich sagt eine andere von ihnen: »Finden Sie das so ungewöhnlich: Tischschmuck zum Geburtstag?«

»Ganz und gar nicht«, sage ich, sehe allerdings sofort deutsche Schrebergärten vor mir, in denen trotzig Schwarz-Rot-Gold gehisst und in Ermangelung anderen Liedguts die Nationalhymne gegrölt wird, oder Erste-Mai-Umzüge, zu denen Eltern ihre Kinder nur widerwillig mit den vorgeschriebenen Papierfähnchen losziehen ließen, und Kinder, die sie glücklich schwenkten, weil sie Hammer und Sichel für ähnlich harmlose, schmückende Applikationen hielten wie die schwedischen Damen mit Hut das gelbe Kreuz auf blauem Grund. Der Unterschied ist, dass die Damen mit Hut sich nicht irren. Die schwedische Flagge hat wirklich das Zeug zur Applikation.

Der Tag, an dem sie gefeiert wird, ist der 6. Juni, der *Svenska flaggans dag,* an dem Gustav Vasa 1523 zum schwedischen König gekrönt wurde. Während sich die Hälfte der Bevölkerung über den Grund des Feierns allerdings nicht so sicher ist, macht sich die andere Hälfte der Schweden darüber erst gar keine Gedanken. Sie datiert den Nationalfeiertag kurzerhand auf die Mittsommernacht. Denn im Grunde ist *Midsommar* für alle das eigentliche schwedische Fest und die Diskussion, ob die zu dieser Gelegenheit servierten Matjes mit Pellkartoffeln, saurer Sahne und Dill oder doch »Janssons Versuchung« das echte Nationalgericht sind, wichtiger als die Frage, ob mit dem 6. Juni tatsächlich die Krönung Gustav Vasas oder eher die Regierungsreform von 1809 oder vielleicht sogar der Geburtstag von Björn Borg begangen wird. (Bei Janssons Versuchung handelt es sich um ein Kartoffel-Anchovis-Gratin, dessen Name einem schwedischen Film gleichen Titels von 1929 zu verdanken ist. Der Wirtin und der Köchin eines Lokals gefiel der Film so gut, dass sie das Lieblingsgericht ihrer Stammgäste umtauften.)

Die Regierungsreform oder Björn Borgs Geburtstag wären immerhin einigermaßen gegenwartsnah, wo es ansonsten seit 500 Jahren kein historisches Großereignis mehr gegeben hat, das den Nationalfeiertag irgendwie heutiger machen könnte.

Bei 500 Jahren Abstand ist es kein Wunder, dass die Flaggen als Leuchtpunkte in der Luft und als Blumenarrangements auf Geburtstagstafeln stehen und an trüben Tagen die Sonne ersetzen. Sie sind frei von jeglicher Nationalhysterie, die beispielsweise jedes Flaggenhissen im Land des »einsamen Cowboys«, wie Anna Lindh George Bush titulierte, sofort begleitet und die auf andere Weise und unter Schlagworten wie »neue Lässigkeit« oder »Unverkrampftheit im Umgang mit der Geschichte« mit der Fußball-WM auch Deutschland wieder erfasste. Im Vergleich zu Schweden kann Deutschland sich vor lauter Nationalfeiertagsanlässen kaum retten und hat seit dem Zweiten Weltkrieg immerhin dreimal den Termin verschoben. Da lässt sich vermuten, dass es so unverkrampft wie bei den schwedischen Nachbarn hier so bald nicht werden wird.

Olof Palme gab schon in den Siebzigerjahren bekannt, dass er Nationalstolz und Nationaldenken für rückschrittliche und überflüssige gesellschaftliche Identitätskrücken hielt. »Wir wollen keine Gesellschaft, die dem Ruhm der Nation oder eines Imperiums oder irgendeiner speziellen Gruppe dient. Die Geschichte ist voll von Versuchen, geschlossene ideologische Systeme zu errichten, die die Menschen als Versuchskaninchen benutzt. Ideen müssen der Bevölkerung nutzen und nicht umgekehrt.«

Aber Olof Palme wurde umgebracht. Anna Lindh, die vielleicht ähnliche, aktualisierte Visionen ähnlich stark hätte formulieren können, wurde umgebracht, und manchmal scheint es mir so, als wären das nicht nur zwei eine offene Gesellschaft erschütternde Tode. Manchmal scheint es mir, als wären sie angesichts der weltweit wieder heftig entflammten Gewalt im Namen einer Nation, einer Religion, einer Ideologie oder schlichtweg aus Geldgier und stupider, unverhohlener Machtgeilheit erschütternde Vorboten des endgültigen Todes einer anderen möglichen, einer vielleicht besseren Lebensweise.

Aber dann ist da noch die Stimme von Alva Myrdal: »Ich habe mir nie erlaubt, an Aufgabe zu denken. Meine Botschaft heute ist: Eines menschlichen Wesens ist es nicht würdig aufzugeben.«

In guten Momenten ist die Enttäuschung darin fast nicht zu hören.

Mineral, Insekt, Gebirge

Kein Schwede, der nicht muss, und kaum eine Schwedin fährt in den Norden. Das begriff ich, nachdem meine fröhliche Ankündigung, ich würde im Juni nach Kiruna fahren, nirgendwo auf Widerhall stieß. Man nickte mit blankem Gesicht, man sagte: »Im Juni?«. Und wenn ich sagte: »Wann denn sonst, im August schneit's ja schon wieder«, dann sagten sie: »Eben.« Andere Gesichter drückten echtes Bedauern aus. Carl Tham, der ehemalige schwedische Bildungsminister der Sozialdemokratischen Partei, meinte, er würde nie in den Norden fahren, denn entweder sei es dort eiskalt oder voller Mücken. Eine schwedische Freundin schrieb auf meine Ankündigung, nach Kiruna reisen zu wollen, schlicht zurück: »Wozu?«

»Um die Mitternachtssonne zu sehen.«

»Und was willst du da machen?«

»Ich nehme an, wandern«, schrieb ich, schon vorsichtiger.

»Wozu?«

»Um den berühmten Wanderweg, den Kungsleden, zu sehen und den Kebnekaise, den höchsten Berg. Und die Mine von Kiruna...«

»Ja. – Aber wozu?«

Sensationslust bei den schwedischen Bekannten war noch die mildeste Variante. Sensationslust hörte sich so an: »Ich selbst war nie in Kiruna, aber es wird sicher aufregend, du musst mir unbedingt hinterher davon erzählen. Wenn du zurückkommst.« Das klang wie: solltest du je zurückkommen. Ich packte Dschungeldeo, ich packte Moskitonetze, ich packte Überlebensmüsliriegel und meine dicksten Winterpullover ein.

Wobei noch gesagt werden muss, dass »Norden« mein Ziel nicht klar genug umreißt. Der Norden beginnt für die Schweden eigentlich nördlich von Stockholm und reicht gerade so bis Östersund. Lappland dagegen liegt so weit ab, dass es nicht nur jenseits des Polarkreises, sondern für die meisten bereits jenseits von Gut und Böse ist.

Über jenseits von Gut und Böse hing eine Wolkendecke. Regen sprühte über die kleinwüchsigen Kiefern und ließ die Birkenstämme weißgescheuert aussehen. Im Hintergrund überragte ein schwarzer Berg terrassenförmig die eiserne Stadt. Kiruna gehört zu jener Art Kleinstädte, die in einem anderen Kapitel ausführlich besprochen werden, hat allerdings eine echte Skyline; mehrere Hochhäuser ragen aus der Tundra-Landschaft auf. Die Ausstrahlung Kirunas entspricht in etwa der von Duisburg, und beide versammeln interessanterweise ja auch ähnliche Vokale, mit dem Unterschied, dass die lappische Bergarbeitersiedlung überschaubarer ist, jedenfalls oberhalb der Erdoberfläche. Unter Tage ist Kiruna wahrscheinlich wirklich die größte Stadt Schwedens, was man in Kiruna aber vor allem deshalb gern betont, weil die überirdische Gesamtfläche der Gemeinde 20 000 Quadratkilometer beträgt. – Wüsste man das nicht, man würde nichts vermissen. Unter Tage jedoch fächert sich ein Straßennetz von 400 Kilometern auf mehreren Ebenen auf, hier gibt es Büros, Bushaltestellen, ein Café, es gibt Gegenverkehr auf den Straßen, ein Museum und sogar ein Kino, wobei das ewige Dunkel im Berg wenig stört, da auch das Tageslicht oben die Hälfte des Jahres abgedunkelt ist. Als wir vom Flughafen aus in die Stadt über Tage hineinfuhren, waren nur ein eckiger Förderturm, ein abgepumpter See, Schienenstränge und Bahnwaggons zu sehen, die wie zusammengefegt auf einem großen Platz vor der Grubeneinfahrt standen. Ein überirdisches Kino bemerkte ich nicht. Es gab ein altes Bahnhofshotel, einen Campingplatz, eine Apotheke und ein Naherholungszentrum. Schneebobpisten und Langlaufloipen schlängelten sich durch Birken und Hartlaubgewächs, die jetzt, im Juni, Schotterpisten waren, die Lampen an der Strecke waren abgestellt. Der Marktplatz, auf dem ein Sommerfestival mit Rockgruppen und Karussells stattfand, wird 2013 verschwunden sein. In 1000 Meter Tiefe wird dann die Erzader im Berg angebohrt. Da die Stadt durch die Sprengungen abzusacken droht, müssen Marktplatz, Langlaufloipen, Hotel und die Kirche aus dunklem, geschupptem Holz, die einer »Lappenkohte«, einem samischen Tipi, nachempfunden wurde, auf Lastschlepper verladen und um einige Kilometer versetzt werden.

Das scheint entweder noch lange hin, oder niemand hängt so richtig an dieser aus einer Wildwestsiedlung in hektischer Eile hochgezogenen Stadt. Jedenfalls hatten alle, die mir von diesem Umzug erzählten, strahlende Gesichter. Sie schienen begeistert. Zuerst vermutete ich, dass Gefühlsäußerungen mit Übertreten des Polarkreises vielleicht in ihr Gegenteil umschlagen, so wie der Mond in bestimmten Teilen der Welt ja auch andersherum hängt. Dann war die zur Schau getragene Begeisterung eigentlich ein Ausdruck tiefer Trauer?

Das war natürlich Blödsinn. Die Begeisterung der Leute hing mit der bevorstehenden Sensation zusammen, die der Umzug einer ganzen Stadt unweigerlich sein wird und von der es im dünn besiedelten Norden sonst kaum welche gibt. Das letzte sensationelle Ereignis liegt mehr als 250 Jahre zurück. Damals hatte man die Eisenerzmine entdeckt. Der

Same Mangi hatte 1726 dem »weißen Mann« von Felsen aus reinem Eisen am Kirunavara, dem Schneehuhnberg, erzählt. Die Pfeilspitze des Pfeils, mit dem er ein Schneehuhn erlegt hatte, war am Berg kleben geblieben, was ihm bewies, dass dieser Berg heilig war; möglicherweise lebten seine Vorfahren hier, in ihrer sájvva-Welt, einer Unterwelt, die für die Samen allerdings oberhalb der Erde liegt, mitten unter ihnen, als gleichzeitige, schattenhafte Anwesenheit, bevorzugt in Bergen und Seen.

Für die weißen Männer war die magnetische Anziehungskraft des Kirunavara ein Hinweis darauf, dass hier Geld zu machen war. Aber erst mit Entwicklung der Dampfschifffahrt begann man, Schienen im Norden zu verlegen, die jeweils nach Ost und nach West an die Küsten verliefen. Britische Eisenbahnbauer kämpften sich mit Pioniersongs und Spitzhacken durch Schneestürme und Steinschläge voran, bis 1880 der erste Erzzug fuhr. Die Samen hatten nichts davon. Nur die Unterwelt ihrer Vorfahren wurde kleiner und die Rentiere dürr, weil die Tiere, die normalerweise auf den Wanderungen der Nomaden leichte Tipistangen zogen, leichte Wiegen mit Kleinkindern in Satteltaschen trugen, jetzt täglich Erzklumpen zu den Waggons zerren mussten. Mangi übrigens hat für sich und seine Nachkommen ausgesorgt. Die Familie lebt bis heute steuerfrei.

Jetzt wird schon seit über hundert Jahren das Magnetit-Erz abgebaut. Als die Ader über Tage abgetragen war, ist man unter Tage getaucht und sprengt sich mit jedem Tag tiefer; auch daran hat sich ganz Schweden gewöhnt. Kein Hals reckt sich mehr Richtung Norden. Der letzte große Versuch der Bergarbeiter, ein bisschen Aufmerksamkeit für sich und ihre Familien zu erringen, ging 1969 nach 56 Tagen Streik zu Ende. Er brachte ihnen die Einführung eines festen Monatslohns und sorgte im ganzen Land für einen neuen Schub sozialer Programme, wird heute allerdings nur noch unter »ferner liefen« im Touristenprogramm erwähnt.

Es muss also die reine Vorfreude gewesen sein, die die Gesichter der Leute, die mir vom Umzug der Stadt erzählten, strahlen ließ. Sie sehnten die Zeit herbei, in der sich die Aufmerksamkeit des Landes endlich wieder auf sie richten würde.

Auf den ersten Blick kam auch mir Lappland nicht gerade sensationell vor. Es schien vor allem aus hellgrünen Birken vor regennassen Häusern und aus vibrierenden Schienen gemacht, die erzbeladene Züge Tag und Nacht in Endlosschleife befuhren, aus buckligen Helikopterlandeplätzen und dem Geruch nach Kohle, der nicht aus Schornsteinen, sondern von *Wilmas Nordic Summer*, einer wirksamen Mückenschutzcreme, kam. Sonst lag viel Gerümpel herum, altes Holz, Schrott auf Schotterplätzen, Baumaterial, verrottende Schlitten und gänzlich undefinierbares, offenbar aber einst zum Überleben benötigtes Zeug. Selbst vor dem teuren Sporthotel in Abisko waren Reste von Wellblechbuden stehen geblieben, als wolle man nicht riskieren, zu entsorgen, was man vielleicht noch mal gebrauchen könnte. Außerdem würde der Schnee in wenigen Wochen ohnehin alles wieder unter sich begraben. Später erst würde ich hinter dem Gerümpel atemberaubend immer das Hochgebirge aufragen sehen, vielleicht Lapporten, das schneebedeckte Massiv am Eingang des Kungsleden, das aussah, als hätte jemand in der Mitte hineingebissen wie in ein Stück graue Melone. Nur die Außenseiten standen noch, zwei beinahe identische Spitzen.

Die erste Nacht verlief traumatisch. Um elf Uhr abends war es noch immer hell, draußen hingen Nebelschwaden über feuchtem Moos. Um Mitternacht drang das Licht weiter ungehindert durch die Jalousien. Und später, zwischen 1 Uhr 15 und 1 Uhr 30, die Sonne musste ihren tiefsten Punkt am Himmel gerade überwunden haben, was nur wegen der Regenwolken nicht zu sehen war, ging ein Beben durch die Stadt. Eine Erschütterung der Oberfläche, ein dumpfes Grollen, das vom Berg aus herüberkam. Dann Stille, und eine einsame Mücke fand den Weg in mein Ohr.

Zwischen 1 Uhr 15 und 1 Uhr 30 finden jede Nacht Sprengungen in der Mine statt. Ferngesteuerte Maschinen bohren kranzförmige Löcher in die Erzader, ein Laderoboter lädt drei Tonnen Sprengstoff, dann wird gezündet. Jede Nacht bringt jeder Kranz 10 000 Tonnen Erz. Auch die Schaufelmaschinen, riesige rote Kolosse auf Reifen, die zum größten Teil mit Wasser aufgepumpt sind und einzeln aus Japan bezogen werden, sind ferngesteuert. In den Büros im Berg sitzen Arbeiter beim Computerspiel, mit Joystick und Tastatur tragen sie den Rohstoff ab, während ihre Familien schlafen oder schlaflos wie ich dem Beben der Erdoberfläche entgegenliegen. LKAB, das Erzunternehmen, hat die Stadt 24 Stunden lang fest im Griff. 24 Stunden lang hängt das Geräusch rangierender Züge in der Luft. 24 Stunden lang lächeln Arbeiter in sauberer Kluft und hellen Farben von den Wänden, Arbeiterinnen sehen sich interessiert eine technische Zeichnung oder rotglühende Feuerwalzen an, 24 Stunden lang strahlen diese Bilder eine optimistische Ödnis aus, die mir sofort den Geruch früherer Tage in der sozialistischen Produktion in die Nase trieb. Auch den Rest des Landes hat LKAB in ein unsichtbares Netz gespannt; die Pellets, zu denen das abgebaute Erz verarbeitet wird – kleine Kugeln, die wie Rehkot aussehen und den Kohlendioxidausstoß in Hochöfen um 80 Prozent verringern sollen – werden 24 Stunden lang durch Moore gefahren und im norwegischen Narvik oder in Luleå, am Bottnischen Meerbusen, auf Schiffe verladen und nach Asien transportiert. Die Ader im Berg von LKAB, die einen Erzgehalt von 60–70 Prozent hat, versorgt auch die schwedische Industrie; die Öresundbrücke ist auf Magnetitpfosten gebaut, manche Schweden wärmen ihre Füße im Winter in Plüsch-Hausschuhen mit wärmespeichernden Magnetitsohlen, und jeder Zweite hat die Wände seines *Fritidshus* mit weißer Magnetitfarbe gestrichen, die ebenfalls Wärme speichert und zwar, wie ich vermute, 24 Stunden lang. LKAB braucht dafür 1,6 Prozent des gesamten Stroms in Schweden.

Aber das alles spielt sich nur am Rande der allgemeinen Aufmerksamkeit ab, und an diesem Rand, an dieser Aufmerksamkeitsklippe, hinter der es steil nach unten geht, leben auch die Samen. Lappland gehört zu Sápmi, dem Land der Ureinwohner des Nordens, das Nordnorwegen, Nordfinnland und die Kolahalbinsel in Russland einschließt. Das schwedische Sápmi gehört den Samen allerdings nicht, weder über- noch unterirdisch, obwohl sie wie jeder andere Eigentümer dafür Steuern zahlen. Während schwedische Bauern ihr Land vererben und verkaufen können, dürfen die Samen ihre Seen, Wälder und Hochebenen nur benutzen. Und dort, an diesem Rand der Aufmerksamkeit, haben solche Sprüche wie »Wir waren schon immer hier!«, oder »Das ist unser Land!«, die an jedem samischen Stützpunkt, in Museen und Freiluft-Ausstellungen unüberhörbar den Eigentumsanspruch geltend machen, auch keine allzu große Wirkung. Der immer leicht hysterisierte männliche Sprecher, der die Touristen in Dokumentarfilmen in das Leben der Samen einführt, bringt die gerechte Sache ebenfalls nicht unbedingt voran. Immerhin hat es für die Einrichtung eines »Sameting« gereicht, eine Art Parlament in Kiruna, das seit 1993 im schwedischen Reichstag beratende Funktion hat. Dabei haben die Samen recht; sie waren die Ersten. Grabfunde gehen bis ins 8. Jahrhundert zurück, Archäologen fanden samische Asbestkeramik, die sie auf 1500 Jahre vor unserer Zeitrechnung datierten. Handelsreisende des schwedischen Königs überschritten dagegen erst im 16. Jahrhundert den Polarkreis, und als Carl Linneaus 1731 seine botanische und ethnografische Forschungsreise durch Lappland antrat, war Sápmi schon weitgehend kolonisiert. Ihre toten Vorfahren im Kirunavara haben ohnehin, lange bevor es den Berg 24 Stunden lang erschütterte, die Tipistangen ihrer Schattenzelte verschnürt und sind auf und davon.

Irgendwann, so hoffen die Schlaflosen von Stunde zu Stunde, geht jede Nacht zu Ende, irgendwann, so hoffen die,

die ein schlechtes Gewissen haben, wird man das Zerstörte so veredelt haben, dass die Zerstörung nicht mehr auffällt. Im Kino auf der dritten, vierten oder fünften Ebene im Berg, in den wir mit dem Reisebus am nächsten Tag einfuhren – die Straßen eng und unbeleuchtet, und mit der Dunkelheit im Bus breitete sich ein von uneingestandener Furcht durchdrungenes Schweigen aus –, führte man die Stadien des einfallenden Berges vor. Man zeigte, wie sich die klaffende Spalte zwischen den Felswänden vergrößert hatte, bis die Ader 1962 überirdisch restlos ausgebeutet war. Man zeigte die Ödnis eines abgepumpten Sees, terrassenartig aufgeschüttete Schotterberge, Abraumgebiet, man zeigte die Schuld (am Berg, an den Samen, vielleicht am Ende doch an Gott?), die man durch besondere Veredelung jedes abgebauten Klumpen Erzes abzutragen hofft, 24 Stunden lang. An die Wirksamkeit dieses Vorgangs wird mit einer Ernsthaftigkeit geglaubt, als handele es sich um die Erfüllung eines Gelübdes, das man am Bett eines Sterbenden abgelegt hat.

Im Unter-Tage-Café schossen hinter einem Schaufenster ununterbrochen die Förderkörbe mit dem Magnetiterz der Veredelung entgegen ans Tageslicht, in einer Geschwindigkeit, die ich trotz der dicken Glasscheibe zwischen mir und dem Schacht bis in den Magen hinein spürte.

Nach 24 Stunden fuhren wir ab. Das Wetter wurde nicht besser. Auch die Straßen nicht. Auch die existieren offenbar nur am Rand der restschwedischen Aufmerksamkeit, sie waren zerschlissen und löchrig und erinnerten nicht entfernt an den sonst so perfekt ins äußerste Ebenmaß gewalzten Asphalt. Dabei würden die Ausbesserungsarbeiten hier nicht viel kosten; es gibt schließlich nur zwei größere Straßen. Auf der einen sind Touristen in Caravans unterwegs, auf der anderen kann man die Eisenerzzüge von Küste zu Küste begleiten. Was es sonst noch an straßenähnlichen Verzweigungen und Verästelungen gibt, ist nicht der Rede wert. Sie laufen alle ins Leere, sie enden im Nichts. Wer in Lappland unterwegs ist und die Karte nicht aufmerksam studiert, dem kann es passieren, dass er nach hundert Kilometern erwartungsfrohen Fahrens durch grüne Einöde, in der nur hin und wieder ein Rentier am Straßenrand grast – vom unbedarften Touristen gern für einen Elch gehalten, für den er fotogeil auf die Bremsen geht – schließlich vor einem kleinen Parkplatzrund anlangt und nun erstaunt feststellen muss, dass es nicht weitergeht. Langsam reift die Erkenntnis: Man ist tief in eine Sackgasse hineingeraten. Und weil man da nicht die Einzige ist, funktionieren die Endpunkte dieser Sackgassen wie Auffangbecken für Verirrte. Meistens gibt es einen Zeltplatz oder eine *Turiststation*, die sacht nach Schweiß riecht und in der immer ein paar Betten frei sind. Man kann sich jetzt entscheiden (wobei die Tageszeit keine Rolle spielt, weil es hell ist und hell bleiben wird): Entweder man kehrt mit quietschenden Reifen um und lamentiert auf dem holprigen Rückweg, auf dem die Rentiere oder Elche, oder was immer da grast, in höchster Lebensgefahr sind, darüber, wie sinnlos es ist, Verkehrsschilder für Sackgassen nur an Straßen aufzustellen, bei denen man das Ende schon am Anfang sieht, sie bei wirklich traumatischen Langstreckensackgassen dann aber einfach wegzulassen. Was denn, wenn ein Tanklastzug da reinfährt und am Ende nicht wenden kann; soll der hundert Kilometer rückwärts fahren? Und so weiter.

Oder man bleibt.

Als wir in Kvikkjokk am Ende der Welt vor einer schuppigen Holzkirche standen, entschlossen wir uns zu bleiben. Die Sonne kam raus. In Kvikkjokk fließt das Schmelzwasser aus dem Sarek in ein riesiges Delta. Um 1800 wurde hier verzweifelt in geringen Mengen Silber abgebaut, heute stehen auf dem ehemaligen Anwesen der Silberschmiede Schilder, die von grasüberwucherten Felsbrocken behaupten, sie seien einst Grundpfeiler von Wohnhäusern gewesen. Dahinter tost ein Wasserfall.

Für Wanderer ist in Kvikkjokk keineswegs die Welt zu

Ende. Für sie ist das ein wichtiger Knotenpunkt. Mehrere Wanderwege laufen hier zusammen, der Padjelantaleden, der Kungsleden, diverse *Naturstige,* die Wanderer können die Spur wechseln, die Himmelsrichtung ändern, aber um den Fußmarsch fortzusetzen, müssen sie über einen der vielen Deltaarme übersetzen. Die Bootsanlegestelle ist so etwas wie das Zentrum in einem Ort, in dem es bis auf schlafende Hunde und eine verrammelte Imbissbude nichts gibt.

An der Bootsanlegestelle war niemand außer uns und den Mücken, und in der Ferne lag Schnee auf den Gipfeln, der, wie wir uns einbildeten, Kälte abstrahlte und die Wirkung der Sonne schwächte. Ein Auto verrottete im borstigen Gras. An einem Holzbrett hing ein von Nässe zerknittertes Blatt Papier. Darauf stand eine Telefonnummer und der Name Björn. Björn war der Bootsmann. Nachdem wir Björn über Handy angerufen hatten, dauerte es, ehe er mit dem Rad und in denselben Gummistiefeln kam, die die Schweden auch zum Wandern im Hochgebirge tragen. Als wir einen Scherz machten, sah er uns an. »Was gibt's da zu lachen?«

Björns eisblaue Strickmütze, die Augen, die uns reglos und nacheinander lange fixierten, seine wachsame Körperhaltung und diese langsame, aber unmissverständliche Art zu sprechen entsprachen der Strenge des nördlichen Lichts, das selbst die Blätter der Birken scharfkantig aussehen ließ. Er duldete keinen Widerspruch. Er setzte uns in sein Boot, in dem Gerümpel aus vergangenen Sommern lag, mit dem Fuß achtlos unter die Sitzbänke gestoßen, warf den Motor an und fuhr bugvorn in die Stromschnellen unterhalb des Wasserfalls hinein. Dass er uns nur zum Ausgangspunkt eines Wanderwegs hatte übersetzen sollen, schien er vergessen zu haben. Das Boot wurde von den Strudeln gefährlich weit emporgehoben, die Schraube drehte frei in der Luft, bevor das Boot absackte und Björn sich gegen das schlingernde Steuerholz warf. Er wollte uns zeigen, dass richtig was los war in seinem Ort am Ende dieser hundert Kilometer langen Straße, wo im Winter nur neunzehn Menschen lebten. Aber jetzt war Sommer. Jetzt war es Zeit, die Regenjacke offen zu tragen über der Brust. Jetzt war die Lagune im Delta warm genug, um an sonnigen Tagen kurz ins flache, verschilfte Wasser zu tauchen. Jetzt kamen Fremde. Jetzt galt es, halbstündige Freundschaften zu schließen und Dinge zu erfahren, die man während der übrigen neun Monate des Jahres im Kopf hin und her bewegen konnte, in denen das Delta vereist und die fahle Reflektion des Schnees die einzige natürliche Lichtquelle war, in denen der Wasserfall bis auf wenige Löcher zufror, auf dem dann Ottern saßen. Jetzt trieb Björn uns und sein Boot in urwaldartige Deltaarme hinein. Die Mücken auf Wange und Stirn registrierte er nicht, nur manchmal wischte er sich aus bloßem Reflex über das Gesicht. Wir zogen dunkle Moskitonetze auf. Als ich vorsichtig darauf hinwies, dass wir noch eine kleine Wanderung vorhätten und gern vor Mitternacht zurück wären, sah er mich an. »Ihr mögt keine Natur, was?«, sagte er lauernd. »Euch gefällt das Delta nicht.«

»Doch. Wir haben nur nicht so viel Zeit.« Das war das Schlimmste, was ich hätte sagen können. Björn stellte seinen Motor ab und ließ uns treiben. Und wieder saßen wir in einer Sackgasse. Die einzige Beruhigung: Mein Handy hatte auch in der tiefsten Wildnis Empfang.

»Stress, ja«, sagte er. »Für Natur braucht man aber Geduld. Die Samen lehren uns das, und die lernen das von der Natur. Ihr als Touristen kommt her mit eurer Ungeduld und habt gleich für alles ein Wort, einen Begriff, und schon rast ihr weiter. Die Samen, die haben kein Wort für, sagen wir, ungeheuerliche Abendstimmung, aber die Natur, die tragen sie in sich, die haben sie in ihren Jojks.«

Da mir das deutsche Wort für *ungeheuerliche Abendstimmung* jetzt auch nicht auf Anhieb einfiel, hielt sich mein Bedauern über die sprachlichen Sackgassen der Samen in Grenzen, und ich fragte Björn, was ein Jojk sei.

»Ein Gesang«, sagte er. »Aber nicht zur Unterhaltung, sondern als Möglichkeit, einem Menschen, einem Baum, einem Tier, dem Wind oder auch den Toten nahe zu kommen.«

»Und was jojken sie so über die Bäume?«

»Nicht *über*«, sagte Björn streng. »Sie jojken die Bäume. Die Noajddén, die Schamanen, haben dazu flache Trommeln benutzt. Jedenfalls bevor sie von den Christen verboten und getötet wurden.«

Jojken schien eine Form der magischen Naturbeschwörung zu sein. Um meinen postmodernen Denkwegen die Sache zu erleichtern, machte ich daraus sofort ein Erfinden der Wirklichkeit und ein sich darin Wiederfinden und hätte jetzt gern unser Boot hinüber ans andere Ufer gejojkt.

Später würde ich erfahren, dass sich die Unterhaltung der Samen, deren Sprache wie das Estnische oder das Ungarische zu den finno-ugrischen Sprachen gehört, auf Themen wie »Wetter, Klima, Schnee und die Tiere in Sápmi« konzentriert. Was sie sonst noch wissen müssen und bei uns Anlass für ein Schwätzchen am Gartenzaun wäre, steht in ihrer Kleidung. Sie werfen sich ihre Trachten über und erfahren so voneinander das Wesentliche, und das Wesentliche ist genug. Der Rest ist harte Arbeit, Jojken und Schweigen. Die Trachten aus Filz, die mit roten, gelben, blauen und grünen Applikationen kunstvoll versehen sind, geben preis, aus welcher Familie und aus welcher Gegend man stammt, welches Geschlecht und welches Alter man hat, ob man verheiratet ist oder nicht, und die Mütze, die mit dem Schopf nach vorn oder nach hinten getragen wird, zeigt an, ob man nach Hause geht oder von dort kommt, bevorzugt in Schuhen, die mit Heu ausgestopft sind. Heu hält trocken und warm, und man braucht auch kein Magnetiterz, veredelt oder nicht, in den Schlappen zu tragen.

Woher die *sijddas*, die Familienzusammenschlüsse der Samen, kommen und wohin sie gehen, sieht man den Gebirgen und Hochebenen seit Jahrtausenden nicht an. Die wenigen Nomaden, die noch heute mit ihren Rentierherden umherziehen, hinterlassen keine Spuren. Die meisten der etwa 20 000 in Schweden lebenden Samen sind mittlerweile und häufig gezwungenermaßen sesshaft, 2000 leben allein in Stockholm, viele sind in der schwedischen Gesellschaft bis zur völligen Unsichtbarkeit aufgegangen. Allerdings gibt es moderne Samenschulen, die alternativ zu den allgemeinen Schulen besucht werden können, sodass die Traditionen nicht völlig verloren gehen.

Auch der Sarek ist bis auf wenige Pfade unberührt. Und damit das so bleibt, warnt das Staatliche Amt für Umweltschutz die Touristen vor diesem gigantischen Gebirge, als würden sie schon bei seinem Anblick in Lebensgefahr stürzen: »Sie möchten im Sarek wandern? Wir, die wir für Schutz und Pflege des Nationalparks zuständig sind, hoffen, dass Ihnen bewusst ist, was eine Wanderung im Sarek bedeutet: Der Sarek ist eine großartige und unberührte Hochgebirgsregion mit steilen Gipfeln und Gletschern. Zwischen den Gebirgsmassiven erstreckt sich ein Netzwerk von tief eingeschnittenen Talgängen, die von reißenden Wasserläufen durchströmt werden. In diesem Terrain voranzukommen ist, wie man sich leicht vorstellen kann, ungeheuer strapaziös. Im Falle eines ernsthaften Unglücks ist man völlig auf sich gestellt –«

Die Sorge ist so groß, dass die Umweltschützer davon selbst etwas verwirrt sind, denn im selben Atemzug heißt es, »– wer jedoch wirkliche Einsamkeit sucht, sollte Gebirgsregionen mit weniger imposanten Namen zum Wandern auswählen... Tausende sind in den Sommermonaten in diesem Gebiet unterwegs, und an bestimmten Tagen begegnet man vielen Menschen...«

Björn überwand sich irgendwann doch dazu, uns abzusetzen. Aber nicht ohne anzukündigen, uns »nachher kurz noch die andere Seite des Deltas in all seinen Blautönen« vorführen zu wollen. Als wir endlich auf dem Plateau standen und der Sarek sich grandios vor uns aufwarf mit seiner ganzen schroffen, unwirtlichen Einsamkeit, seinen über die Ufer tretenden gefräßigen Flüssen, fiesen Gletscherspalten und morastigen, schlammigen Abgründen, sahen wir in der Ferne Punkte, die bald darauf Gestalten wurden, wenig später Wanderer mit Rucksäcken und Teleskopstöcken. Sie hatten den Sarek durchquert und lebten noch, sie liefen noch, sie grüßten sogar lässig, als sie an uns vorüberkamen, und während wir düster unter unseren Moskitonetzen hockten, wirkten sie hell und leicht; der Sarek hatte sie nicht ein bisschen erschöpft. Aber vielleicht waren sie gar nicht gewandert. Vielleicht hatten sie wenige Meter entfernt hinter einem Felsen gesessen und in der *ungeheuerlichen Abendstimmung* das Wandern nur gejojkt…

Ob im Jojk oder »in echt«, die Natur in Lappland scheint so gewaltig und übermächtig, sie scheint so sättigend zu sein, dass die Nahrungsaufnahme darüber vernachlässigt werden kann. Jedenfalls entspricht die Auswahl und Zubereitung der Speisen dem Abwechslungsreichtum einer Schotterpiste. Dass hier überhaupt gegessen wird, scheint nur der Notwendigkeit zu entspringen, genügend Energie zu tanken, um Mückenwolken, Schneestürmen oder schlicht der endlosen Ausdehnung von Schönheit gewachsen zu sein. Im Grunde ist alles Essbare eine Variation auf Ren, Elch, Lachs und Hering. Dazu werden Preiselbeeren, Moltebeeren – das »Gold des Moores« –, Pilze und aufgetautes Tiefkühl-Gemüse serviert. Manchmal gibt es auch Hering, Lachs, Elch und Ren. Von allem wird dann aber auch so gut wie alles gegessen: Das Renfleisch beispielsweise kann gesalzen, getrocknet, geräuchert, gegrillt, gebraten und gekocht aufgetischt werden, aus den Innereien wird unter Zusatz von etwas Rückenfleisch eine Wurst gequirlt, aus dem Blut macht man Klöße. Elch: dito. In Jokkmokk wurden derart große Portionen streng riechenden Ren-Geschnetzeltes serviert, dass uns jede weitere Begegnung mit Ren, egal ob in Form von Carpaccio, Burger, Salami, ob als Besteck und Schlüsselanhänger aus dem Horn der Rentiere oder auch in Form lebender Wesen, deren Hufe knisternde Geräusche machten, schwerfiel. Fisch habe ich allerdings selten so gut gegessen wie hier; in einem Lokal wurde uns beim Bestellen mit großem Bedauern mitgeteilt, der Lachs wäre leider nicht mehr ganz frisch, und wir waren schon drauf und dran, notgedrungen doch zu Ren zurückzukehren, als die Kellnerin hinzufügte: »Der wurde schon heute Morgen gefangen.«

Dem Hering ist man für die Vielfalt, in der er sich zubereiten lässt, so dankbar, dass er im Schwedischen, als einziger Sprache der Welt, gleich zwei Namen bekommen hat: Sill und Strömming. Ersterer ist dicker, hat mehr Fett und stammt aus allen möglichen Gewässern, Letzterer ist klein und wird nur in der nördlichen Ostsee gefangen, in einem Gebiet jenseits einer imaginären Grenze, die von der schwedischen Hafenstadt Kalmar über Öland bis nach Libau in Estland verläuft.

Was aus den kleinen Heringen wird, wenn man sie in Erdgruben (früher) oder in Tonnen und Fässern (heute) wochenlang der Milchsäuregärung aussetzt, dürfte wohl auch jenen Menschen sofort stechend in die Nase dringen, die sich durch ihre Vorliebe für Munster-Käse eigentlich für olfaktorisch abgehärtet hielten. Bei diesen *Surströmming* verweigerte ich mich der Recherche durch Selbstversuch. Sollten Sie diese Spezialität ausprobieren wollen, dann legen sie den »Sauerhering« mit fein gehackten Zwiebeln und Kartoffelscheiben zwischen weiches Fladen- oder zwei Scheiben Knäckebrot. Reichlich Alkohol dazu, am besten schon vorher, kann, glaube ich, nicht schaden.

In den Supermärkten wehte mich in den Abteilungen pflanzlicher Produkte erneut ein nostalgisches Kindheitsgefühl an; in Lappland sehen die Obst und Gemüse-Regale zwar schon wegen der geschickten Beleuchtung besser aus als im Osten. Aber auch hier welken die paar Salatblättchen eher vor sich hin, die Gurken sind schrumpelig und die Paprikas derart heftig eingeschweißt, dass sie erstens wahnsinnig importiert aussehen, also von zweifelhaft langer Haltbarkeit künden, wodurch sie, zweitens, den Eindruck erwecken, sie seien gar nicht zum Verzehr gedacht, sondern sollten der Gemüseabteilung Farbe verleihen. Das kann man von den Kartoffeln wiederum gar nicht behaupten, die so in ihrer eigenen Erde liegen, wie sie der Ernte-LKW soeben vom Feld abgeliefert hat. Immerhin gibt es Äpfel. Äpfel in Rot und Grün und in allen möglichen Stadien ihrer Entwicklung.

Trotz dieser schwierigen Ausgangslage hat Lappland mehrere außergewöhnlich schöne Restaurants. Vor allem an Wochenenden kehren in diese Restaurants außergewöhnlich schön gekleidete Menschen zum Familienessen oder außergewöhnlich Finnisch sprechende Menschen ebenso schön gekleidet ein, die auf Landpartie im Nachbarland sind. Im Sommer sitzen sie alle bis weit nach Mitternacht auf der Terrasse, sehen in die nicht untergehende rotverschleierte Sonne, die den See, die Berge und die flach an den Himmel gestrichenen Wolken unirdisch schön aussehen lässt, und sind ergriffen wie wir von der Ahnung, das Unmögliche könne möglich werden; die Zeit stünde still, sie säßen ununterbrochen im Licht, *Kaamos*, die dreimonatige Dunkelheit, träte nie ein, und die Kinder blieben für immer auf dem ewigen Spielplatz der Kindheit und wären nicht jene müden, viel zu schnell heranwachsenden Gestalten, die auf der nahe beim Restaurant gelegenen Spielwiese toben, nachts um halb eins.

Mit seiner Restaurantdichte kann Lappland locker mit dem Rest von Schweden mithalten; etwa auf alle 300 Kilometer kommt ein Lokal.

Natürlich gibt man sich in den wenigen besondere Mühe. Egal, ob im *Fjällby* in Björkliden, dessen Panoramafenster auf einen riesigen See, den Torneträsk, hinausgehen, ob im *Hembygsgård*, dem Restaurant des Eishotels Jukkasjärvi, das in einem von dicken Balken getragenen ehemaligen Schulgebäude untergebracht ist, oder auch im eleganten, ganz in Weiß gehaltenen Restaurant *The Captain's House* in Gammelstaden, einem auf der Weltkulturerbeliste der UNESCO stehenden Kirchenstädtchen aus dem 17. Jahrhundert und Ursprung der Hafenstadt Luleå; eines haben sie alle gemeinsam. Ihre Speisekarten klingen komplizierter als die französischer Restaurants. Sie sind Dichtung. Das erklärt wiederum die astronomischen Preise der Gerichte; hier sind Literaten am Werk, und deren Honorar ist in der Summe inbegriffen. Die Autoren solcher Menüs sind allerdings nicht zu beneiden. Mit ihren poetischen bis kryptischen Formulierungen muss ihnen vor allem eines gelingen: Sie müssen kaschieren, dass es sich bei dem Speisenangebot selbst in den edelsten Lokalen wieder nur um arktischen Lachs, Rentier, Elch und Moltebeeren handelt. Wer Glück hat, darf zur Abwechslung mal an *juobmo* herumdichten, eine samische Dessert-Spezialität, bei der gekochtem Sauerampfer Zucker und Sahne untergehoben wird.

Da im Sommer Schüler und Studenten flächendeckend die Versorgung der Bevölkerung übernehmen, die geschlossen in die Ferien gegangen ist, und in jedem der Restaurants, in das wir einkehrten, diese Schüler ungeheuer motiviert und froh darüber waren, ein Stück echtes Leben in ihren Portemonnaies zu spüren, mussten wir Tucholskys Erfahrung, dass die »schwedischen Kellner die langsamsten Kellner der Welt« seien, nicht machen.

»Wenn du ein schwedisches Restaurant betrittst, ist es gut, wenn du dir den Brockhaus ›Amalaswintha bis Badewanne‹ mitnimmst«, schrieb Tucholsky in der sicher sehr gedrückten Stimmung, in die ihn sein von aller Welt abgeschnittenes Emigrantendasein getrieben hatte. »Sieh dir erst alle Bilder an; sie sind sehr belehrend. Hast du sie dir alle angesehen, kann es geschehen, dass sich der Kellner oder die Kellnerin naht. Sage ihr, was du willst. Sie lauscht; du fühlst: sie hat kein Wort verstanden – auch dann nicht, wenn du es ihr auf Schwedisch sagst. Nach etwa drei Minuten geht auf dem Mond des Kellnergesichts ein Lächeln auf: Aha! Bier und Smörgasbord, ja ja! und ›Tack!‹ – denn die Schweden sind höflich, und ihre Kellner sagen: ›Danke!‹ wenn man etwas bestellt. Gut. Und dann lies du nur: Badewanne bis Amalaswintha, und wenn du einen kleinen Zusatzband bei dir hast, so ist es gut – denn nun erfolgt etwa eine halbe Stunde oder eine ganze Stunde gar nichts.«

Gab es doch Wartezeiten, wurde in exakte Dreiecke gebrochenes Knäckebrot serviert. Wer das jetzt mit derselben Verachtung zur Seite schiebt, als hätte man ihm Zwieback vorgesetzt, outet sich sofort als Ignorant. Knäckebrot wird in Schweden seit 500 Jahren gegessen. Es gibt mindestens hundert verschiedene Varianten, und wie beim Wein sind billige und edle Sorten darunter. Besonders für Lappland scheint Knäckebrot das geeignete Lebensmittel zu sein. Man kann es gut auf Vorrat anlegen. Die Roggenschrotfladen werden in sieben Minuten zu runden Scheiben gebacken, die in der Mitte ein Loch haben. So kann das Brot auf Holzstangen gezogen, aufgehängt und ewig haltbar gemacht werden, auf jeden Fall bis zu fünfzehn Jahren und zwar ohne Konservierungsmittel. Und wenn man den Staub der Jahre dann weggepustet hat, soll das *Knäcka* mit dem Alter sogar besser schmecken. »Was zur Taufe gebacken wird, hält bis zur Hochzeit des Kindes«, heißt es.

Das Knäckebrot im Restaurant des Eishotels in Jukkasjärvi war würzig und krachte. Der Torneälv strömte vor dem Fenster vorbei, und am elegant gedeckten Tisch fiel die Sonne schräg ins bauchige Glas. Vielleicht war es dieser Anblick der Sonne im Glas, der einen Koch irgendwann auf die Idee gebracht hatte, der kargen Speisekarte ein Gericht namens *Solöga* hinzuzufügen, bei dem ein rohes Eigelb mit Anchovis, Roten Beten, Zwiebeln und Kapern garniert das »Sonnenauge« ergab.

Das Eishotel am Fluss war gerade geschmolzen. Aber da unsere Leidenschaft für Ren ohnehin auf Sparflamme brannte, hätten wir auch kein Bedürfnis gehabt, auszuprobieren, wie es sich auf Renfell-bedeckten Eisbetten, die zwischen Eiswänden standen, auf Renfell-bezogenen eisigen Kopfkissen schlief. Mit dem ersten Schnee wird das Iglu-Hotel jedes Jahr neu gebaut, seine Eis-Suiten werden von Künstlern im russischen Art Nouveau-Stil oder im Stil des Barock gestaltet. Hinter den gefrorenen Wasserbetten sind Schneevorhänge und Eiskristallspiegel angebracht. Die blau schimmernde Eisuhr in einer der Suiten tickt bis in den Mai. Ich hätte allerdings gern gewusst, wie es ist, in einem Iglu in der Sauna zu sitzen und zu spüren, wie sich der Oberkörper in der Luft erhitzt, während es die Fußsohlen auf dem Schneeboden mit Kälteschauern durchläuft.

Stattdessen brachen wir zum Polarkreis auf. Er zog sich zwischen Gällivare und Jokkmokk durch die Tundra. Fahnen und ein Parkplatz zeigten an, wo, und ich kurbelte vor Aufregung das Fenster herunter. Doch äußerlich änderte sich nichts. Irgendwann mussten wir ihn tatsächlich überquert haben, wobei ich nicht sagen kann, an welcher Stelle das genau geschah, da der Polarkreis immerzu wandert. Im Moment soll er vierzehn bis fünfzehn Meter pro Jahr in den Norden ziehen, während er sich aber gleichzeitig 450 Meter in südliche Richtung bewegt. Wem das, wie mir, eher dadaistisch vorkommt, weil eine Linie, die sich gleichzeitig in zwei Richtungen bewegt, nur auf einem Gemälde von Picasso vorstellbar ist, dem sei gesagt, es geht hier durchaus mit naturwissenschaftlichen, also mit von den meisten anerkannten Dingen zu. (Begann ich schon wie ein Same zu denken, weil ich das partout anzweifeln wollte?) Diese wellenartige Ausschweifung des Polarkreises ist das Ergebnis von verschiedenen Intervallen von Einzelbewegungen. Die wichtigsten Intervalle sind zwei Wochen, ein halbes Jahr, achtzehn Jahre und 41 000 Jahre. Auf das längste Intervall (41 000 Jahre) bezogen zieht er in den Norden, auf achtzehn Jahre bezogen, erst einmal neun Jahre in den Süden und für die nächsten neun wieder in den Norden usw... – Fest steht: Mehr als einen Meter pro Tag schafft er nicht. Das Ganze hängt mit der völlig unzuverlässigen Situation im Weltall zusammen; die Erde eiert, was dafür sorgt, dass die Sonne die Stelle, die sie am 21. Juni treffen soll, nicht immer trifft. Der Nordpolarkreis aber definiert sich durch diese eine Nacht im Jahr, in der die Sonne um Mitternacht am südlichsten Punkt im Norden nicht untergeht.

Den exzentrischen Ausschweifungen des Polarkreises setzen die Bewohner jener Gegend eine geradezu stoische Gemütsruhe entgegen. Leider ist diese kluge Form der Selbstverteidigung schon so oft missverstanden worden, dass sich das Gerücht ausbreiten konnte, im hohen Norden würde eigentlich gar nicht mehr geredet, man ziehe sich verstockt und eigenbrötlerisch in die Kapuzen zurück. Das stimmt schon deshalb nicht, weil viele Kapuzen an den Seiten, dort, wo gewöhnlich der tote Winkel liegt, Plastikfenster haben, die zwar aussehen wie Scheuklappen, aber genau das Gegenteil bezwecken; sie erleichtern den Insassen den Kontakt zur Außenwelt. Außerdem kann es sehr beruhigend sein, sich angesichts einer versagenden Geographie und anderer Schwächen unseres Planeten wenigstens darauf verlassen zu können, dass sich ein Gespräch auch nach Stunden noch nicht fortbewegt hat.

Sobald die Sonne ihren jährlichen Auftritt hat, ist mit der Ruhe sowieso Schluss. Dann »werden wir alle zu Kindern«, wie der seriöse Chef eines großen schwedischen Verlages einmal zu mir sagte, »wir springen und hopsen um den Maibaum herum, und es kann auch ganz schön Nerven kosten, weil man unbedingt ein Mädchen zum Tanzen braucht.« Die *majstång* ist eine mit Zweigen behängte Stange, unter der sich eine der sprachlichen Fallgruben zwischen dem Schwedischen und dem Deutschen auftut; *majen* klingt zwar wie Mai, hat aber nichts mit dem Monat zu tun, sondern mit dem Herumbinden der Blumenkränze, weshalb es sich korrekterweise um einen »Gebindebaum« handeln müsste.

Wenn schon im restlichen Schweden in der Mittsommernacht alle Barrieren und Hüllen fallen, müsste das in Lappland, so die Schlussfolgerung von Neulingen, eine geradezu schockähnliche Wirkung haben. Dem ist nicht so. Denn hinter der Fassade aus Unbeweglichkeit, die wir an Björns nicht vorhandenem Gesichtsmuskelspiel so leicht studieren konnten, verlängert sich das Wesen der Bewohner Lapplands überraschend frei ins Unendliche. Schon im Strahlen in den Gesichtern der Kiruner war das zu erahnen. Man gibt vor, Sackgassen, Gruben und die Eintönigkeit der Birken romantisch zu finden. Man hat sich mit den Rauheiten des Klimas arrangiert und fügt sich zur Belebung des Tourismus auch ins Bild des einsamen, harten Hundeschlittenführers mit Eis im Bart.

Dahinter jedoch tut sich Erstaunliches. Da bauen die Leute Lapplands einen Raumschiffhafen, der sie als Erste in Europa mit einem Mal allen irdischen Begrenzungen und Sackgassen enthebt. Im Januar 2007 wurde der Spaceport Schweden in der Nähe von Kiruna eingeweiht. Schon 2011 wird man von hier aus einen schwedischen Raumtouristen im *SpaceShipTwo* für zweieinhalb Stunden und 155 000 Euro 110 Kilometer hoch ins All und sich selbst endgültig ins ersehnte Zentrum der Weltöffentlichkeit schießen. Nur in New Mexico gibt es einen weiteren Stützpunkt von *Virgin Galactic*, der ersten kommerziellen Raumfahrtgesellschaft, und New Mexico kann den Freizeitastronauten kein Nordlicht bieten. Hier dagegen machen das schwedische Weltraumunternehmen *Rymdbolaget*, das Schwedische Zentralamt für Zivilluftfahrt, *Luftfartsverket*, und das Eishotel in Jukkasjärvi gemeinsame Sache, damit Mitternachtssonne, Polarlichter und die mit Rentieren durch unwegsames Gelände ziehenden Nomaden auch in schwerelosem Zustand von außerhalb der Erdatmosphäre betrachtet werden können. Schon seit 1924 wird Lappland als Testgelände der Luftfahrt genutzt. Am See Luossajärvi probierte die schwedische Luftwaffe englische Flugzeugmotoren aus, und 1961 ging auf dem Raketenstartplatz Esrange die erste Testrakete hoch.

Virgin Galactic gefällt das Gelände auch deshalb, weil im Falle von Unglücken und Abstürzen die Zahl der Toten durch die geringe Besiedlung in Grenzen gehalten werden kann. Die Hundeschlittenführer, deren Strecke ausgerechnet die Absturzgegend kreuzt, sollten sich und ihre Hunde beizeiten versichern...

Der Hundeschlittenführer, dem wir begegneten, trug kein Eis im Bart. Es war Sommer, und er war ein schmaler Junge mit blondem zerzaustem Haar, der gerade halb nackt auf einer Leiter stand, um Nägel in das Dach eines Holzhauses zu schlagen. Er trug eine Rapperbrille und einen sonnenverbrannten Rücken zur Schau und kam zu uns herunter, um sich ausführlich über die ungewöhnliche Hitze von 23 Grad und eine seiner Husky-Hündinnen zu unterhalten, die gerade geworfen hatte; die Kleinen quiekten im Zwinger. Das Unternehmen des Jungen expandierte. Die beiden Sommermonate mussten genutzt werden, um eine zusätzliche Unterbringungsmöglichkeit für deutsche, französische, englische, holländische, koreanische, für all jene Touristen hochzuziehen, in deren Ländern es keinen Schnee mehr gab. Das Holzhaus aus Fertigteilen sollte stehen, bevor wieder die lange Saison des Helikopterskiing, des Skilanglaufs, der Schlittenhunde-Touren und demnächst auch der All-Ausflüge begann. Die Ski waren erst gar nicht weggeräumt worden. Sie standen neben der Tür des *Vandrarhem*, wo auch zahllose Schneeanzüge zum Lüften an Haken hingen. Die Matratzen auf den Doppelstockbetten rochen nach Hund und Schweiß, und nachts surrten die Mücken. Hatten wir das Insektenmassaker vor dem Schlafengehen beendet, durchbrach nur noch das Grollen unterirdischer Sprengungen und der erratische Knall überirdischer Raketenfehlzündungen, unterlegt mit dem Kreischen rangierender Eisenerzzüge im Bahnhof vor dem Fenster, die große Stille der erhellten, leeren lappländischen Nacht...

Meine Berichte nach der Rückkehr fielen wortkarg aus. Das mag auch an den Mückenvölkern gelegen haben, die in meinem zusammengeschnürten Zelt zwischen Innen- und Außenzelt zehn Tage und einen Flug überlebt hatten, beim Auspacken entwichen und sich neuen Lebensraum in meiner Wohnung erschlossen. Aber die Mücken sind nicht der einzige Grund.

Seit ich zurück bin, falten sich Bilder in mir auf: blühende Birken in Schneefeldern, türkise Eisschollen, die scharfkantig in einen Bergsee schneiden, aufgerissene Himmel und vor Hitze dampfendes gelbes Gras, oder der Vogel, der uns stundenlang über eine Geröllebene begleitete und immer wieder auf sein eigenes Rufen antwortete. Bilder, in denen der Blick keinen Halt findet, weil die Entfernung bis jenseits des Wassers, jenseits der Ebene und der Gipfel dehnbar wird, Bilder, die mich aufzulösen scheinen in die von sonniger Kälte durchschnittene Luft. Seit ich zurück bin, entfaltet das nächtliche Licht in mir eine Langsamkeit, die meine Sehnsucht verändert und über alle Dinge hinweg ins Unendliche richtet, eine Sehnsucht, der nur mit Schweigen gerecht zu werden ist.

Und manchmal, wissen Sie, gibt es Schwedinnen, unter denen hin und wieder eine Deutsche ist, die sich in Leute wie Björn, in Seen wie den Torneträsk, die sich in die feuchte Gebirgssommerluft, die grüne Steppe, das weiße Dunkel, in die donnernden Wasser und das Donnern im Eis, die sich in die geräumige Kargheit dieses leer gefegten Landes romantisch verlieben. Und dann in den Norden ziehen und Samin werden oder nicht, auf jeden Fall aber kältebewehrte, schneegestählte, nachtgeprüfte Anbeterinnen des Lichts.

Oder hat Ihnen, liebe Leserinnen und Leser, niemand erzählt,

> . . . *dass wir in Sameland wohnen.*
> *Hat er gesagt,*
> *dass dieses Sápmi ist.*
> *Hat er auch zugegeben,*
> *dass es unseres ist.*

Er hat doch wohl nicht über
eine primitive Kultur
mit einfachen Menschen
gesprochen.

Er sagte wohl auch nicht,
dass wir mit dem Licht hierher gekommen sind.

Nils Aslak Valkeapää, samischer Dichter

Kleine Auswahl zum Weiterlesen

1. Literarisch
   Selma Lagerlöf: Gösta Berling, 2007.
   Kurt Tucholsky: Schloß Gripsholm, 2006.
   Katharina Frostenson: Die in den Landschaften verschwunden sind, 1999.
   Lars Gustafsson: Der Tod eines Bienenzüchters, 1978.

2. Kulinarisch
   Anne Iburg: Schwedisch Kochen. Gerichte und ihre Geschichte, 2004.

3. Informativ
   Ingmar Bergman: Laterna Magica. Autobiographie, 2003.
   Peter Berliner: Xenophobe's Guide to the Swedes, 1994.
   Agnes Bührig, Alexander Budde: Schweden. Eine Nachbarschaftskunde, 2007.
   Christina Johansson Robinowitz, Lisa Werner Carr: Modern-Day Vikings. A Practical Guide to Interacting with the Swedes, 2001.

   www.fiket.de: Der Blog aus und über Schweden.

Bereits erschienen:
Gebrauchsanweisung für…

Amerika
von Paul Watzlawick

Amsterdam
von Siggi Weidemann

Barcelona
von Merten Worthmann

Bayern
von Bruno Jonas

Berlin
von Jakob Hein

die Bretagne
von Jochen Schmidt

Brüssel und Flandern
von Siggi Weidemann

China
von Kai Strittmatter

Deutschland
von Maxim Gorski

Dresden
von Christine von Brühl

das Elsaß
von Rainer Stephan

England
von Heinz Ohff

Frankreich
von Johannes Willms

Gardasee
von Rainer Stephan

Genua und die Italienische Riviera
von Dorette Deutsch

Griechenland
von Martin Pristl

Hamburg
von Stefan Beuse

Indien
von Ilija Trojanow

Irland
von Ralf Sotscheck

Italien
von Henning Klüver

Japan
von Gerhard Dambmann

Kalifornien
von Heinrich Wefing

Katalonien
von Michael Ebmeyer

Köln
von Reinhold Neven Du Mont

Leipzig
von Bernd-Lutz Lange

London
von Ronald Reng

München
von Thomas Grasberger

Neapel und die
Amalfi-Küste
von **Maria Carmen Morese**

New York
von **Verena Lueken**

Niederbayern
von **Teja Fiedler**

Nizza und
die Côte d'Azur
von **Jens Rosteck**

Norwegen
von **Ebba D. Drolshagen**

Österreich
von **Heinrich Steinfest**

Paris
von **Edmund White**

Polen
von **Radek Knapp**

Portugal
von **Eckhart Nickel**

Rom
von **Birgit Schönau**

das Ruhrgebiet
von **Peter Erik Hillenbach**

Salzburg und
das Salzburger Land
von **Adrian Seidelbast**

Schottland
von **Heinz Ohff**

Schwaben
von **Anton Hunger**

Schweden
von **Antje Rávic Strubel**

die Schweiz
von **Thomas Küng**

Sizilien
von **Constanze Neumann**

Spanien
von **Paul Ingendaay**

Südfrankreich
von **Birgit Vanderbeke**

Südtirol
von **Reinhold Messner**

Tibet
von **Uli Franz**

Tschechien und Prag
von **Jiří Gruša**

die Türkei
von **Iris Alanyali**

Umbrien
von **Patricia Clough**

Venedig
von **Dorette Deutsch**

Wien
von **Monika Czernin**

PIPER

Ebba D. Drolshagen
Gebrauchsanweisung für Norwegen

208 Seiten. Gebunden

Norwegen hat Fjorde, Berge und Mette-Marit, es hat betrunkene Elche und verschleierte Bauernmädchen. Das Land ist lang, kalt, im Sommer zu hell und im Winter zu dunkel. Und es ist der Liebling der Energiegötter, die ihm Wasser, Öl und Gas geschenkt haben. Die Autorin berichtet aus dem protestantischen Emirat am Golfstrom, wo ein Bier sieben Euro kostet und der Ministerpräsident zu Staatsterminen in seiner heimatlichen Tracht erscheint. Wo qualifizierte Gastarbeiter willkommen sind. Wo die Regierung Kindergartenplätze für alle und die Gleichberechtigung der Frau vorschreibt. Wo die Zahl der Toten in der Literatur überdurchschnittlich hoch ist und Krimis hauptsächlich an Ostern gekauft werden. Sie erzählt von den Menschen im Reich der roten Holzhäuschen, der Trolle und Elfen, in dem der Nationalfeiertag vor allem eins ist: ein Fest der Kinder.

01/1711/01/R

PIPER

Thomas Küng
Gebrauchsanweisung für die Schweiz

Unter Mitarbeit von Peter Schneider. 208 Seiten. Gebunden

Hier ist alles ein bisschen schöner – die Seen, Berge und Städte, die Menschen, die Läden und die Kleider: in der Schweiz, dem viersprachigen Alpenland zwischen Kunst, Käse und Kanton, Idylle und Industrienation. Thomas Küng kennt nicht nur die Schokoladenseiten seiner Heimat, die weltberühmt ist für ihre Präzisionsprodukte. Mit Wortwitz und Ironie schreibt er über Mentalitäten, Geschäftsusancen und die Rivalität der Städte, nimmt uns mit nach Zürich, Luzern und Genf, zur Basler Fasnacht und in die Hauptstadt Bern, wo 1954 für Deutschland ein Wunder geschah. Er verrät, warum kein Schweizer Müsli isst und wie Sie sich in all dem Chrüsimüsi zurechtfinden. Und dass Tschute und Fußballspielen ein und dasselbe sind.

01/1167/02/L

PIPER

Heinrich Steinfest
Gebrauchsanweisung für Österreich

192 Seiten. Gebunden

Österreich, das Land, das sich als Riese schlafen legte und als Zwerg wieder aufwachte, eingeschlossen in das Innere einer Mozartkugel. Wiener Schnitzel und Schwedenbombe, dramatische Bergkulissen und pompöse Architekturen, Zwölftonmusik und Alpenjodler, Burgtheater und Kasperltheater – Österreich hat viele Seiten, und Heinrich Steinfest kennt sie alle. Der preisgekrönte Krimiautor und leidenschaftliche Österreicher nimmt uns mit auf seine Tauchfahrt in die k.u.k-Seele, weist uns ein in die verborgenen Riten, führt uns zum Heurigen, in die Unterwelten, Schneewelten und Scheinwelten und weiht uns ein in das süße Geheimnis der Mehlspeisen und das dunkle Geheimnis des österreichischen Fußballs. Ein Vademekum für Ihre Reise auf die abgründige »Insel der Seligen«.

01/1712/01/R

PIPER

Maria Carmen Morese
Gebrauchsanweisung für Neapel und die Amalfi-Küste

240 Seiten. Gebunden

Traumbuchten und Dachgärten, kultureller Reichtum und Kriminalität, Meer und Vulkanfeuer: In kaum einer anderen Region sind so viele Widersprüche vereint wie am Golf von Neapel mit seiner berückend idyllischen Lage. Hier ist man stolz auf die temperamentvollsten Frauen der Welt, hier wächst der Limoncello quasi an den Bäumen und sorgt die Hand Gottes für Gerechtigkeit. Hier bezaubern uns mediterrane Schönheiten wie Capri, Amalfi und Ravello, künden antike Thermen und archäologische Parks vom historischen Luxus. Hier führt la Mamma das Regiment. Hier geht nicht nur die Camorra, sondern auch der talentierte Mister Ripley auf Beutezug. Mit der Autorin entdecken wir das sündige, ramponierte Neapel, Bars und Gassen, so schmal, dass die Wäscheleinen gerade noch hineinpassen.

01/1713/01/L

PIPER

Paul Watzlawick
Gebrauchsanweisung für Amerika

159 Seiten mit sieben Zeichnungen von Magi Wechsler.
Gebunden

Die USA eignen sich zum Traumland wie zum Feindbild: Im Lande der unbegrenzten Möglichkeiten gibt es bis heute noch keine runden Fußbälle, und seine Bewohner können immer noch nicht mit Messer und Gabel gleichzeitig essen. Grund genug, sich dem erfahrenen Atlantik-Pendler Paul Watzlawick anzuvertrauen ...
Diese »Gebrauchsanweisung« ist kein Reiseführer im landläufigen Sinn, sie erwähnt keine Kathedralen und Museen, sondern will dem Europäer die USA-Wirklichkeit näherbringen – von der tierisch ernsten Zollkontrolle am Flugplatz, den unvermuteten Tücken der amerikanischen Uhrzeit, des Datums, der Maße, Gewichte und Adressen, von Kredit und Kreditkarten sowie den Merkwürdigkeiten der Umgangssprache bis zum Begründer dieser Gewohnheiten und Institutionen, dem »homo americanus«. Auch an sich trockene Themen wie Verkehrsgesetze oder Dienstleistungen des Telefons werden leicht, humorvoll und manchmal boshaft behandelt.

01/1221/01/R